탑다운 스웨터&카디건

탑다운 스웨터&카디건

**초판 1쇄 발행** 2023년 3월 9일
**초판 2쇄 발행** 2024년 10월 25일

**지은이** 슬로우플로우

**발행인** 장상진
**발행처** (주)경향비피
**등록번호** 제2012-000228호
**등록일자** 2012년 7월 2일

**주소** 서울시 영등포구 양평동 2가 37-1번지 동아프라임밸리 507-508호
**전화** 1644-5613 | **팩스** 02) 304-5613

ⓒ전혜원

**ISBN** 978-89-6952-533-8 13630

· 값은 표지에 있습니다.
· 파본은 구입하신 서점에서 바꿔드립니다.

# 탑다운 스웨터&카디건

슬로우플로우 지음

경향BP

*prologue*

좋아하는 니트를 직접 떠 보고 싶었던 적이 있지 않나요?
물론 클릭 한 번이면 쉽고 빠르게 쇼핑이 가능한 세상에 살고 있지만요.
아마도 이 책을 펼친 분들은 다소 시간이 걸리더라도 내 손으로 완성하는 기쁨을 즐기시는 분일 거라 생각해요.
이 책에서는 여러 뜨개 방식 중에서 초보자도 쉽게 도전해 볼 만한 탑다운 니팅 기법, 그리고 그 기법 안에서 다양한 네크라인 디자인을 담은 작품들을 소개했습니다. 특별한 기술이 없어도 만들 수 있고, 가장 기본적인 형태여서 시간이 지나도 오랫동안 옷장에서 꺼내어 입을 수 있는 디자인들이에요.
성취나 결과도 물론 중요하지만 온전히 내 손을 통해 완성되는 손뜨개의 즐거움을 느껴 보세요. 이 책이 작게나마 도움이 되면 좋겠습니다.

슬로우플로우

# Contents

prologue 4

## 탑다운을 뜰 때 필요한 실과 도구
실 준비하기 8 | 대바늘과 도구 12

## PART 1
## 탑다운 니팅을 시작하기 전에

### 탑다운 니팅이란?
탑다운과 바텀업 16 | 탑다운 니팅의 종류 17 | 래글런 탑다운 뜨는 과정 18

### 게이지 이해하기
게이지란? 19 | 게이지의 중요성 19 | 게이지 측정 방법 20 | 나의 게이지 계산하기 21

## PART 2
## 탑다운 니팅 기초 테크닉

### 대바늘 기초 테크닉
기초코 잡기 25 | 대바늘 잡는 방법 27 | 겉뜨기 28 | 안뜨기 29 | 걸러뜨기 30 | 원통 뜨기 31 | 평면 뜨기 32 | 오른코 늘리기 33 | 왼코 늘리기 34 | 오른코 중심 2코 모아뜨기 35 | 왼코 중심 2코 모아뜨기 37 | 3코 중심 모아뜨기 38 | 브이 네크라인 1코 고무뜨기 39

### 패턴 알아 두기
메리야스 뜨기 코 구별 방법 40 | 1코 고무뜨기 40 | 2코 고무뜨기 40

### 코줍기와 연결하기
코에서 코줍기 41 | 단에서 코줍기 41 | 곡선에서 코줍기 42 | 코와 단 잇기 42 | 단과 단 잇기 44

### 수정하는 방법과 마무리
코 수정하는 방법 46 | 엎어 코막음 마무리 48 | 1코 고무단 돗바늘 마무리 49

### 기타 알아 두면 좋은 것들
스레드 끈 뜨기 50 | 감침질하기 50

### 코바늘 기초 테크닉
사슬뜨기 51 | 매직링 잡기 51 | 짧은뜨기 51 | 한길 긴뜨기 51 | 빼뜨기 51 | 기호 도안 설명 51

## PART 3
# 탑다운 작품과 도안

01 베이직 탑다운 스웨터 64
02 브이 네크라인 탑다운 스웨터 81
03 앙고라 스퀘어 네크라인 스웨터 115
04 멜로우 쇼트 칼라 스웨터 131
05 빅 칼라 스트라이프 스웨터 149
06 커팅 칼라 카디건 171
07 보트 네크라인 카디건 193
08 멜로우 브이 네크라인 롱 카디건 215
09 스트링 랩 카디건 231
10 청키 볼레로 259

# 부록

+Plus 01 멜로우 비니 274
+Plus 02 글로리아 핸드워머 276
+Plus 03 레더 탬버린백 278

epilogue 283

# 탑다운을 뜰 때 필요한 실과 도구

뜨개질에서 가장 기본이 되는 실과 도구를 준비합니다.
작품에 사용된 실의 실제 굵기를 파악하고, 바늘과 필요한 도구, 라벨 읽는 방법 등을 익힙니다.

## 실 준비하기

### 이 책에서 사용한 실
작품에 사용된 다양한 실을 소개합니다.

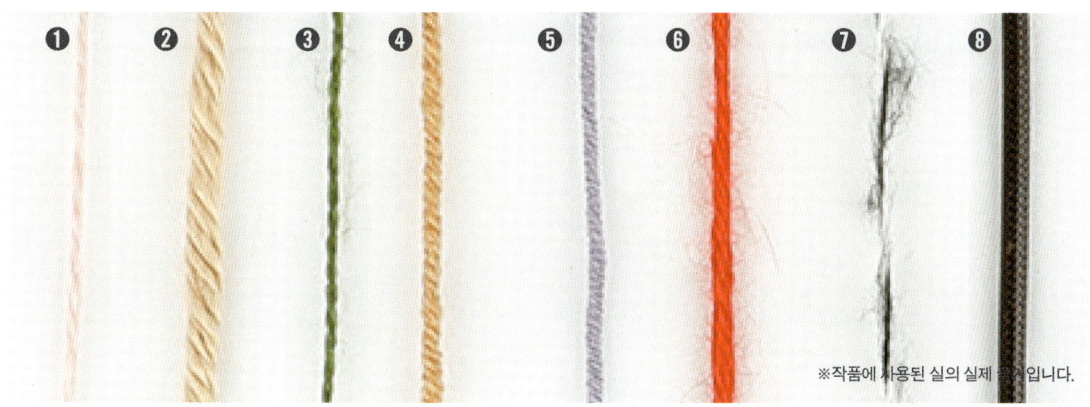

※작품에 사용된 실의 실제 굵기입니다.

**❶ 실키울**
중량 : 100g, 500g(콘)
성분 : 실크 네프 5%, 램스울 60%, 나일론 25%, 코튼 10%

**❷ 청키얀**
중량 : 200g
성분 : 아크릴 100%

**❸ 컬러플로우**
중량 : 100g
성분 : 모헤어 5%, 울 10%, 프리미엄 아크릴 85%

**❹ 슈퍼 메리노**
중량 : 100g
성분 : 울 49%, 아크릴 51%

**❺ 오드리**
중량 : 50g
성분 : 슈퍼워시 메리노 파인울 100%

**❻ 글로리아**
중량 : 100g
성분 : 앙고라 80%, 나일론 20%

**❼ 멜로우얀**
중량 : 100g
성분 : 프리미엄 아크릴 100%

**❽ 레더얀**
중량 : 500g
성분 : 폴리 100%

### 대체할 수 있는 실
- 실은 종류와 형태, 굵기가 다양합니다. 같은 작품이라도 사용되는 실에 따라 완성된 느낌이 다를 수 있습니다.
- 책에서 소개한 실이 아닌 다른 실을 사용할 경우에는 실의 굵기와 게이지를 꼭 확인한 후에 작품을 시작해야 합니다.

### 실 라벨 읽는 방법

실을 감싸고 있는 라벨에는 다양한 정보가 적혀 있습니다. 사용한 실의 정보를 알아야 재구매할 때 적합한 실을 선택할 수 있습니다.

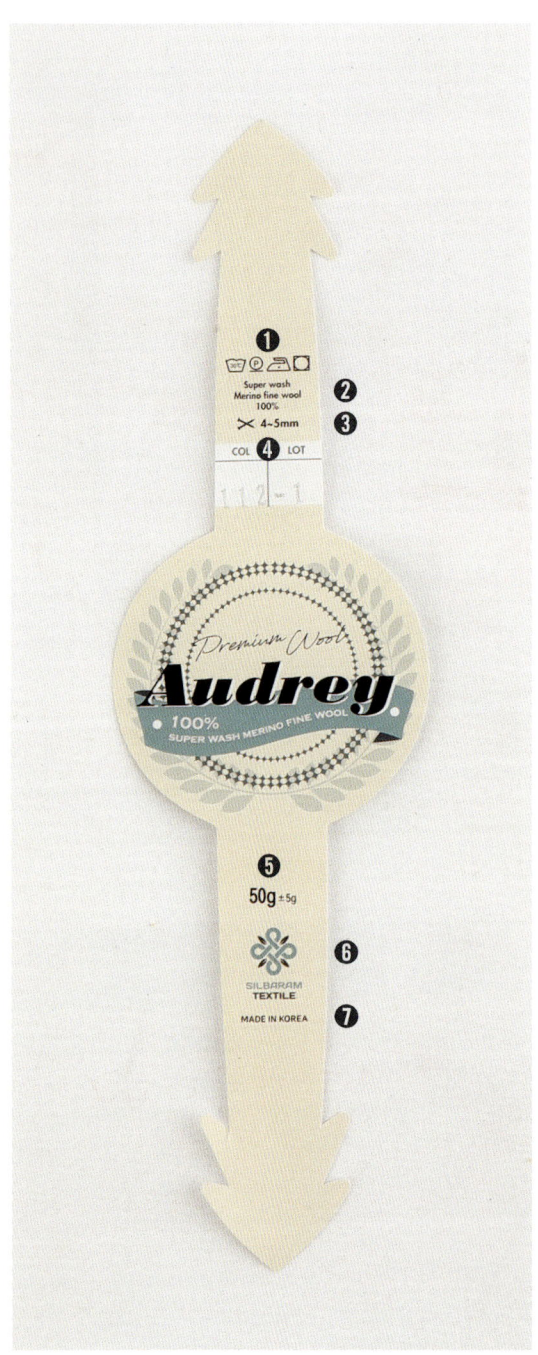

**❶ 세탁 방법**

잘못된 세탁으로 옷이 망가질 수 있으니 주의해서 세탁해 주세요.

· 세탁

미지근한 물로 세탁 / 손세탁

· 다림질

낮은 온도, 중간 온도, 높은 온도에서 다림질 가능 / 다림질 불가능

· 건조 방법

기계식 건조 가능 / 불가능 / 햇빛에 뉘어서 건조

· 염소표백제

염소표백제 사용 가능 / 불가능 / 드라이클리닝

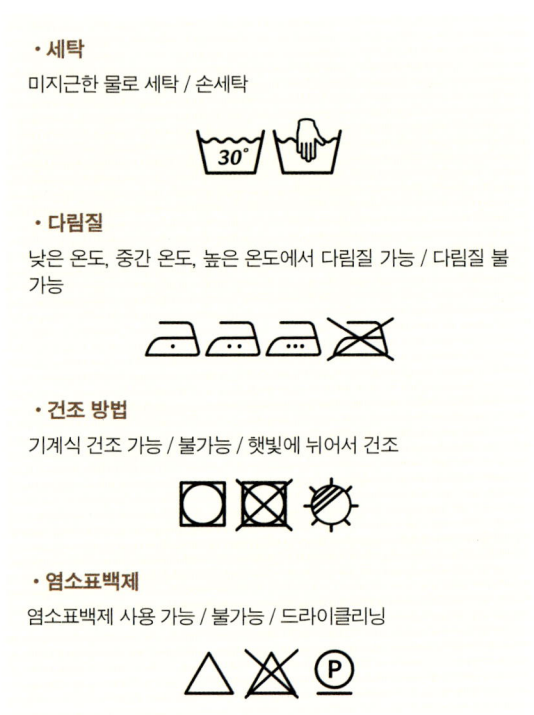

※ 뜨개옷은 되도록 미지근한 물을 사용하여 조물조물 손세탁한 뒤 뉘어서 말리거나 드라이클리닝으로 관리해 주는 것이 좋습니다.

**❷ 성분**

실의 성분을 나타내며, 보통 퍼센트(%)로 표기합니다. 같은 함량이어도 실마다 촉감이나 굵기가 다를 수 있습니다.

❸ 권장바늘

제조사에서 권장하는 바늘의 호수입니다. 정확한 바늘은 본인의 손땀, 게이지에 맞게 선택해 주세요.

❹ 컬러 번호, 로트(LOT) 번호

제조사에서 지정한 컬러 번호입니다. 컬러 번호는 바뀌지 않습니다.

> **로트(LOT) 번호란?**
> 실의 염색 번호입니다. 실은 염색한 후 건조하는 환경(날씨, 습도, 온도)에 따라 미세하게 색 차이가 날 수 있습니다. 따라서 작품을 뜨다가 실이 부족할 경우 로트 번호가 동일한 상품으로 구매해야 합니다.

※ 염색 번호는 0부터 시작해 9까지 찍히며 다시 0부터 시작합니다. 따라서 같은 로트 번호 0번이라도 구매 시기에 따라 다를 수 있으니 주의하세요.

❺ 중량

실의 중량을 표기합니다.

❻ 제조사

제조사를 표기합니다.

❼ 제조국

제조국을 표기합니다.

## 대바늘과 도구

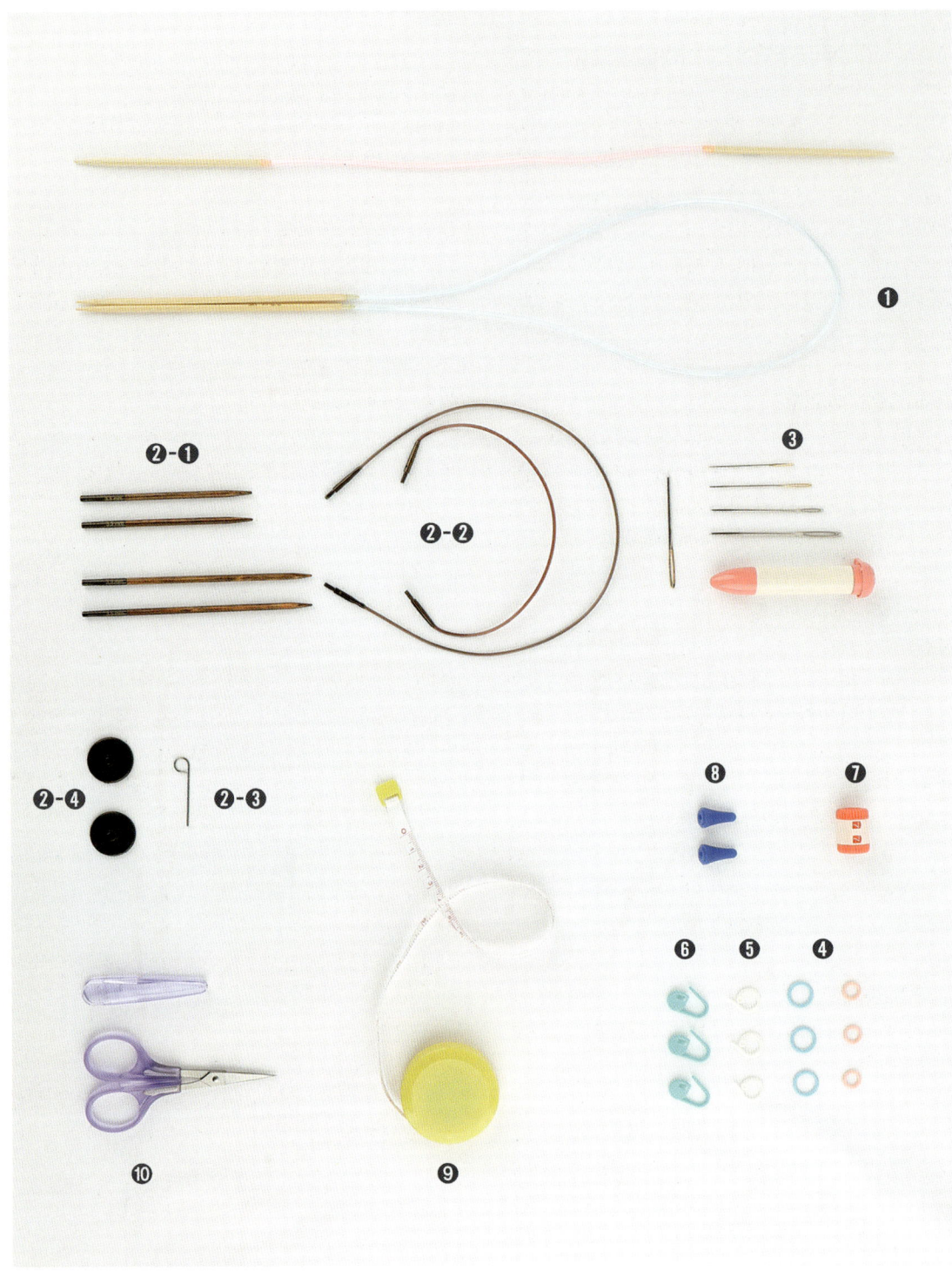

**❶ 나무 줄 대바늘(짧은 줄바늘/긴 줄바늘)**

줄바늘은 바늘에 줄이 달린 바늘로 'mm' 또는 '호'로 표기됩니다. 줄이 짧은 바늘, 줄이 긴 바늘이 있으며 바늘에 표기된 숫자가 커질수록 바늘의 굵기가 두꺼워집니다. 따라서 완성하고자 하는 작품에 사용된 실의 굵기를 먼저 파악한 뒤 굵기에 맞는 바늘을 준비해 주세요.

탑다운 니팅에서는 몸통에서는 줄이 긴 바늘, 소매에서는 줄이 짧은 바늘을 사용하기 때문에 조립식 바늘을 추천하지만 가격적으로 부담스러운 분들은 나무 줄 대바늘을 여러 개 준비하면 좋습니다.

**❷-❶ 조립식 대바늘 팁**

나무 줄 대바늘은 분리가 되지 않지만 조립식 대바늘은 줄(케이블)이 분리되기 때문에 탑다운 니팅 시 편리합니다. 길이가 긴 편물은 긴 팁을 사용하고 소매같이 짧은 길이의 편물은 짧은 팁을 사용하면 좋습니다.

**❷-❷ 조립식 대바늘 케이블**

조립식 대바늘과 연결해서 사용하는 케이블(줄)입니다. 20cm부터 150cm까지 다양한 길이의 케이블이 있으며 편물의 길이에 따라 선택해서 사용해 주세요.

**❷-❸ 고정 핀**

조립식 대바늘과 케이블을 연결할 때 풀리지 않도록 고정해 주는 핀입니다. 핀을 사용하지 않으면 편물을 뜨다가 바늘과 케이블이 분리될 수 있으니 번거롭더라도 핀으로 고정시켜 주는 게 좋습니다.

**❷-❹ 케이블 마개**

케이블에 코를 걸어 둘 때 코가 빠지지 않도록 막아 주는 마개입니다.

**❸ 돗바늘**

앞판과 뒤판을 꿰매어 주거나, 코막음한 실을 정리해 주거나, 편물을 이어 주는 용도 등 다양하게 사용됩니다. 실의 굵기에 맞춰 바늘구멍 크기도 다양하므로 세트로 구비해 두면 좋습니다.

**❹ O마커(코수 마커)**

코의 위치를 구분하기 위해 대바늘에 걸어서 옮기면서 사용합니다.

**❺ Q마커(코수, 단수 마커)**

표시하고 싶은 단과 코에 쉽게 걸어서 표시할 수 있습니다. 다만 얇은 실에 걸어 둘 경우 빠질 수 있으니 주의하세요.

**❻ 클립형 마커(코수, 단수 마커)**

표시하고 싶은 단과 코에 걸어서 표시할 수 있습니다. 클립형으로 빠지지 않고 안전하게 걸어 둘 수 있습니다.

**❼ 단수 카운터**

코수, 단수를 세는 카운터입니다. 가운데 홈이 있어 대바늘을 끼워 코수나 단수를 세기 편리합니다.

**❽ 대바늘 마개**

편물을 뜨다가 잠시 쉴 때 대바늘 끝에 꽂아 실이 빠지지 않도록 해 주는 도구입니다. 바늘의 굵기에 따라 마개의 크기가 달라지니 사용하는 바늘과 마개의 크기를 잘 확인해서 사용하세요.

**❾ 줄자**

전반적인 크기를 잴 때 필요합니다. 수시로 사이즈를 확인해야 하기 때문에 일반 자보다 줄자를 옆에 두고 사용하는 것을 추천합니다.

**❿ 미니 캡 가위**

편물을 자를 때 사용합니다. 작은 사이즈라 휴대하기 편리하고 캡이 있어 안전하게 보관할 수 있습니다.

Part 1

# 탑다운 니팅을
# 시작하기 전에

탑다운 니팅을 시작하기 전에 우리가 뜨게 될 탑다운의 기본 개념과 종류,
게이지가 왜 필요한지 그 중요성과 측정 방법, 나의 게이지를 계산하는 법을 담았습니다.

# 탑다운 니팅이란?

옷을 뜰 때 일반적으로 2가지 방법이 있습니다.
하나는 탑다운(top-down) 방법이고, 또 하나는 바텀업(bottom-up) 방법입니다.

## 탑다운과 바텀업

**탑다운 니팅(top-down knitting)**

탑다운 니팅은 목 부분 위(top)에서 아래로(down) 뜨는 하향식 기법을 의미합니다. 목부터 시작해 겨드랑이 지점까지 뜬 후 몸통과 소매를 이어서 떠 주는 방법입니다. 탑다운 니팅의 장점은 한 번에 통으로 뜨기 때문에 초보자들도 쉽고 빠르게 완성할 수 있다는 것입니다. 바텀업 방식은 사이즈 조절 시 모든 부분의 도안을 수정해야 하지만, 탑다운 방식은 늘림단을 늘려 옷의 품과 길이를 입어 보면서 조절할 수 있다는 점이 큰 장점입니다.

하지만 바텀업 방식에 비해 디자인이 단조로울 수 있으며 시접 없이 통으로 뜨기 때문에 바텀업 방식에 비해 옷 처짐이 있을 수 있습니다. 이 책에서는 다양한 네크라인의 디자인을 소개하여 탑다운 니팅의 단조로움을 깼습니다.

**바텀업 니팅(bottom-up knitting)**

바텀업 니팅은 밑단 아래(bottom)에서 위로(up) 뜨는 상향식 기법을 의미합니다. 앞판, 뒤판, 소매를 평면 뜨기로 뜬 후 연결하여 완성하는 방법입니다. 바텀업 니팅의 장점은 옷을 재단하여 만들 때처럼 섬세하고 다양한 형태의 디자인으로 완성할 수 있다는 것입니다. 소매-어깨 부분에 시접이 있어 탑다운 니팅과 비교했을 때 옷 처짐이 덜하고 튼튼하게 완성됩니다. 하지만 초보자들에게는 따로 따로 떠서 돗바늘로 연결하는 것이 다소 어려울 수 있습니다.

**1코의 모양**

 **탑다운**
탑다운 니팅은 위에서 아래로 뜨기 때문에 앞면에서 봤을 때 겉뜨기 코 모양이 ∧로 나옵니다. ∧를 1코로 세어 주세요.

 **바텀업**
바텀업 니팅은 밑에서 위로 뜨기 때문에 앞면에서 봤을 때 겉뜨기 코 모양이 V로 나옵니다. V를 1코로 세어 주세요.

## 탑다운 니팅의 종류

탑다운 니팅에는 대표적으로 3가지 방법이 있습니다.

래글런 스타일　　　서큘러 요크 스타일　　　새들 숄더 스타일

### 래글런 스타일

목에서 '소매-앞판-뒤판-소매' 4부분으로 나눠서 시작합니다. 각각 나눠 준 지점이 만나는 부분에서 일정하게 코를 늘려 줍니다.

각각 분리된 지점이 만나는 부분에서만 코늘림이 들어가 래글런 선이 만들어지며 겨드랑이 지점까지 사선으로 만들어집니다.

4지점에서만 코를 늘려 주기 때문에 비교적 난이도가 낮아 초보자들이 스웨터 비기닝 작품으로 접근하기 쉽습니다. 현재 탑다운 니팅 방식 중에서 제일 보편적으로 사용되는 방식입니다.

### 서큘러 요크 스타일

목에서 원형으로 코를 분배하여 시작합니다. 코를 분배해서 늘려 주기 때문에 겨드랑이까지 늘림선이 두드러지게 보이지 않고 골고루 분배되어 떠지게 됩니다. 어깨 선이 없기 때문에 비교적 여성적인 라인이 돋보입니다. 일정한 구간에서 코를 늘려 주기 때문에 초보자들도 쉽게 접근하기 좋습니다.

### 새들 숄더 스타일

목에서 어깨 부분이 일자로 떨어지는 모양입니다. 마치 말 완장을 어깨에 얹은 것과 같아 보여서 새들(saddle) 숄더라고 합니다. 어깨 부분을 따로 떠서 이어 주는 방법과 통으로 떠 주는 방법이 있습니다. 2가지 방법 모두 새들(어깨 부분)이 각지기 때문에 남성 옷을 뜰 때 많이 사용됩니다. 탑다운 방식 중에서 제일 난이도가 높은 방식입니다.

## 래글런 탑다운 뜨는 과정

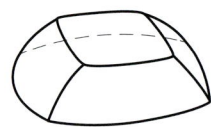

① 앞판-소매-뒤판-소매 코를 잡아 시작합니다.

② 겨드랑이 지점까지 코를 늘려 줍니다.

③ 케이블에 소매 코를 분리해 줍니다.

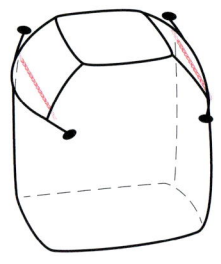

④ 별도사슬코를 만들어 줍니다.

⑤ 별도 사슬코과 앞판-뒤판을 이어 원통 뜨기로 몸통을 떠 줍니다.

⑥ 분리된 소매 코를 바늘에 끼워 소매를 떠 줍니다.

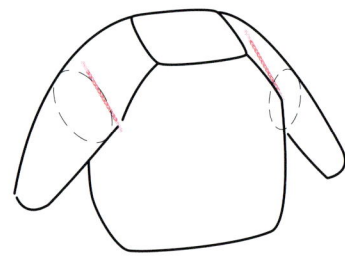
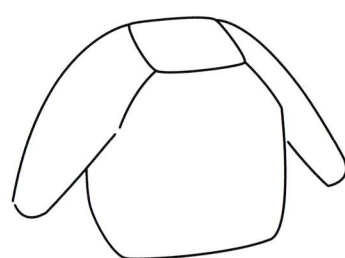

⑦ 반대편 소매도 동일한 방법으로 떠 줍니다.

⑧ 완성입니다.

## 게이지 이해하기

### 게이지란?

게이지는 일정한 가로 세로 안에 포함된 콧수와 단수를 의미합니다. 쉽게 말해 1코의 폭(cm), 1단의 높이(cm)를 측정한 값입니다. 뜨개 편물의 밀도라고도 하는데 보통은 사방 10cm의 편물을 뜬 기준으로 측정합니다. 뜨는 사람마다 손땀이 다르기 때문에 동일한 실과 바늘을 사용해도 완성 크기가 달라질 수 있습니다. 때문에 작품의 사이즈와 동일하게 뜨기 위해서는 뜨개질을 시작하기 전에 게이지를 확인해 보는 연습이 필요합니다.

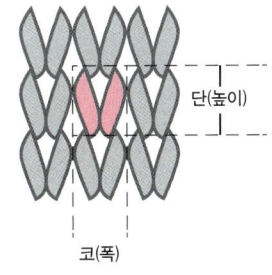

### 게이지의 중요성

각각 다른 사람이 동일한 실과 바늘, 동일한 콧수와 단수로 스와치를 떠 보았습니다. 동일한 실과 바늘로 떴는데 왜 크기가 왜 다를까요? 그 이유는 사람마다 뜨개를 할 때 실을 감아서 빼는 장력이 다르기 때문입니다. 힘을 타이트하게 주는 사람은 편물의 크기가 작게 나오고 힘을 느슨하게 주는 사람은 편물의 크기가 크게 나옵니다. 이렇게 사람마다 뜨는 힘이 다르기 때문에 동일한 실과 바늘을 사용해도 사이즈가 다르게 나올 수 있습니다.

그렇기 때문에 도안에서 안내하는 게이지와 나의 게이지가 동일한지 꼭 확인한 후에 뜨기 시작해야 합니다

## 게이지 측정 방법

게이지(1코, 1단의 cm)를 알기 위해서는 우선 10cm 이상의 스와치를 떠서 나오는 값을 계산해 주어야 합니다. 스와치는 보통 편물의 메인 패턴을 기준으로 하며 보편적으로 메리야스(홀수단은 겉뜨기, 짝수단은 안뜨기로 뜨는 기법) 뜨기로 측정합니다. 아래의 사진과 설명을 참고하여 본인의 게이지를 측정해 보세요.

① 작품에서 사용한 실과 바늘로 편물을 10cm 이상(14~18cm) 떠 주세요. 옷의 메인에 사용하는 패턴과 동일하게 떠 주세요.

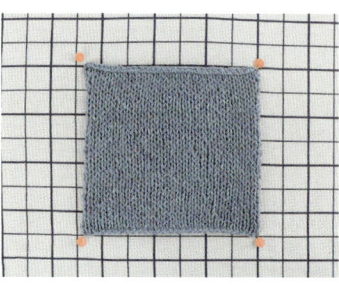

② 편물을 고르게 편 후 핀으로 고정시켜 주세요.

③ 2~3cm 띄워서 스팀다리미로 스팀을 먹여 편물을 고르게 펴 주세요.

① 스팀이 모두 마를 때까지 기다려 주세요.

② 가로×세로 10cm 안에 몇 코, 몇 단이 있는지 세어 주세요. 가지고 있는 자로 측정해도 되고, 정사각형의 게이지 측정 전용 사방자도 시중에 판매되고 있으니 편한 방법으로 측정해 주세요.

## 나의 게이지 계산하기

도안에서 안내된 실과 바늘로 스와치를 떠서 게이지를 측정할 준비가 끝났습니다. 이제 나의 게이지를 계산해 볼까요?

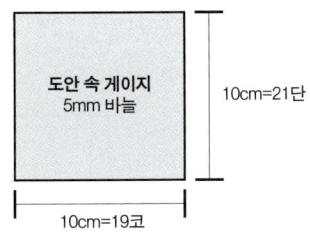

스와치를 뜬 후 사방 10cm 값을 측정합니다. 그림과 같이 5mm 바늘로 떴을 때 가로 10cm 안에 19코가 있고, 세로 10cm 안에 21단이 있습니다. 1cm로 환산하면 1cm=1.9코, 1cm=2.1단이 됩니다. 게이지는 보편적으로 1cm의 값으로 표기되기 때문에 쉽게 '게이지 1.9코, 2.1단'이라고 말합니다.

### 게이지보다 작게 나왔을 때
안내된 게이지보다 작게 나왔다면 굵은 바늘로 바꾸어 줍니다.

### 게이지보다 크게 나왔을 때
안내된 게이지보다 크게 나왔다면 얇은 바늘로 바꾸어 줍니다.

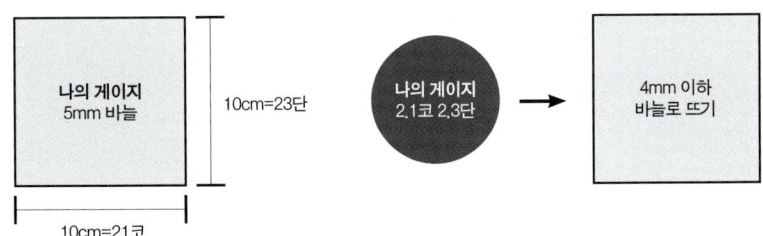

이렇게 나의 게이지가 도안에서 안내된 게이지와 다를 경우 바늘을 바꾸어 뜬 후에 게이지 측정을 한 번 더 해 주어야 합니다.
게이지가 다르면 완성 사이즈가 아동복이 될 수도, 빅 사이즈가 될 수도 있으니 번거롭더라도 도안에서 안내된 게이지와 동일하게 바늘을 선택해서 떠 주어야 합니다.

# Part 2
# 탑다운 니팅 기초 테크닉

기초가 튼튼해야 작품의 완성도가 높아집니다.
PART 2에서는 기초코 잡기, 대바늘 잡는 법, 탑다운 니팅을 위해
꼭 알아야 할 기초 테크닉에 대해서 알아보겠습니다.

**QR 코드 읽는 방법**

핸드폰 기본 카메라 혹은 QR 코드 스캔 어플을 켭니다.
QR 코드를 스캔하면 링크가 뜹니다.
링크를 눌러 동영상을 시청합니다.

# 대바늘 기초 테크닉

**기초코 잡기**  뜨개 바탕이 되는 제일 아랫줄의 고리를 기초코라고 합니다. 고리를 만들 때는 '기초코 잡기'라고 하며 정해진 코수만큼 반복해서 잡아 줍니다. 기초코 잡는 방법은 여러 가지가 있으며 그중 제일 많이 사용하는 방법을 알려 드립니다.

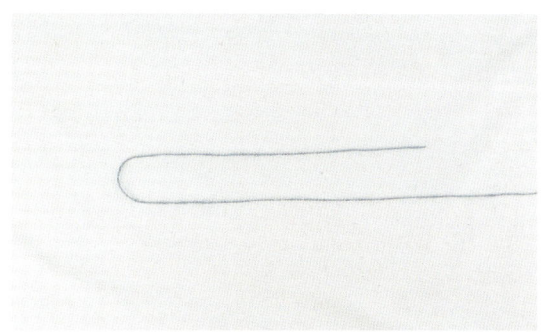

① 짧은 쪽의 실이 위로 가도록 놓아 주세요.

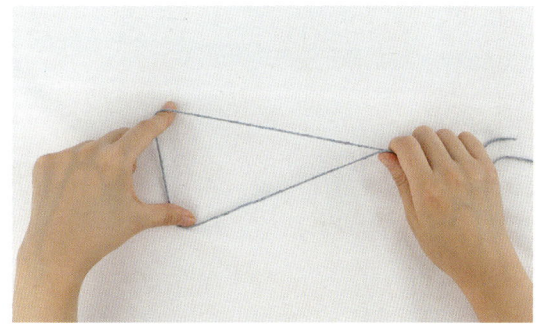

② 오른손으로 실을 잡아 주고 왼손 엄지와 검지손가락을 넣어 삼각형을 만들어 주세요.

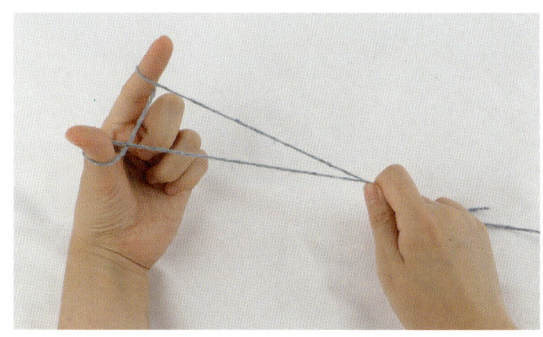

③ 사진과 같이 왼손을 뒤집어 주세요.

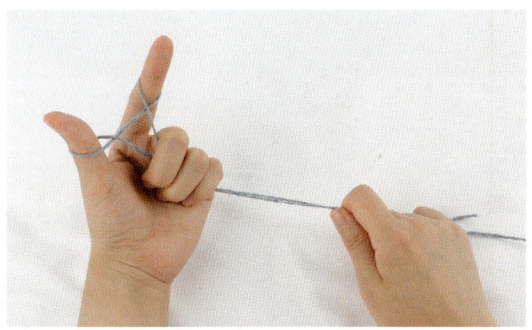

④ 엄지와 검지를 제외하고 나머지 손가락으로 실을 잡아 주세요.

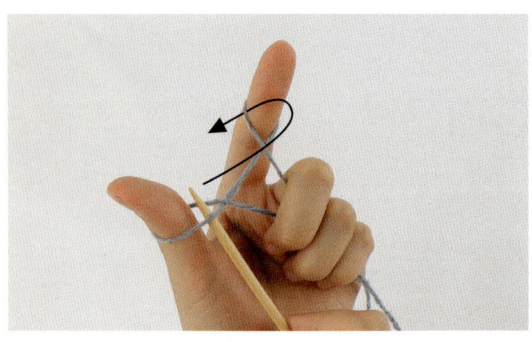

⑤ 오른손으로 대바늘을 잡고 엄지손가락의 고리를 아래에서 위로 찔러 주세요.

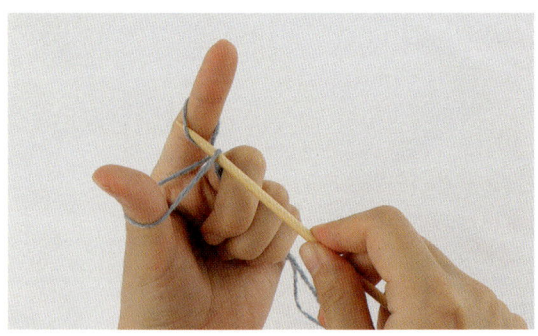

⑥ 이어서 검지손가락의 고리를 위에서 아래로 찔러 주세요.

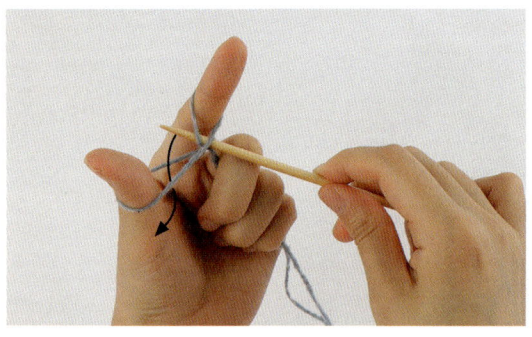

⑦ 그대로 엄지손가락 고리를 위에서 아래로 통과시켜 주세요.

⑧ 1코가 잡혔습니다. 왼손으로 잡은 실을 놓아 주세요.

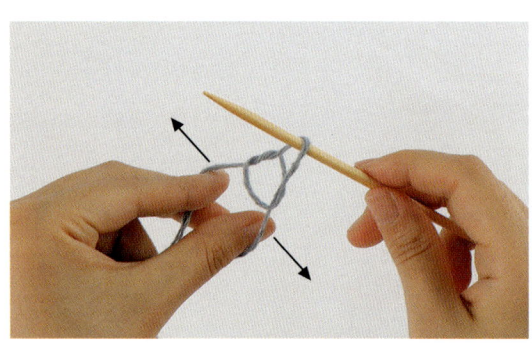

⑨ 왼손으로 실을 잡아 화살표 방향으로 당겨 주세요.

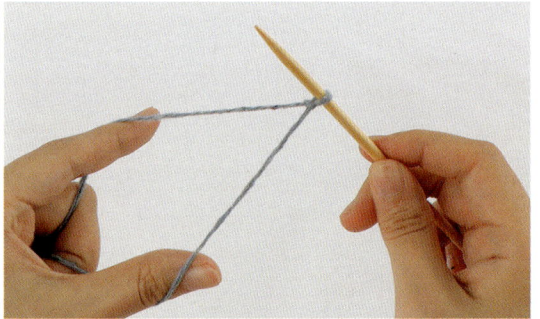

⑩ 실을 살살 당겨 고리의 크기를 줄여 주세요.

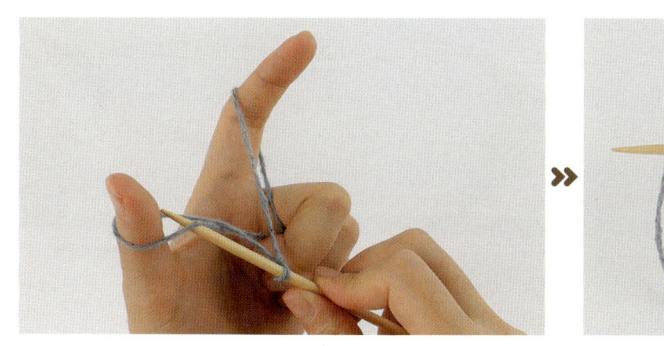 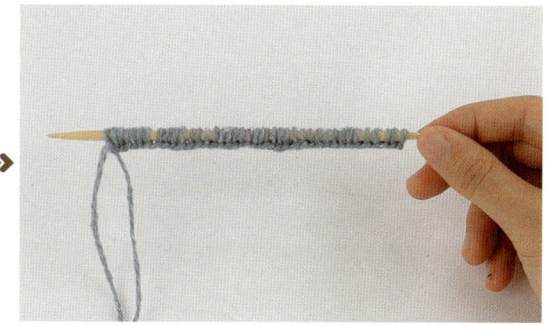

⑪ 5~10을 반복하여 코를 잡아 주세요.

**대바늘 잡는 방법**  잡는 방법은 크게 미국식, 프랑스식으로 나누어집니다. 이 책에서는 초보자도 무리 없이 할 수 있는 미국식 방법으로 알려 드릴게요. 어떠한 방법으로 잡아도 무관하나 뜨개질을 오래 해도 손목에 무리가 덜 가도록 책에서 안내하는 방법으로 잡는 습관을 길러 주세요.

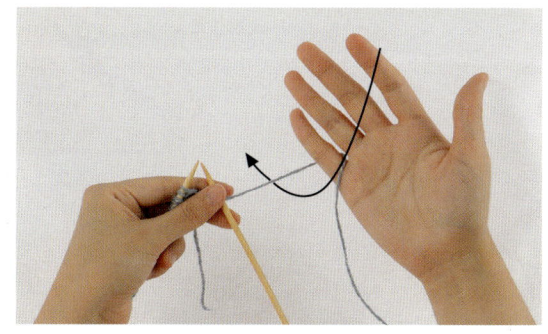 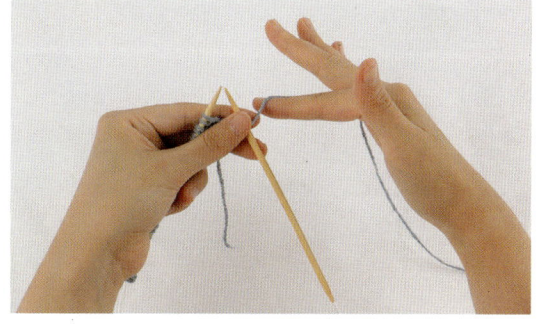

① 오른손 새끼손가락에 사진과 같이 실을 걸어 주세요.

② 검지손가락을 사진과 같이 감아 주세요.

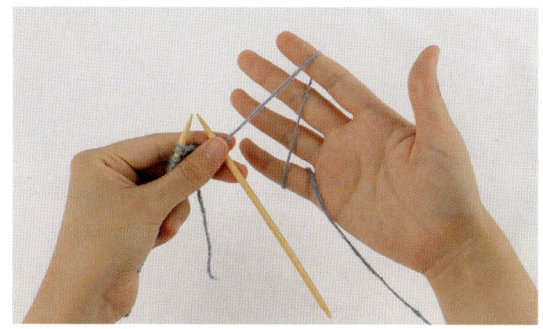 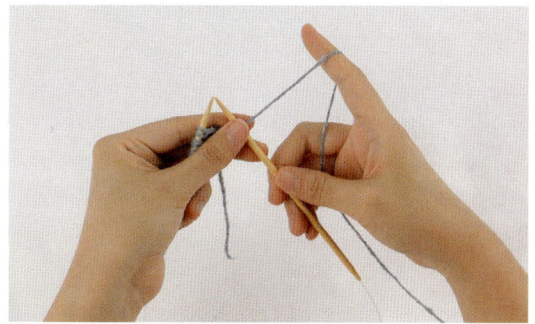

③ 사진과 같은 모습이 됩니다.

④ 오른손으로 대바늘을 잡아 주세요.

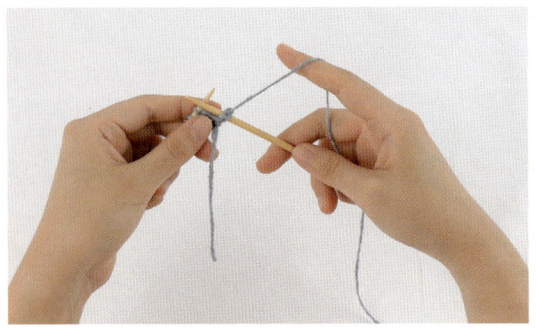

⑤ 검지손가락에 걸린 실로 감아서 떠 주세요.

## 겉뜨기

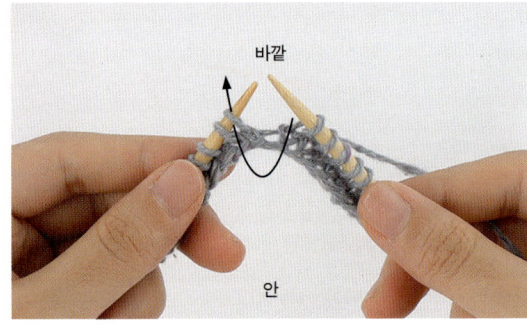

① 실을 바깥쪽으로 두고 화살표 방향과 같이 바늘을 찔러 주세요.

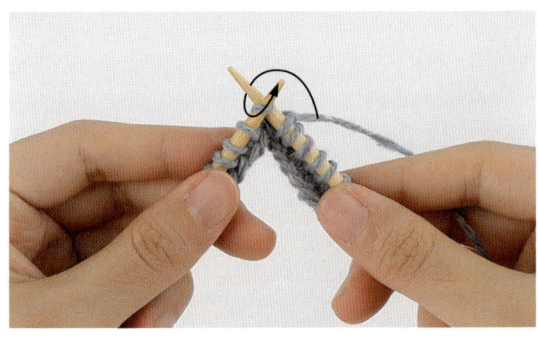

② 오른쪽 바늘에 화살표 방향으로 실을 감아 주세요.

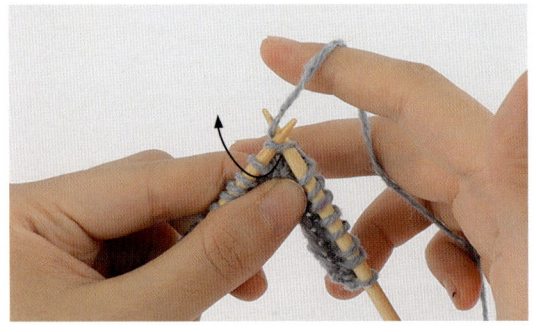

③ 감은 실을 화살표 방향으로 통과시켜 주세요.

④ 왼쪽 바늘에 걸려 있는 고리를 화살표 방향으로 밀어 빼 주세요.

⑤ 겉뜨기 코가 떠졌습니다.

## 안뜨기

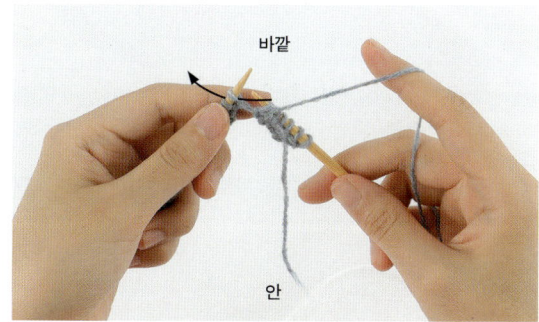

① 실을 안쪽으로 놓아 주세요.

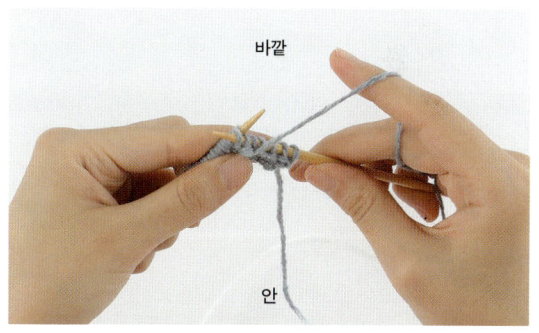

② 바늘 끝이 안쪽을 향하도록 찔러 주세요.

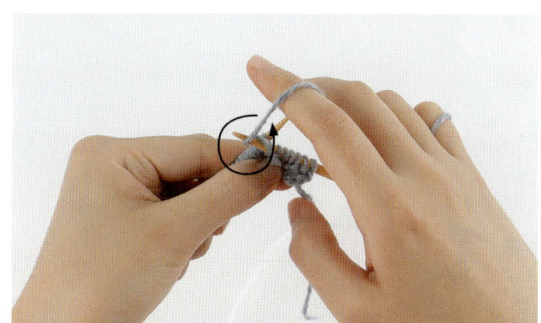

③ 오른쪽 바늘에 실을 감아 주세요.

④ 오른쪽 바늘을 바깥쪽으로 밀어 통과시켜 주세요.

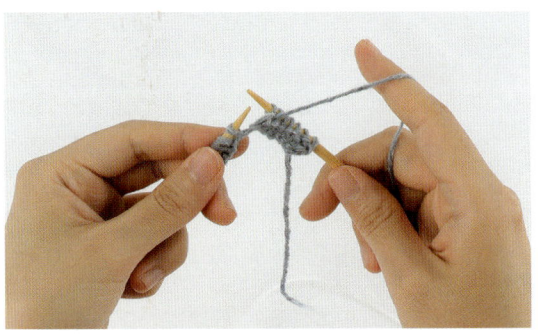

⑤ 왼쪽 바늘에 있는 고리를 화살표 방향으로 밀어 빼 주세요.

⑥ 안뜨기 코가 떠졌습니다.

## 걸러뜨기

**끝코 겉뜨기일 때**

실을 바깥 방향으로 놓아 주세요. 왼쪽 바늘에 걸려 있는 코를 오른쪽 바늘로 찔러 뜨지 않고 오른쪽 바늘에 옮겨 주세요.

**중간코 겉뜨기일 때**

실을 바깥 방향으로 놓아 주세요. 왼쪽 바늘에 걸려 있는 코를 오른쪽 바늘로 찔러 뜨지 않고 오른쪽 바늘에 옮겨 주세요.

### 끝코 안뜨기일 때

실을 안쪽 방향으로 놓아 주세요. 왼쪽 바늘에 걸려 있는 코를 오른쪽 바늘로 찔러 뜨지 않고 오른쪽 바늘에 옮겨 주세요.

### 중간코 안뜨기일 때

실을 안쪽 방향으로 놓아 주세요. 왼쪽 바늘에 걸려 있는 코를 오른쪽 바늘로 찔러 뜨지 않고 오른쪽 바늘에 옮겨 주세요.

## 원통 뜨기

편물을 원통으로 둥글게 뜰 때 코를 나누는 방법입니다.

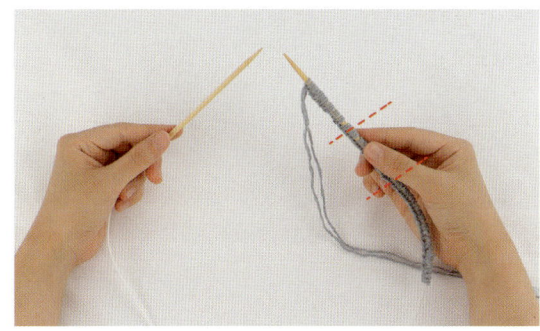

① 사진과 같이 기초코를 3등분으로 나누어 주세요. 대략 나눠도 됩니다.

② 왼손으로 3등분 첫 지점을 잡고 오른손으로 대바늘 줄을 당겨 주세요.

③ 나머지 부분도 2와 같이 나눠 주세요.

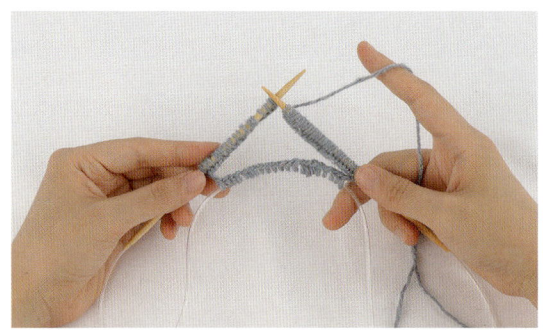

④ 3등분이 되었습니다. 기초코 매듭이 꼬이지 않았는지 확인해 주세요.

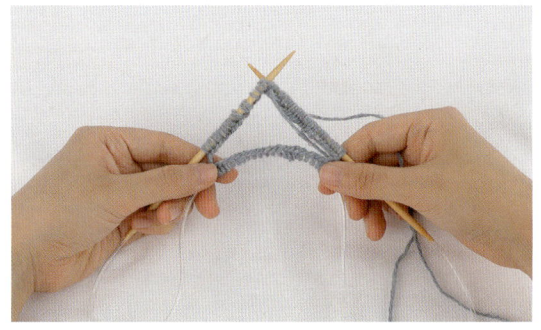

⑤ 이어서 첫코부터 뜨기 시작해 주세요.

**평면 뜨기**  편물을 목도리 뜨듯이 평면으로 뜨는 방법입니다.

① (짝수단) 기초코를 잡고 남은 실이 오른쪽에 있는 상태에서 떠 줍니다.

② (홀수단) 편물을 뒤집어 이번에는 실이 왼쪽에 있는 상태에서 떠 줍니다.

## 오른코 늘리기

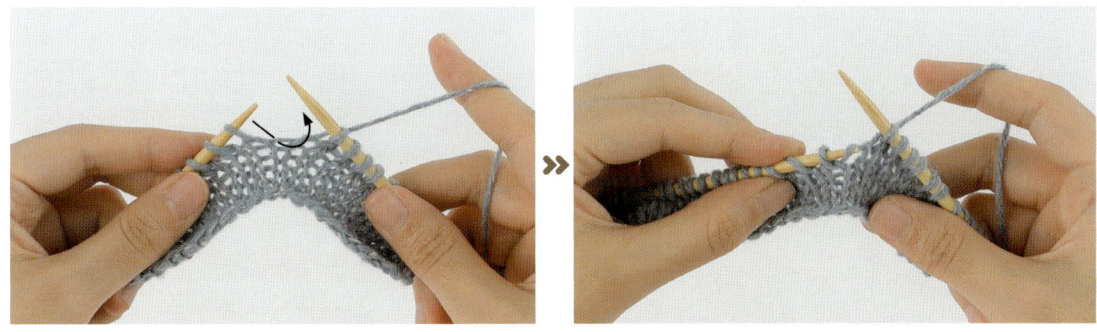

① 왼쪽 바늘을 뒤에서 앞으로 밀어 코를 만들어 주세요.

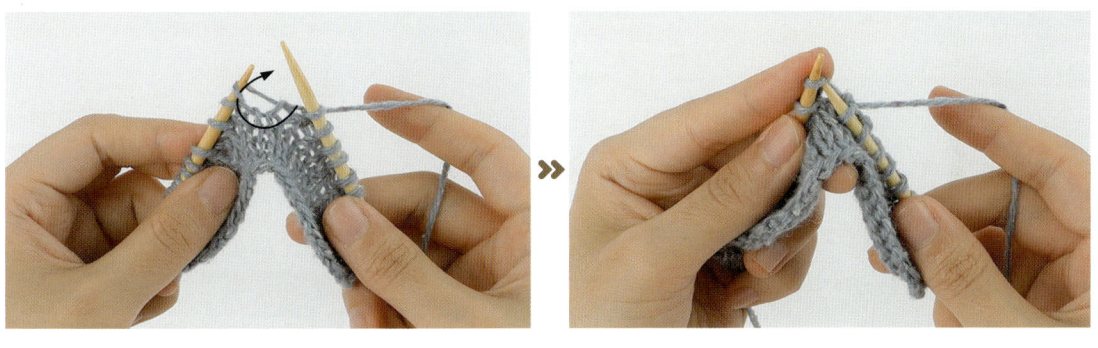

② 만들어진 코의 앞에 오른쪽 바늘을 찔러 주세요.

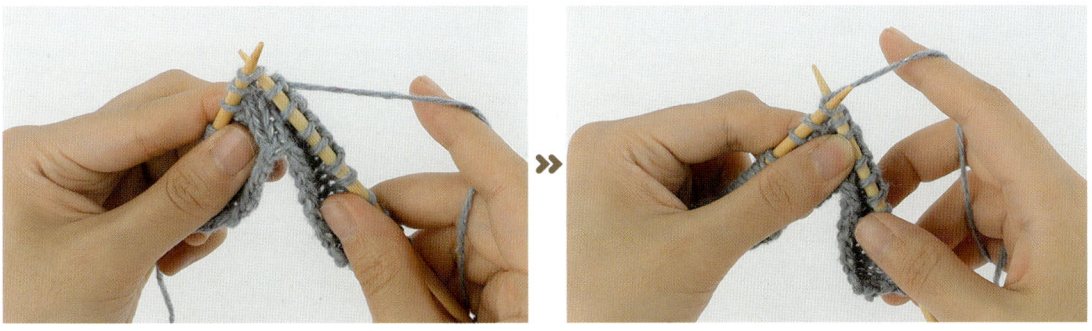

③ 오른쪽 바늘에 실을 감아 통과시켜 주세요.

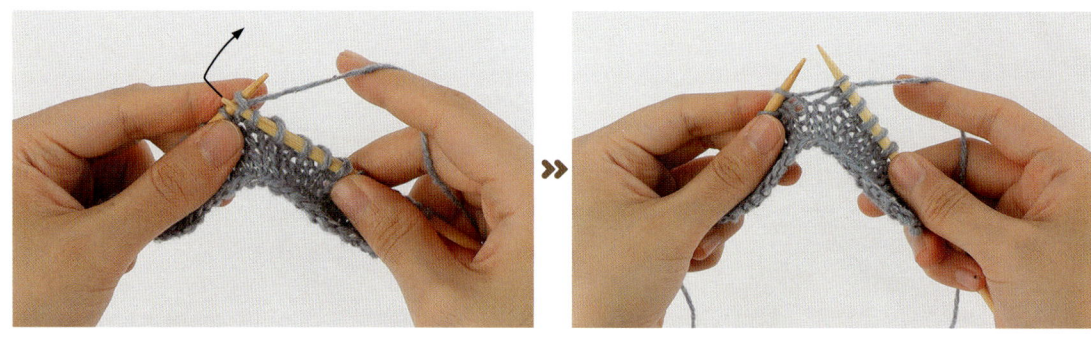

④ 왼쪽 바늘에 있는 고리를 화살표 방향으로 빼 주세요.

## 왼코 늘리기

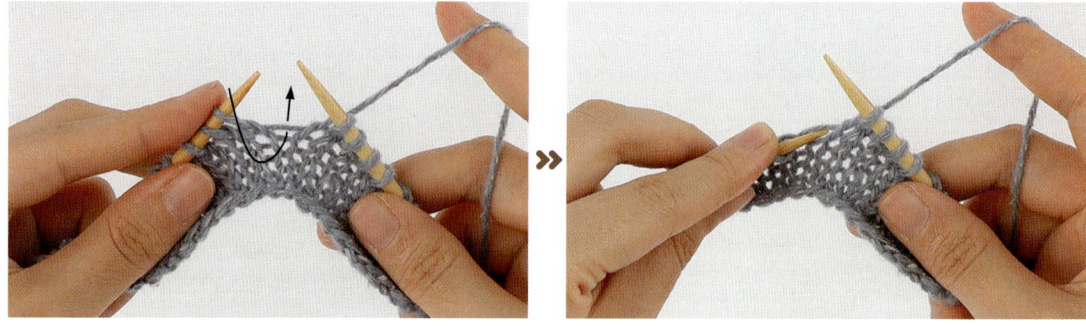

① 왼쪽 바늘을 앞에서 뒤로 밀어 코를 만들어 주세요.

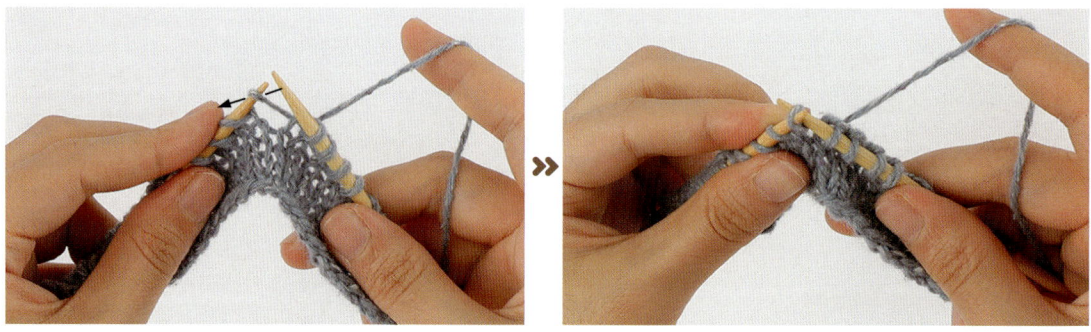

② 만들어진 코의 뒤에 오른쪽 바늘을 찔러 주세요.

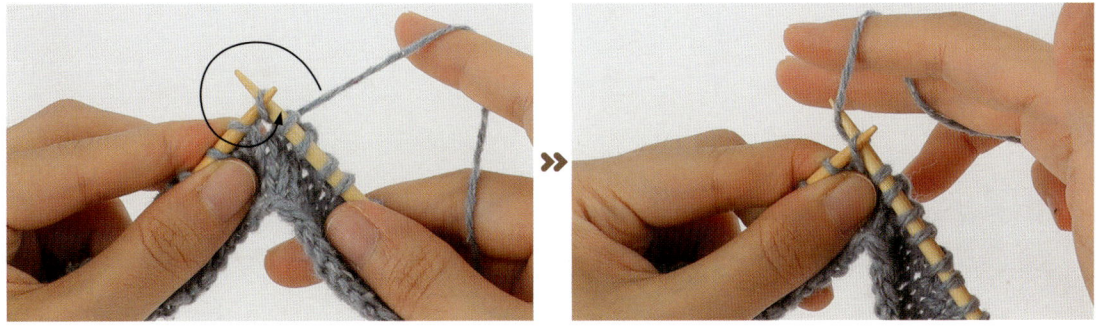

③ 오른쪽 바늘에 실을 감아 통과시켜 주세요.

④ 왼쪽 바늘에 있는 고리를 화살표 방향으로 빼 주세요.

## 오른코 중심 2코 모아뜨기

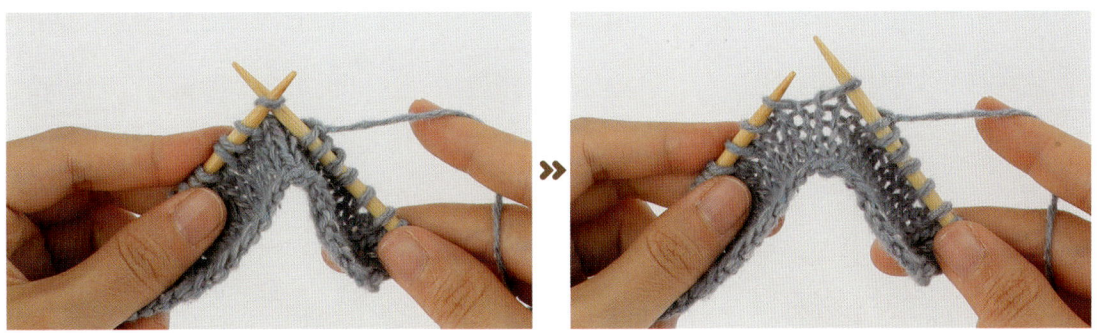

① 첫 번째 코를 오른쪽 바늘에 뜨지 않고 코를 옮겨 주세요.

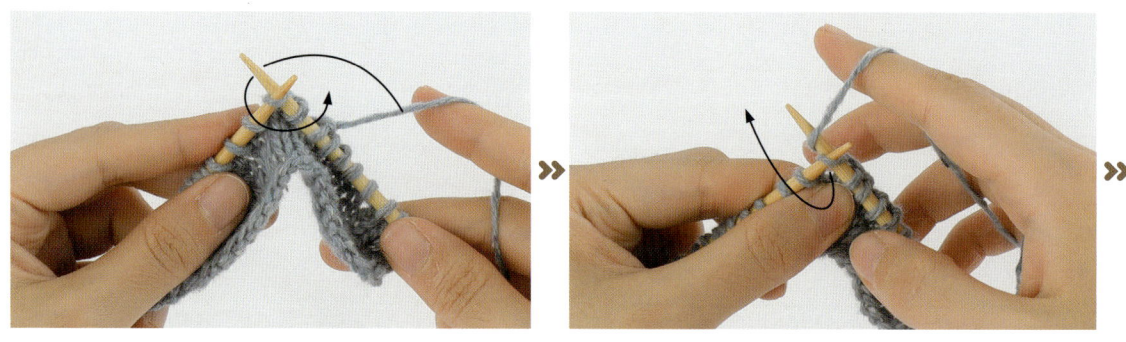

② 두 번째 코는 겉뜨기로 떠 주세요.

③ 첫 번째 코를 왼쪽 바늘로 잡아 두 번째 코에 엎어 주세요.

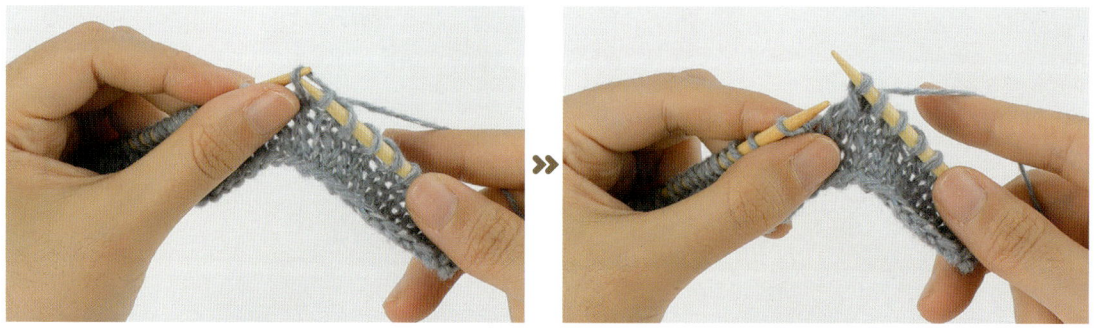

#### 왼코 중심 2코 모아뜨기

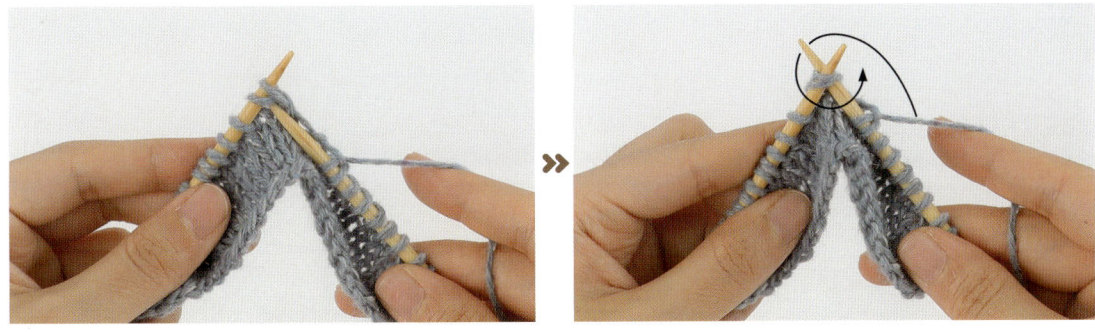

① 2코를 한 번에 찔러 주세요.

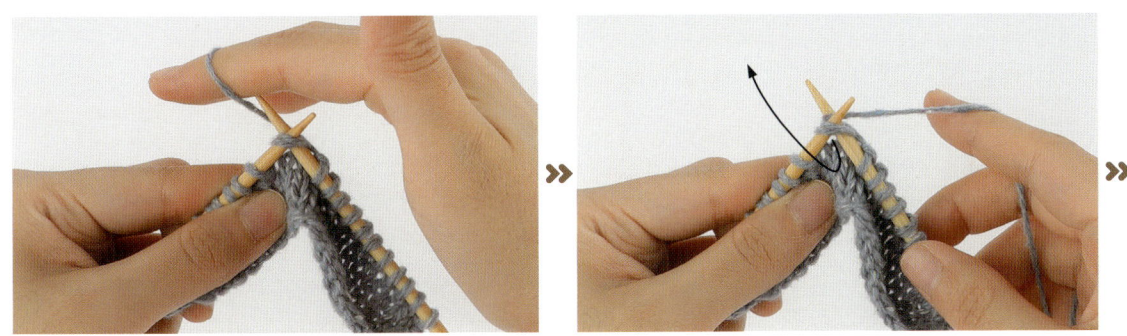

② 오른쪽 바늘에 실을 감아 통과시켜 주세요. 2코를 한 번에 찔러 겉뜨기로 떠 준다고 생각해 주세요.

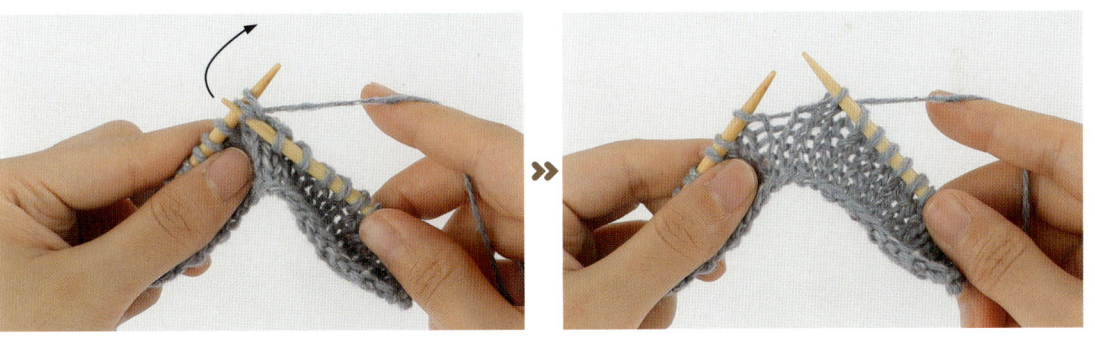

### 3코 중심 모아뜨기

① 2코를 한 번에 찔러 주세요.

② 2코를 뜨지 않고 오른쪽 바늘에 옮겨 주세요.

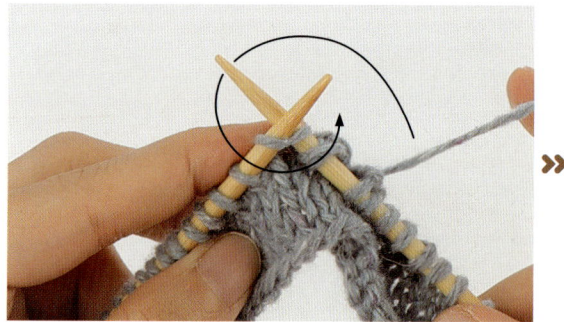

③ 세 번째 코를 겉뜨기로 떠 주세요.

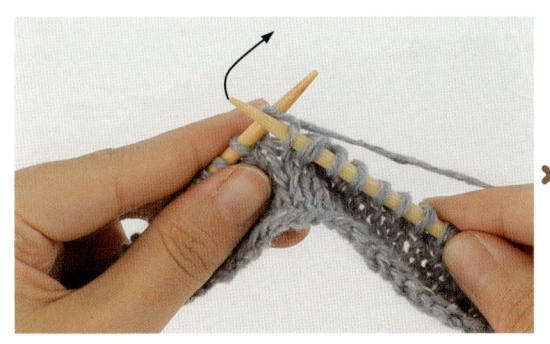 

④ 뜨지 않고 옮긴 2코를 한 번에 찔러 세 번째 코에 엎어 주세요.

**브이 네크라인 1코 고무뜨기**

브이 네크라인에서 코를 주워 1코 고무단을 뜨는 방법입니다. 브이 네크라인 중심코에 주의하여 떠 주세요.

# 패턴 알아 두기

**메리야스 뜨기 코 구별 방법**  메리야스 뜨기는 홀수단에서는 모두 겉뜨기로, 짝수단에서는 모두 안뜨기로 떠 주는 기법입니다.

겉뜨기 코 모양

안뜨기 코 모양

**1코 고무뜨기**

겉뜨기 1코, 안뜨기 1코를 번갈아 가며 반복해서 뜨는 기법입니다. 신축성이 필요한 옷의 밑단, 소매 밑단, 목 테두리단에 주로 사용됩니다.

**2코 고무뜨기**

겉뜨기 2코, 안뜨기 2코를 번갈아 가며 반복해서 뜨는 기법입니다. 신축성이 필요한 옷의 밑단, 소매 밑단, 목 테두리단에 주로 사용됩니다.

# 코줍기와 연결하기

## 코에서 코줍기

V자 코 중심 ●에 화살표 방향으로 바늘을 찔러 줍니다. 그 상태에서 실을 감아 끌어내면서 코를 만들어 줍니다.

## 단에서 코줍기

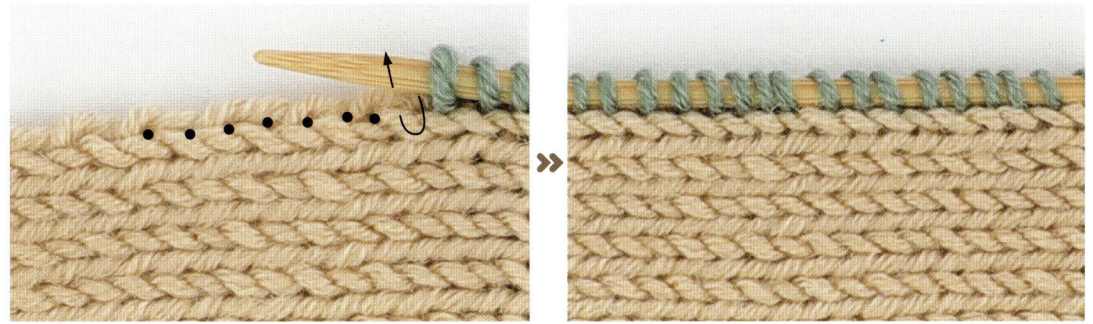

〉자 모양으로 코가 보이도록 ●에 화살표 방향으로 바늘을 찔러 줍니다. 그 상태에서 실을 감아 끌어내면서 코를 만들어 줍니다.

## 곡선에서 코줍기

●위치에 화살표 방향으로 바늘을 찔러 줍니다. 그 상태에서 실을 감아 끌어내면서 코를 만들어 줍니다. 코를 줍고 나서 사선으로 V자 모양의 코가 온전하도록 잡아 줍니다.

코에서는 V의 중심에, 단에서는 >의 중심에 바늘을 찔러 코를 주워 주세요.

## 코와 단 잇기

뜨개 방향이 서로 다른 편물을 이어 주는 방법입니다.
뜨개 바탕 겉면이 보이도록 놓아 주세요. 1코-1단에 돗바늘을 통과시켜 연결해 줍니다.
이때 실이 보이지 않도록 적당히 당겨 균형 있게 이어 주세요.

[연결 후 모습]

① 겉면이 보이도록 편물을 놓아 주세요. 시작 코의 >자 코 중심에 돗바늘을 찔러 사진과 같이 놓아 주세요.

② 아래의 편물에 시작 지점으로 돗바늘을 찔러 ∧ 모양으로 1코를 통과시켜 주세요.

③ 실을 쭉 당겨 주세요.

④ 위 편물의 시작 지점에서 다음 단에 돗바늘을 통과시켜 주세요.

⑤ 실을 쭉 당겨 주세요. 2~5를 반복해 주세요.

[코에서 잡을 때]

[단에서 잡을 때]

### 단과 단 잇기

뜨개 방향이 서로 같은 편물을 이어 주는 방법입니다.
뜨개 바탕 겉면이 보이도록 놓아 주세요. 1단-1단에 돗바늘을 통과시켜 연결해 줍니다.
이때 실이 보이지 않도록 적당히 당겨 균형 있게 이어 주세요.

[연결 후 모습]

① 겉면이 보이도록 편물을 놓아 주세요. 시작 코의 V자 코 중심에 돗바늘을 찔러 사진과 같이 놓아 주세요.

② 아래 편물의 시작 지점으로 돗바늘을 찔러 1코를 통과시켜 주세요.

③ 실을 쭉 당겨 주세요.

④ 위 편물의 시작 지점에서 다음 단에 돗바늘을 통과시켜 주세요.

⑤ 실을 쭉 당겨 주세요. 2~5를 반복해 주세요.

⑥ 실을 적당히 당기면서 이어 주세요. 너무 세게 당기면 편물이 작아질 수 있으니 주의하세요.

# 수정하는 방법과 마무리

**코 수정하는 방법**  편물을 뜨다가 코가 빠지거나 틀렸을 때 수정하는 방법입니다. 대바늘 대신 코바늘로 코를 잡아 걸어도 좋습니다.

[코 방향을 잘못 끼웠을 때]

[코 방향을 맞게 끼웠을 때]

① 수정해야 할 코까지 바늘을 빼 주세요.

② 실을 당겨 코를 풀어 주세요.

③ 오른쪽 바늘 마지막 코에 실이 걸려 있는 상태가 됩니다.

④ 코 방향에 맞게 왼쪽 바늘로 끼워 주세요.

⑤ 방향에 맞게 코를 모두 끼워 주세요.

이어서 떠 주세요.

### 엎어 코막음 마무리

편물을 다 뜨고 마무리하는 방법입니다.

① 오른쪽 바늘에 겉뜨기 2코가 걸리도록 떠 주세요.

② 오른쪽 코를 왼쪽 바늘로 찔러 주세요.

③ 그대로 오른쪽 코를 왼쪽 코에 엎어 주세요.

④ 왼쪽 바늘에 걸려 있는 코를 빼 주세요.

⑤ 엎어 코막음 1코가 완성되었습니다. 코를 앞으로 엎어 줄 때마다 1코씩 카운트됩니다.

### 1코 고무단 돗바늘 마무리

1코 고무뜨기 돗바늘 마무리입니다. 엎어 코막음보다 난이도가 높으나 더욱 깔끔하게 완성됩니다.

1코 고무단 평면
돗바늘 마무리

1코 고무단 원통
돗바늘 마무리

# 기타 알아 두면 좋은 것들

### 스레드 끈 뜨기

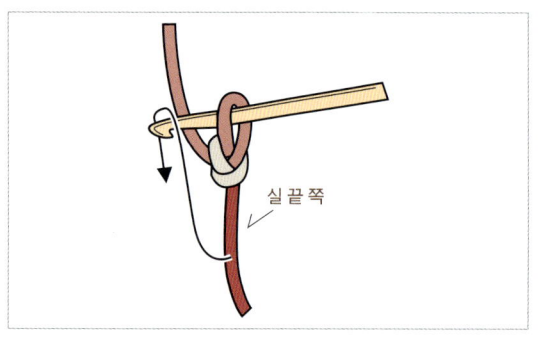

① 필요한 길이 3배의 실을 실 끝 쪽에 남겨 주세요. 실 끝 쪽을 앞에서 뒤로 화살표 방향으로 바늘에 걸쳐 주세요.

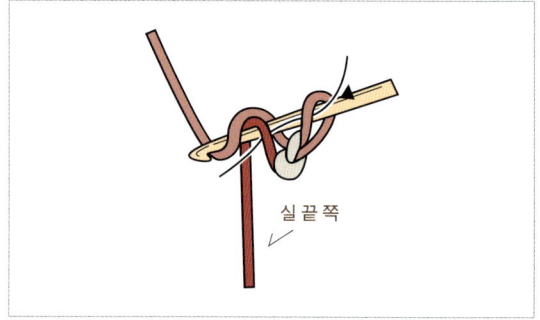

② 바늘에 실을 걸어 빼 주세요. 계속해서 원하는 길이만큼 반복해 주세요.

### 감침질하기

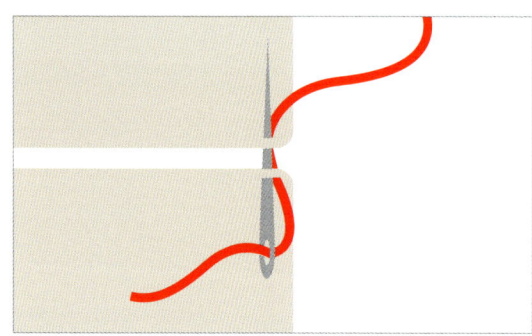

① 끄트머리 코에 바늘을 두 번 넣어서 단단하게 고정해 주세요.

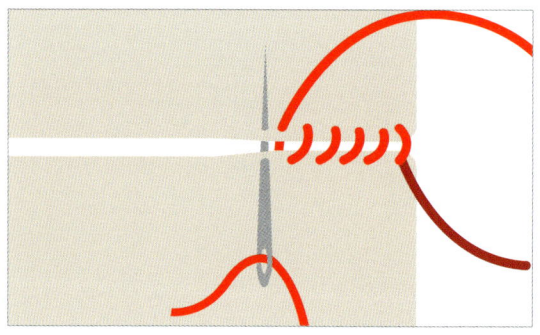

② 바늘을 넣는 자리를 가지런히 맞춰서 1코씩 고르게 꿰매 주세요.

# 코바늘 기초 테크닉

사슬뜨기
(=별도 사슬코 잡기)

매직링 잡기

짧은뜨기

한길 긴뜨기

빼뜨기

### 기호 도안 설명

- ◯ 매직링 잡아 시작
- ⌒ 사슬뜨기
- ● 빼뜨기
- ⋮ 반복
- × 짧은뜨기
- ×× 짧은뜨기 2코 늘려뜨기
- ×̄× 짧은뜨기 2코 모아뜨기
- ⌇ 겹 짧은뜨기
- T 긴뜨기
- V 긴뜨기 2코 늘려뜨기
- Λ 긴뜨기 2코 모아뜨기
- ⊤ 한길 긴뜨기
- V 한길 긴뜨기 2코 늘려뜨기
- A 한길 긴뜨기 2코 모아뜨기
- ∓ 두길 긴뜨기
- V 두길 긴뜨기 2코 늘려뜨기
- A 두길 긴뜨기 2코 모아뜨기

# 베이직 탑다운 스웨터

HOW TO MAKE ›› p.64

## 브이 네크라인 탑다운 스웨터
HOW TO MAKE >> p.81

앙고라 스퀘어 네크라인 스웨터
HOW TO MAKE >> p.115

# 멜로우 쇼트 칼라 스웨터

HOW TO MAKE » p.131

## 빅 칼라 스트라이프 스웨터

HOW TO MAKE >> p.149

## 커팅 칼라 카디건

HOW TO MAKE » p.171

# 보트 네크라인 카디건

HOW TO MAKE >> p.193

멜로우 브이 네크라인 롱 카디건
HOW TO MAKE >> p.215

## 스트링 랩 카디건

HOW TO MAKE » p.231

수정 사항이 생길 경우 안내를 드리고자 링크를 걸어 두었습니다.
작품을 뜨다가 오류 사항으로 인식될 때
QR 코드를 스캔해 수정된 부분이 있는지 확인해 주세요.

Part 3

# 탑다운 작품과 도안

탑다운 방식 안에서도 다양한 네크라인을 준비했어요.
베이직한 라운드 네크라인부터 브이 네크라인, 스퀘어 네크라인, 쇼트 칼라, 랩 스타일, 볼레로까지
다양한 네크라인의 탑다운 작품을 소개했어요.
PART 2에서 배운 기초 테크닉을 응용해서 다양한 네크라인의 탑다운을 완성해 보세요.

## 01

# 베이직 탑다운 스웨터

가장 베이직한 디자인으로 겨드랑이 쪽으로 절개선이 있는 래글런 스타일의 탑다운입니다.
코를 잡아 네크라인부터 아래로 뜨기 시작합니다. 뒷목과 앞목이 똑같이 시작하기 때문에 몸통을 잇기 전에
뒤판에서 4단을 더 떠 주어 앞목이 올라오지 않도록 했습니다. 몸통 길이와 소매 길이는
체형에 맞게 조절해서 완성해 주세요. 성글성글한 짜임에 비교적 넉넉한 핏으로 완성했습니다.

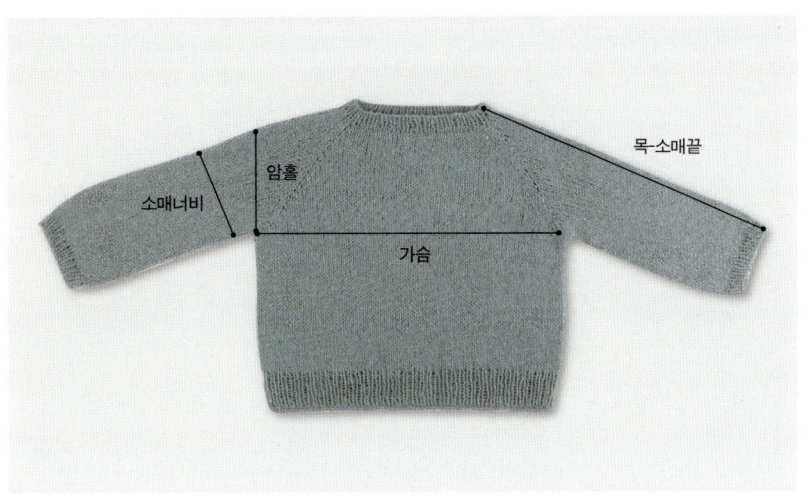

| | |
|---|---|
| **전체 사이즈** | **사이즈** S, M, L |
| | **가슴** S : 54.5cm, M : 58cm, L : 61.5cm |
| | **목-소매끝** S : 63cm, M : 64cm, L : 66cm |
| | **암홀** S : 21cm, M : 22cm, L : 23cm |
| | **소매너비** S : 17.5cm, M : 18.5cm, L : 20.5cm |
| | **총 길이** S : 51cm, M : 53cm, L : 56cm |
| **게이지** | 10cm×10cm 14코, 19단 / 1cm=1.4코 1cm=1.9단 |
| **사용한 바늘** | 조립식 대바늘 5.5mm, 7mm(시작, 소매 40cm 케이블 / 몸통 60~120cm 케이블) |
| **실 소요량** | S, M, L 모두 실키울 100g×3볼 |
| **난이도** | ●●○○○ |

**디자인 코멘트**

내 몸에 딱 맞는 니트도 좋지만 가끔은 넉넉한 핏으로 편하게 입고 싶을 때가 있지요. 실에 비해 굵은 바늘로 성글성글 뜬 디자인이어서 더운 계절에는 시원한 소재의 실로 바꾸어 떠 주어도 좋습니다.

**시작하기 전에**

전반적인 래글런 탑다운 니팅 과정이 담긴 영상입니다. '마커 옮기기, 소매 분리, 별도 사슬코에서 코줍기, 마무리 실 정리, 겨드랑이 부분 조여 주기'에서 추가 설명이 필요한 분들은 QR 코드 속 동영상을 참고해 전반적인 흐름을 파악해 주길 바랍니다.

## 1. 기초코 잡기

**1단**
40cm 케이블을 연결한 7mm 대바늘에 기초코(S 82코, M 86코, L 90코)를 잡아 원통 뜨기로 이어 줍니다.

**TIP**
- 기초코를 잡은 후 코가 꼬이지 않았는지 확인한 후에 원통 뜨기를 시작해 주세요.
- 원통 뜨기를 할 때 첫코와 끝코가 만나지 않는다면 코를 3등분(왼쪽 바늘 / 케이블 / 오른쪽 바늘)하여 잡아 주세요.

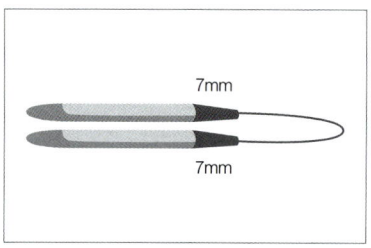

## 2. 앞판, 소매, 뒤판, 소매를 마커로 나누기

2단부터 뜨기 시작입니다. 2단에서는 겉뜨기로 뜨면서 마커로 섹션을 나누어 줍니다. 이때 마커 4개 중 시작 지점에서만 다른 색상의 마커를 걸어 주면 헷갈리지 않고 쉽게 뜰 수 있습니다.

**2단**
**뒤판** ○마커 끼우고 겉뜨기(S 33코, M 34코, L 35코)
**소매** ○마커 끼우고 겉뜨기(S 8코, M 9코, L 10코)
**앞판** ○마커 끼우고 겉뜨기(S 33코, M 34코, L 35코)
**소매** ○마커 끼우고 겉뜨기(S 8코, M 9코, L 10코)

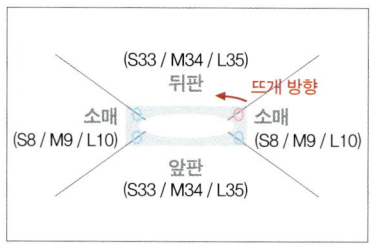
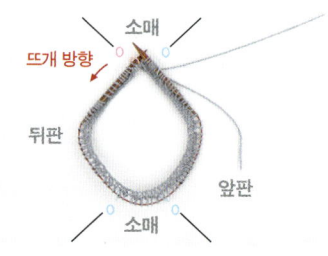

## 3. 홀수단 : 코 늘리기

홀수단에서는 코늘림이 들어갑니다. 매 홀수단에서 8코씩 코가 늘어납니다.

**3단**

**뒤판** 겉뜨기 1코 + 왼코 늘리기 + 겉뜨기(S 31코, M 32코, L 33코) + 오른코 늘리기 + 겉뜨기 1코

**소매** 겉뜨기 1코 + 왼코 늘리기 + 겉뜨기(S 6코, M 7코, L 8코) + 오른코 늘리기 + 겉뜨기 1코

**앞판** 겉뜨기 1코 + 왼코 늘리기 + 겉뜨기(S 31코, M 32코, L 33코) + 오른코 늘리기 + 겉뜨기 1코

**소매** 겉뜨기 1코 + 왼코 늘리기 + 겉뜨기(S 6코, M 7코, L 8코) + 오른코 늘리기 + 겉뜨기 1코

**TIP**
- 마커 기준으로 양옆 겉뜨기 2코는 래글런 선(목에서 겨드랑이까지 내려오는 대각선)이 됩니다.
- 홀수단 첫코를 뜰 때 클립형 마커로 표시해 주면 어느 단에서 늘렸는지 확인하기 좋습니다.

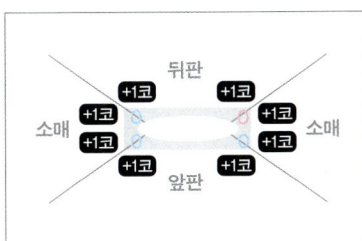
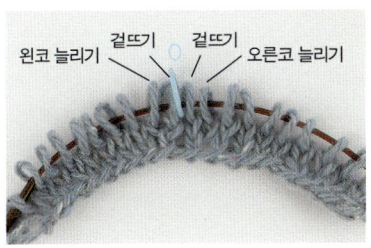

## 4. 짝수단 : 코늘림 확인하면서 뜨기

홀수단에서 8코가 늘어났는지 짝수단을 뜨면서 확인해 주세요.

**4단**

**뒤판** 겉뜨기(S 35코, M 36코, L 37코)
**소매** 겉뜨기(S 10코, M 11코, L 12코)
**앞판** 겉뜨기(S 35코, M 36코, L 37코)
**소매** 겉뜨기(S 10코, M 11코, L 12코)

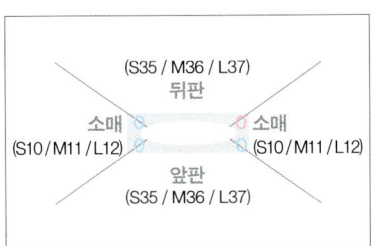

## 5. '3~4'를 반복해서 겨드랑이 지점까지 뜨기

3~4를 참고하여 겨드랑이 지점까지 반복해서 떠 주세요.

홀수단 : 8코 늘리기 / 짝수단 : 늘림 없이 겉뜨기

**5단**

(마커 + 겉뜨기 1코 + 왼코 늘리기 + 겉뜨기(S 33코, M 34코, L 35코) + 오른코 늘리기 + 겉뜨기 1코)

+ (마커 + 겉뜨기 1코 + 왼코 늘리기 + 겉뜨기(S 8코, M 9코, L 10코) + 오른코 늘리기 + 겉뜨기 1코)

+ (마커 + 겉뜨기 1코 + 왼코 늘리기 + 겉뜨기(S 33코, M 34코, L 35코) + 오른코 늘리기 + 겉뜨기 1코)

+ (마커 + 겉뜨기 1코 + 왼코 늘리기 + 겉뜨기(S 8코, M 9코, L 10코) + 오른코 늘리기 + 겉뜨기 1코)

**6단**

마커 + 겉뜨기(S 37코, M 38코, L 39코) + 마커 + 겉뜨기(S 12코, M 13코, L 14코) + 마커 + 겉뜨기(S 37코, M 38코, L 39코) + 마커 + 겉뜨기(S 12코, M 13코, L 14코)

**7단**

[(마커 + 겉뜨기 1코 + 왼코 늘리기 + 겉뜨기(S 35코, M 36코, L 37코) + 오른코 늘리기 + 겉뜨기 1코)

+ (마커 + 겉뜨기 1코 + 왼코 늘리기 + 겉뜨기(S 10코, M 11코, L 12코) + 오른코 늘리기 + 겉뜨기 1코)] × 2번 반복

**8단**

[마커 + 겉뜨기(S 39코, M 40코, L 41코) + 마커 + 겉뜨기(S 14코, M 15코, L 16코)] × 2번 반복

**9단**

[(마커 + 겉뜨기 1코 + 왼코 늘리기 + 겉뜨기(S 37코, M 38코, L 39코) + 오른코 늘리기 + 겉뜨기 1코)

+ (마커 + 겉뜨기 1코 + 왼코 늘리기 + 겉뜨기(S 12코, M 13코, L 14코) + 오른코 늘리기 + 겉뜨기 1코)] × 2번 반복

**10단**

[마커 + 겉뜨기(S 41코, M 42코, L 43코) + 마커 + 겉뜨기(S 16코, M 17코, L 18코)] × 2번 반복

**11단**

[(마커 + 겉뜨기 1코 + 왼코 짝리기 + 겉뜨기(S 39코, M 40코, L 41코) + 오른코 늘리기 + 겉뜨기 1코)

+ (마커 + 겉뜨기 1코 + 왼코 늘리기 + 겉뜨기(S 14코, M 15코, L 16코) + 오른코 늘리기 + 겉뜨기 1코)] × 2번 반복

**12단**

[마커 + 겉뜨기(S 43코, M 44코, L 45코) + 마커 + 겉뜨기(S 18코, M 19코, L 20코)] × 2번 반복

**13단**

[(마커 + 겉뜨기 1코 + 왼코 늘리기 + 겉뜨기(S 41코, M 42코, L 43코) + 오른코 늘리기 + 겉뜨기 1코)

+ (마커 + 겉뜨기 1코 + 왼코 늘리기 + 겉뜨기(S 16코, M 17코, L 18코) + 오른코 늘리기 +

겉뜨기 1코)] × 2번 반복

**14단**
[마커 + 겉뜨기(S 45코, M 46코, L 47코) + 마커 + 겉뜨기(S 20코, M 21코, L 22코)] × 2번 반복

**15단**
[(마커 + 겉뜨기 1코 + 왼코 늘리기 + 겉뜨기(S 43코, M 44코, L 45코) + 오른코 늘리기 + 겉뜨기 1코)
+ (마커 + 겉뜨기 1코 + 왼코 늘리기 + 겉뜨기(S 18코, M 19코, L 20코) + 오른코 늘리기 + 겉뜨기 1코)] × 2번 반복

**16단**
[마커 + 겉뜨기(S 47코, M 48코, L 49코) + 마커 + 겉뜨기(S 22코, M 23코, L 24코)] × 2번 반복

**17단**
[(마커 + 겉뜨기 1코 + 왼코 늘리기 + 겉뜨기(S 45코, M 46코, L 47코) + 오른코 늘리기 + 겉뜨기 1코)
+ (마커 + 겉뜨기 1코 + 왼코 늘리기 + 겉뜨기(S 20코, M 21코, L 22코) + 오른코 늘리기 + 겉뜨기 1코)] × 2번 반복

**18단**
[마커 + 겉뜨기(S 49코, M 50코, L 51코) + 마커 + 겉뜨기(S 24코, M 25코, L 26코)] × 2번 반복

**19단**
[(마커 + 겉뜨기 1코 + 왼코 늘리기 + 겉뜨기(S 47코, M 48코, L 49코) + 오른코 늘리기 + 겉뜨기 1코)
+ (마커 + 겉뜨기 1코 + 왼코 늘리기 + 겉뜨기(S 22코, M 23코, L 24코) + 오른코 늘리기 + 겉뜨기 1코)] × 2번 반복

**20단**
[마커 + 겉뜨기(S 51코, M 52코, L 53코) + 마커 + 겉뜨기(S 26코, M 27코, L 28코)] × 2번 반복

**21단**
[(마커 + 겉뜨기 1코 + 왼코 늘리기 + 겉뜨기(S 49코, M 50코, L 51코) + 오른코 늘리기 + 겉뜨기 1코)
+ (마커 + 겉뜨기 1코 + 왼코 늘리기 + 겉뜨기(S 24코, M 25코, L 26코) + 오른코 늘리기 + 겉뜨기 1코)] × 2번 반복

**22단**
[마커 + 겉뜨기(S 53코, M 54코, L 55코) + 마커 + 겉뜨기(S 28코, M 29코, L 30코)] × 2번 반복

**23단**
[(마커 + 겉뜨기 1코 + 왼코 늘리기 + 겉뜨기(S 51코, M 52코, L 53코) + 오른코 늘리기 + 겉뜨기 1코)
+ (마커 + 겉뜨기 1코 + 왼코 늘리기 + 겉뜨기(S 26코, M 27코, L 28코) + 오른코 늘리기 + 겉뜨기 1코)] × 2번 반복

**24단**
[마커 + 겉뜨기(S 55코, M 56코, L 57코) + 마커 + 겉뜨기(S 30코, M 31코, L 32코)] × 2번 반복

**25단**

[(마커 + 겉뜨기 1코 + 왼코 늘리기 + 겉뜨기(S 53코, M 54코, L 55코) + 오른코 늘리기 + 겉뜨기 1코)
+ (마커 + 겉뜨기 1코 + 왼코 늘리기 + 겉뜨기(S 28코, M 29코, L 30코) + 오른코 늘리기 + 겉뜨기 1코)] × 2번 반복

**26단**
[마커 + 겉뜨기(S 57코, M 58코, L 59코) + 마커 + 겉뜨기(S 32코, M 33코, L 34코)] × 2번 반복

**27단**
[(마커 + 겉뜨기 1코 + 왼코 늘리기 + 겉뜨기(S 55코, M 56코, L 57코) + 오른코 늘리기 + 겉뜨기 1코)
+ (마커 + 겉뜨기 1코 + 왼코 늘리기 + 겉뜨기(S 30코, M 31코, L 32코) + 오른코 늘리기 + 겉뜨기 1코)] × 2번 반복

**28단**
[마커 + 겉뜨기(S 59코, M 60코, L 61코) + 마커 + 겉뜨기(S 34코, M 35코, L 36코)] × 2번 반복

**29단**
[(마커 + 겉뜨기 1코 + 왼코 늘리기 + 겉뜨기(S 57코, M 58코, L 59코) + 오른코 늘리기 + 겉뜨기 1코)
+ (마커 + 겉뜨기 1코 + 왼코 늘리기 + 겉뜨기(S 32코, M 33코, L 34코) + 오른코 늘리기 + 겉뜨기 1코)] × 2번 반복

**30단**
[마커 + 겉뜨기(S 61코, M 62코, L 63코) + 마커 + 겉뜨기(S 36코, M 37코, L 38코)] × 2번 반복

**31단**
[(마커 + 겉뜨기 1코 + 왼코 늘리기 + 겉뜨기(S 59코, M 60코, L 61코) + 오른코 늘리기 + 겉뜨기 1코)
+ (마커 + 겉뜨기 1코 + 왼코 늘리기 + 겉뜨기(S 34코, M 35코, L 36코) + 오른코 늘리기 + 겉뜨기 1코)] × 2번 반복

**32단**
[마커 + 겉뜨기(S 63코, M 64코, L 65코) + 마커 + 겉뜨기(S 38코, M 39코, L 40코)] × 2번 반복

**33단**
[(마커 + 겉뜨기 1코 + 왼코 늘리기 + 겉뜨기(S 61코, M 62코, L 63코) + 오른코 늘리기 + 겉뜨기 1코)
+ (마커 + 겉뜨기 1코 + 왼코 늘리기 + 겉뜨기(S 36코, M 37코, L 38코) + 오른코 늘리기 + 겉뜨기 1코)] × 2번 반복

**34단**
[마커 + 겉뜨기(S 65코, M 66코, L 67코) + 마커 + 겉뜨기(S 40코, M 41코, L 42코)] × 2번 반복
※ S 사이즈는 34단까지 떠 주세요.

**35단**
[(마커 + 겉뜨기 1코 + 왼코 늘리기 + 겉뜨기(M 64코, L 65코) + 오른코 늘리기 + 겉뜨기 1코)
+ (마커 + 겉뜨기 1코 + 왼코 늘리기 + 겉뜨기(M 39코, L 40코) + 오른코 늘리기 + 겉뜨기 1코)] × 2번 반복

**36단**

[마커 + 겉뜨기(M 68코, L 69코) + 마커 + 겉뜨기(M 43코, L 44코)] × 2번 반복

M 사이즈는 36단까지 떠 주세요.

**37단**

[(마커 + 겉뜨기 1코 + 왼코 늘리기 + 겉뜨기(L 67코) + 오른코 늘리기 + 겉뜨기 1코)
+ (마커 + 겉뜨기 1코 + 왼코 늘리기 + 겉뜨기(L 42코) + 오른코 늘리기 + 겉뜨기 1코)] × 2
번 반복

**38단**

[마커 + 겉뜨기(L 71코) + 마커 + 겉뜨기(L 46코)] × 2번 반복

※ L 사이즈는 38단까지 떠 주세요.

**TIP** • 코가 점점 늘어나기 때문에 짧은 케이블로 뜨기 시작했다면 긴 케이블로 바꾸어 떠 주세요.

## 6. 단수와 콧수 확인

각 사이즈별로 단수와 콧수를 확인해 주세요. (마커는 /로 표시)

- S사이즈 : 34단까지 뜨기. 전체 콧수 65 / 40 / 65 / 40
- M사이즈 : 36단까지 뜨기. 전체 콧수 68 / 43 / 68 / 43
- L사이즈 : 38단까지 뜨기. 전체 콧수 71 / 46 / 71 / 46

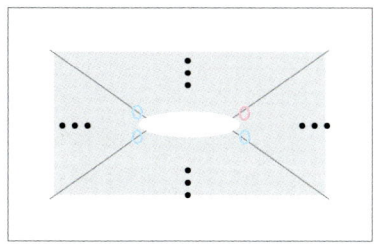

S : 34단까지 / M : 36단까지 / L : 38단까지

### 7. 양쪽 소매 코 케이블에 걸어 두기

양쪽 소매를 케이블에 걸고 케이블 마개로 막아 주세요.

**TIP**
- 여분의 케이블이 없다면 자투리 실과 돗바늘을 준비해 주세요.
- 자투리 실을 돗바늘에 끼워 케이블을 대신해 코를 걸어 주세요. 풀리지 않도록 살살 묶은 후 몸통을 먼저 뜨고 소매를 떠 주세요.

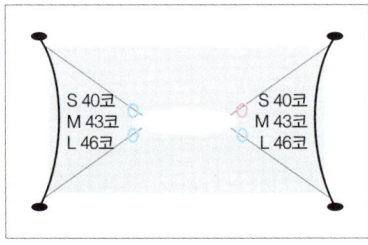

### 8. 뒤판만 4단 더 뜨기

**4단**
뒤판만 4단 더 떠 주세요. 이때는 평면으로 뜨기 때문에 뜨개 방향을 잘 확인해 주세요.

**- S 사이즈**
뒤판 늘림 1단 : 겉뜨기 65코
뒤판 늘림 2단 : 안뜨기 65코
뒤판 늘림 3단 : 겉뜨기 65코
뒤판 늘림 4단 : 안뜨기 65코

**- M 사이즈**
뒤판 늘림 1단 : 겉뜨기 68코
뒤판 늘림 2단 : 안뜨기 68코
뒤판 늘림 3단 : 겉뜨기 68코
뒤판 늘림 4단 : 안뜨기 68코

**- L 사이즈**
뒤판 늘림 1단 : 겉뜨기 71코
뒤판 늘림 2단 : 안뜨기 71코
뒤판 늘림 3단 : 겉뜨기 71코
뒤판 늘림 4단 : 안뜨기 71코

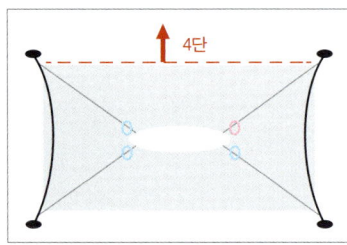

뒤판만 4단 더 떠 준 상태입니다. 평면으로 뜨기 때문에 뜨개 방향을 잘 확인해 주세요.

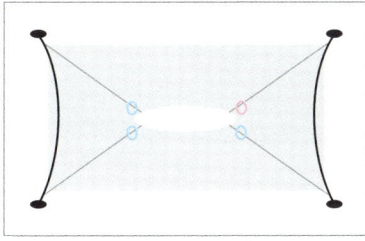
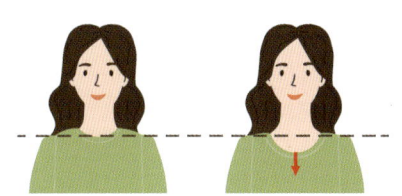

뒤판 늘림 4단 : 안뜨기 →
← 뒤판 늘림 3단 : 겉뜨기
뒤판 늘림 2단 : 안뜨기 →
← 뒤판 늘림 1단 : 겉뜨기

**뒤판만 4단을 더 떠 주는 이유**

앞목과 뒷목의 시작 지점이 동일하기 때문에 입었을 때 앞목 부분이 올라올 수 있어요. 이를 방지하기 위해 뒤판에서 4단을 더 떠 주어 뒤판의 길이를 길게 만들어 주어요. 뒤판이 길어지면 자연스럽게 앞목 부분이 올라오는 것을 방지할 수 있어요.

## 9. 별도 사슬 2개 만들어 주기

비슷한 굵기의 실을 준비해 주세요. 코바늘 8/0호로 사슬뜨기 코를 잡아 2개 완성해 주세요.
콧등에서 코를 주워야 하기 때문에 코를 느슨하게 잡아 주는 게 좋습니다.

**TIP** • 별도 사슬코는 뜨고 있는 실과 다른 색상으로 뜨는 게 좋습니다.

- S 사이즈 : 사슬뜨기 9코로 2개 완성
- M 사이즈 : 사슬뜨기 10코로 2개 완성
- L 사이즈 : 사슬뜨기 13코로 2개 완성

[예시]

## 10. '앞판-겨드랑이-뒤판' 연결하기

앞판과 뒤판, 겨드랑이를 합쳐 줄 차례입니다. 이때 80cm의 긴 케이블로 바꿔 주면 좋습니다.

홀수단을 뜨면서 하나의 바늘에 앞판, 뒤판, 겨드랑이 코가 모두 걸려 있도록 코를 합쳐 주세요.

뒤판 늘림 4단은 단수에서 제외해 주세요.

**뜨개 순서**

뒤판 → 뒤판 늘림단에서 4코 → 별도 사슬 콧등에서 코줍기 → 앞판 → 별도 사슬 콧등에서 코줍기 → 뒤판 늘림단에서 4코

- S 사이즈 : (뒤판)65코 + 4코 + (별도 사슬코)9코 + (앞판)65코 + (별도 사슬코)9코 + 4코 = 총 156코
- M 사이즈 : (뒤판)68코 + 4코 + (별도 사슬코)10코 + (앞판)68코 + (별도 사슬코)10코 + 4코 = 총 164코
- L 사이즈 : (뒤판)71코 + 4코 + (별도 사슬코)13코 + (앞판)71코 + (별도 사슬코)13코 + 4코 = 총 176코

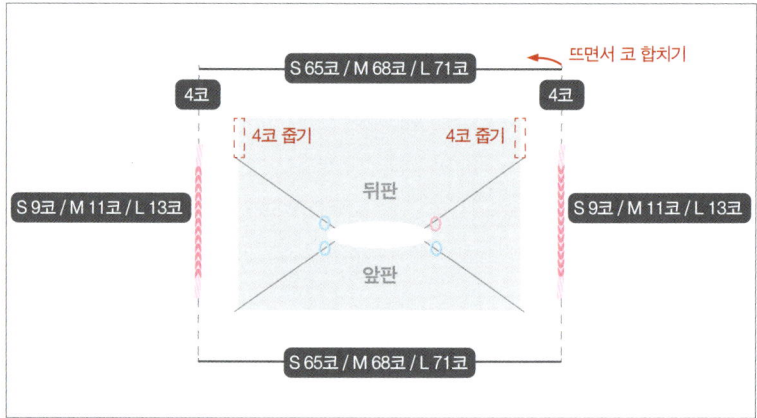

뒤판 → 뒤판 늘림단에서 4코 → 별도 사슬 콧등에서 코줍기 → 앞판 → 별도 사슬 콧등에서 코줍기 → 뒤판 늘림단에서 4코

홀수단을 뜨면서 하나의 바늘에 앞판, 뒤판, 겨드랑이 코가 모두 걸려 있도록 코를 합쳐 주세요.

## 11. 몸통 뜨기

앞판과 뒤판, 겨드랑이 코가 한 바늘에 모두 합쳐졌습니다.
시작 지점만 마커로 표시해 주세요.
이제부터는 겉뜨기 원통 뜨기로 늘림 없이 쭉 떠 주세요.

> **TIP** • 몸통 길이는 입어 보면서 체형에 맞게 단수를 조절해도 됩니다.

- S 사이즈 : 42단 뜨기(35~76단)
- M 사이즈 : 46단 뜨기(37~82단)
- L 사이즈 : 50단 뜨기(39~88단)

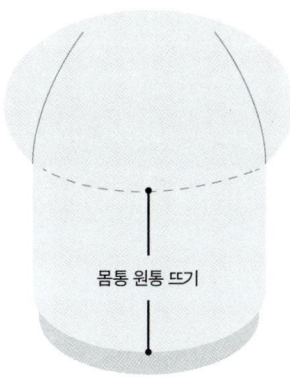

몸통 원통 뜨기

몸통 뜨기를 완성한 모습입니다. 체형에 맞게 단수를 조절해도 됩니다.

## 12. 몸통 밑단 뜨기

5.5mm 바늘로 바꿔 주세요.
밑단은 1코 고무뜨기로 8단 뜬 후 돗바늘 마무리, 혹은 엎어 코막음으로 마무리해 주세요.

- S 사이즈 : 77~84단까지 (겉뜨기 + 안뜨기) × 78 반복
- M 사이즈 : 83~90단까지 (겉뜨기 + 안뜨기) × 83 반복
- L 사이즈 : 89~96단까지 (겉뜨기 + 안뜨기) × 88 반복

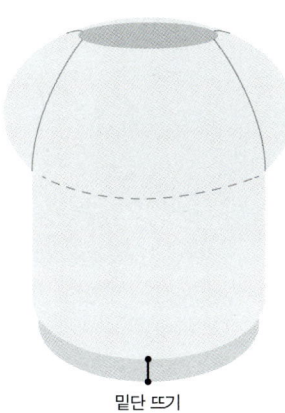

밑단 뜨기

## 13. 소매 코줍기

케이블에 걸려 있는 소매 코를 7mm 바늘에 옮겨 주세요.

소매 코와 별도 사슬코 콧등에서 코를 잡아 주세요.

이때 별도 사슬코 콧등에서는 늘어짐 코까지 잡혀 1코가 더 많아집니다.

> **TIP**
> - 소매를 뜰 때는 쇼트 팁에 짧은 케이블을 연결해 뜨면 좋습니다. (조립식 대바늘이 아닌 짧은 나무 줄 대바늘도 좋습니다.)
> - 케이블 대신 자투리 실에 걸어 놓았을 경우 코의 방향을 잘 확인해 바늘에 옮겨 주세요

- S 사이즈 : 소매 40코 + 콧등에서 10코 = 총 50코
- M 사이즈 : 소매 43코 + 콧등에서 11코 = 총 54코
- L 사이즈 : 소매 46코 + 콧등에서 14코 = 총 60코

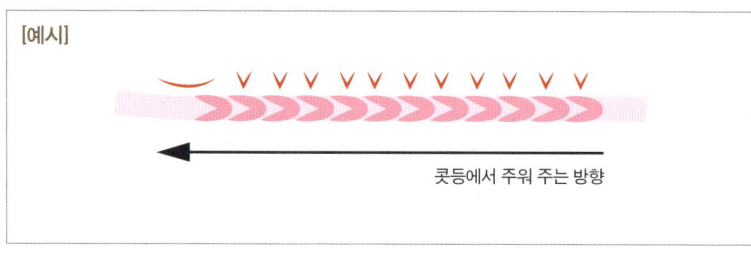

[예시]

콧등에서 주워 주는 방향

케이블 마개를 풀어 7mm 쇼트 팁 바늘을 끼워 주세요.

별도 사슬코 안쪽의 콧등에서 코를 주워 주세요. 늘어난 코까지 잡혀 1코가 더 많아집니다.

**14. 소매 중심에서 뜨기 시작하기**

별도 사슬에서 코를 주운 다음 시작 위치를 중간 지점으로 옮겨 주세요.

> **TIP** • 뜨개 방향은 겉뜨기로 뜰 수 있도록 정해 줍니다.

- S 사이즈 : 10코를 5코 (시작 위치) 5코로 나누어 시작
- M 사이즈 : 11코를 6코 (시작 위치) 5코로 나누어 시작
- L 사이즈 : 14코를 7코 (시작 위치) 7코로 나누어 시작

**15. 소매 뜨기 전**

소매 코와 별도 사슬코가 만나는 지점이 떨어져 있기 때문에 홀수단을 뜨면서 2코가 만나는 지점을 모아뜨기로 줄여 줍니다.

소매 코와 별도 사슬코가 만나는 지점에서 2코를 한 번에 찔러 겉뜨기로 떠 주세요. 앞판에서 1코, 뒤판에서 1코가 줄어 총 2코가 줄어듭니다.

> **TIP** • 벌어진 코를 붙이기 위해 모아뜨기로 뜨는 것이기 때문에 왼코 줄이기로 모두 떠 주어도 완성 모양에는 전혀 지장을 주지 않습니다. 위치에 맞게 왼코 줄이기, 오른코 줄이기로 줄여 주어도 괜찮습니다.

- S 사이즈 : (35단) 전체 콧수 50코 → 48코
- M 사이즈 : (37단) 전체 콧수 54코 → 52코
- L 사이즈 : (39단) 전체 콧수 60코 → 58코

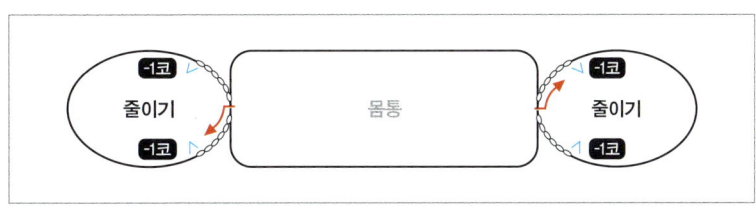

소매 코와 별도 사슬코가 만나는 지점에서 2코를 한 번에 찔러 겉뜨기로 떠 주세요.

## 16. 소매 뜨기

소매 밑단 전까지 겉뜨기 원통 뜨기로 쭉 떠 주세요.
체형에 맞게 단수를 조절해도 됩니다.

- S 사이즈 : 총 48코. 겉뜨기로 54단 뜨기(35~88단)
- M 사이즈 : 총 52코. 겉뜨기로 56단 뜨기(37~92단)
- L 사이즈 : 총 58코. 겉뜨기로 58단 뜨기(39~96단)

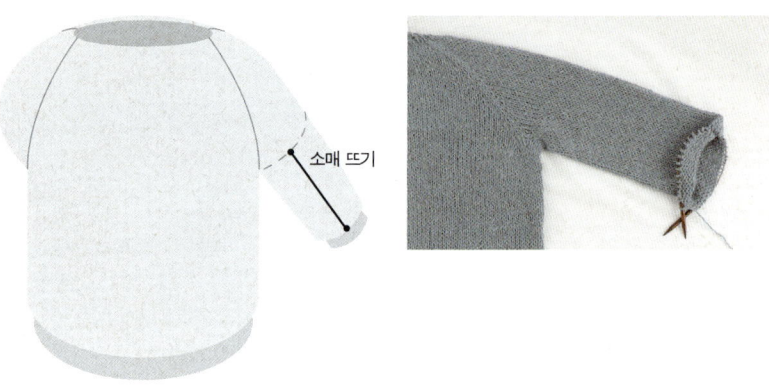

## 17. 소매 밑단 뜨기

5.5mm 바늘로 바꿔 주세요. 밑단은 1코 고무뜨기로 5단 뜬 후 돗바늘 마무리, 혹은 엎어 코막음으로 마무리해 주세요.

- S 사이즈 : (겉뜨기 + 안뜨기) × 24번 반복하여 5단 뜨기(89~93단)
- M 사이즈 : (겉뜨기 + 안뜨기) × 26번 반복하여 5단 뜨기(93~97단)
- L 사이즈 : (겉뜨기 + 안뜨기) × 29번 반복하여 5단 뜨기(97~101단)

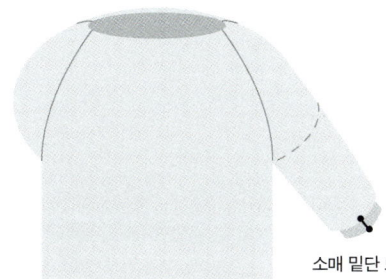
소매 밑단 뜨기

엎어 코막음 혹은 돗바늘 마무리

## 18. '13~17'을 참고하여 반대편 소매 뜨기

13~17을 참고하여 반대편 소매도 완성해 주세요.

## 19. 목에서 코를 주워 고무단으로 마무리

5.5mm 바늘로 네크라인 코를 주워 주세요.

코를 주울 때 마커 부분에서 1코씩 건너뛰고 잡아 주세요. 기초코 콧수보다 4코가 줄어듭니다.

1코 고무뜨기로 뜰 때 너무 촘촘하게 뜨면 목이 답답할 수 있으니 손땀을 느슨하게 뜨는 것이 좋습니다.

1코 고무뜨기로 5단을 뜬 후 돗바늘 마무리, 혹은 엎어 코막음으로 마무리 해 주세요

- S 사이즈 : 82코 → 78코 줍기 / 1~5단 : (겉뜨기 + 안뜨기) × 반복
- M 사이즈 : 86코 → 82코 줍기 / 1~5단 : (겉뜨기 + 안뜨기) × 반복
- L 사이즈 : 90코 → 86코 줍기 / 1~5단 : (겉뜨기 + 안뜨기) × 반복

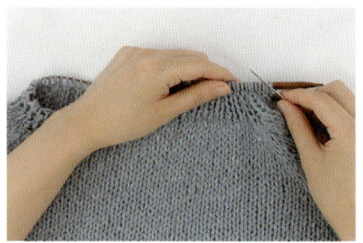

### 20. 마무리

옷이 완성되었습니다. 옷 안쪽에 있는 실들을 돗바늘을 사용해 숨겨 주세요. 겨드랑이 부분이 늘어나서 구멍이 보인다면 돗바늘을 사용해 구멍을 조여 주세요.

## 02

# 브이 네크라인 탑다운 스웨터

가슴부터 허리 라인까지 적당한 슬림핏으로 떨어지는 디자인입니다.
밑단은 고무단을 넓게 해 골반 라인을 잡아 주어 더욱 날씬해 보이는 효과를 줍니다. 브이 네크라인에서는 브이 네크라인 중심코를 남기고 만드는 방법과 별도 사슬코를 만드는 방법이 있는데 본 도안에서는 별도 사슬코를 만드는 방법으로 완성했습니다. 브이 네크라인 1코 고무뜨기에 주의하여 완성해 주세요.

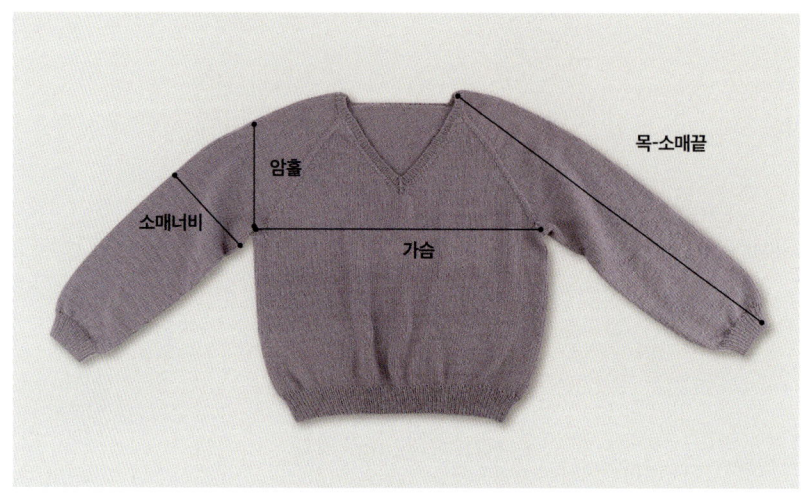

| | |
|---|---|
| **전체 사이즈** | **사이즈** S, M, L |
| | **가슴** S : 47cm, M : 51.5cm, L : 57cm |
| | **목-소매끝** S : 60cm, M : 62cm, L : 65cm |
| | **암홀** S : 22cm, M : 23cm, L : 25cm |
| | **소매너비** S : 18cm, M : 20cm, L : 23cm |
| | **총 길이** S : 49cm, M : 53cm, L : 57cm |
| 게이지 | 10cm×10cm 23코, 32단 / 1cm=2.3코 1cm=3.2단 |
| 사용한 바늘 | 조립식 대바늘 4mm, 3.5mm(시작, 소매 40cm 케이블 / 몸통 60~120cm 케이블) |
| 실 소요량 | S, M, L 모두 오드리 50g×10볼 |
| 난이도 | ●●○○○ |

### 디자인 코멘트

가장 베이직한 브이 네크라인으로 완성한 탑다운 스웨터입니다. 브이 네크라인의 파임이 깊다면 고무단을 더 떠서 도톰한 브이 네크라인으로 완성해 보세요.

## 1. 기초코 잡기

**1단**

40cm 케이블을 연결한 4mm 대바늘에 기초코(S 84코, M 92코, L 100코)를 잡아 주세요. 원통 뜨기가 아닌 평면 뜨기로 떠 주세요.

> **TIP** • 브이넥 파임을 먼저 떠 준 후 원통으로 이어 줍니다. 그 전까지는 평면 뜨기로 떠 주세요.

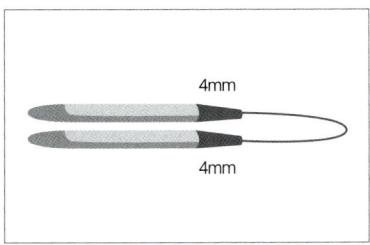

## 2. 앞판, 소매, 뒤판, 소매를 마커로 나누기

2단부터 뜨기 시작입니다. 2단에서는 안뜨기로 뜨면서 마커로 섹션을 나누어 줍니다. 이때 마커 4개 중 시작 지점에서만 다른 색상의 마커를 걸어 주면 헷갈리지 않고 수월하게 뜰 수 있습니다.

**2단**
**앞판** 안뜨기(S 3코, M 3코, L 3코)
**소매** ○안뜨기(S 18코, M 21코, L 22코)
**뒤판** ○안뜨기(S 42코, M 44코, L 50코)
**소매** ○안뜨기(S 18코, M 21코, L 22코)
**앞판** ○안뜨기(S 3코, M 3코, L 3코)

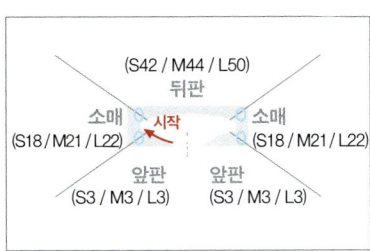
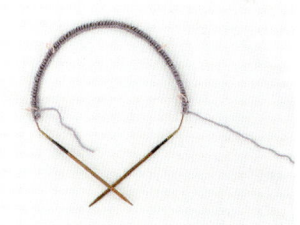

### 3. 홀수단 : 코 늘리기

코늘림은 홀수단에서 들어갑니다.

**3단**

**앞판** 겉뜨기 2코 + 오른코 늘리기 + 겉뜨기(S 1코, M 1코, L 1코)

**소매** 겉뜨기 1코 + 왼코 늘리기 + 겉뜨기(S 16코, M 19코, L 20코) + 오른코 늘리기 + 겉뜨기 1코

**뒤판** 겉뜨기 1코 + 왼코 늘리기 + 겉뜨기(S 40코, M 42코, L 48코) + 뒤판 오른코 늘리기 + 겉뜨기 1코

**소매** 겉뜨기 1코 + 왼코 늘리기 + 겉뜨기(S 16코, M 19코, L 20코) + 오른코 늘리기 + 겉뜨기 1코

**앞판** 겉뜨기(S 1코, M 1코, L 1코) + 왼코 늘리기 + 겉뜨기 2코

> **TIP**
> - 마커 기준으로 양옆 겉뜨기 2코는 래글런 선(목에서 겨드랑이까지 내려오는 대각선)이 됩니다.
> - 브이넥이 합쳐지는 지점 전(단)까지 홀수단은 겉뜨기, 짝수단은 안뜨기(메리야스 뜨기)로 떠 주세요.

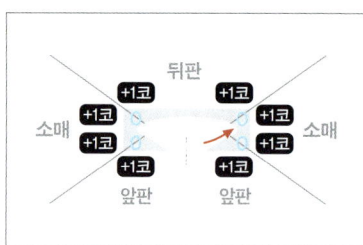 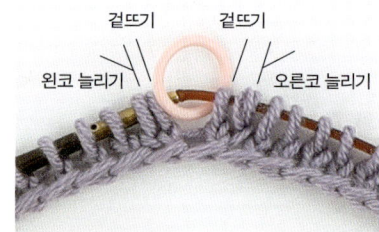

### 4. 짝수단 : 코늘림 확인하면서 뜨기

홀수단에서 8코가 늘어났는지 짝수단을 뜨면서 확인해 주세요.

**4단**

**앞판** 안뜨기(S 4코, M 4코, L 4코)
**소매** ◯안뜨기(S 20코, M 23코, L 24코)
**뒤판** ◯안뜨기(S 44코, M 46코, L 52코)
**소매** ◯안뜨기(S 20코, M 23코, L 24코)
**앞판** ◯안뜨기(S 4코, M 4코, L 4코)

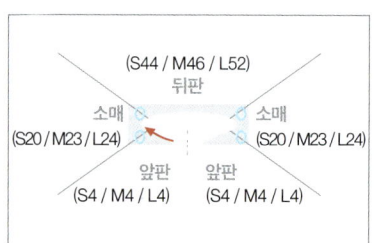 

## 5. '3~4'를 반복해서 겨드랑이 지점까지 뜨기

3~4를 참고하여 브이넥이 합쳐지는 지점까지 반복해서 떠 주세요
홀수단 : 8코 늘리기 / 짝수단 : 늘림 없이 겉뜨기

**TIP** • 코가 점점 늘어나기 때문에 짧은 케이블로 뜨기 시작했다면 긴 케이블로 바꾸어 떠 주세요.

브이넥이 만나는 부분(=빨강 선)에서는 4단마다 코를 늘려 주세요. 나머지 부분(=검정 선)은 매 홀수단에서 코가 늘어납니다.

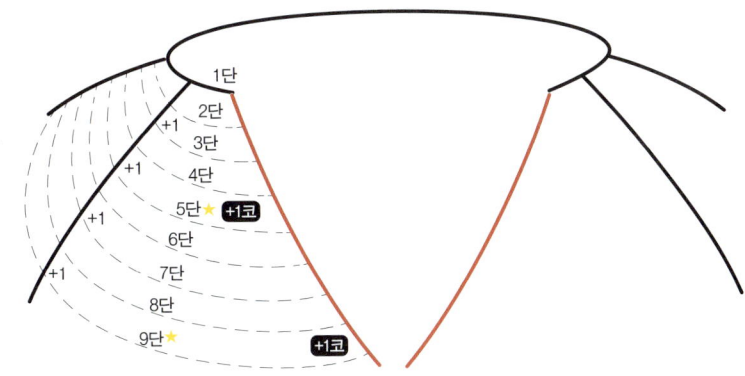

### ★ 5단
(겉뜨기 2코 + 왼코 늘리기 + 겉뜨기(S 1코, M 1코, L 1코) + 오른코 늘리기 + 겉뜨기 1코)

+ (마커 + 겉뜨기 1코 + 왼코 늘리기 + 겉뜨기(S 18코, M 21코, L 22코) + 오른코 늘리기 + 겉뜨기 1코)

+ (마커 + 겉뜨기 1코 + 왼코 늘리기 + 겉뜨기(S 42코, M 44코, L 50코) + 오른코 늘리기 + 겉뜨기 1코)

+ (마커 + 겉뜨기 1코 + 왼코 늘리기 + 겉뜨기(S 18코, M 21코, L 22코) + 오른코 늘리기 + 겉뜨기 1코)

+ (마커 + 겉뜨기 1코 + 왼코 늘리기 + 겉뜨기(S 1코, M 1코, L 1코) + 오른코 늘리기 + 겉뜨기 2코)

### 6단
안뜨기(S 6코, M 6코, L 6코)
+ 마커 + 안뜨기(S 22코, M 25코, L 26코)
+ 마커 + 안뜨기(S 46코, M 48코, L 54코)
+ 마커 + 안뜨기(S 22코, M 25코, L 26코)
+ 마커 + 안뜨기(S 6코, M 6코, L 6코)

### 7단
(겉뜨기(S 5코, M 5코, L 5코) + 오른코 늘리기 + 겉뜨기 1코)

+ (마커 + 겉뜨기 1코 + 왼코 늘리기 + 겉뜨기(S 20코, M 23코, L 24코) + 오른코 늘리기 + 겉뜨기 1코)

+ (마커 + 겉뜨기 1코 + 왼코 늘리기 + 겉뜨기(S 44코, M 46코, L 52코) + 오른코 늘리기 + 겉뜨기 1코)

+ (마커 + 겉뜨기 1코 + 왼코 늘리기 + 겉뜨기(S 20코, M 23코, L 24코) + 오른코 늘리기 + 겉뜨기 1코)

+ (마커 + 겉뜨기 1코 + 왼코 늘리기 + 겉뜨기(S 5코, M 5코, L 5코)

### 8단

안뜨기(S 7코, M 7코, L 7코)

+ 마커 + 안뜨기(S 24코, M 27코, L 28코)

+ 마커 + 안뜨기(S 48코, M 50코, L 56코)

+ 마커 + 안뜨기(S 24코, M 27코, L 28코)

+ 마커 + 안뜨기(S 7코, M 7코, L 7코)

### ★ 9단

(겉뜨기 2코 + 왼코 늘리기 + 겉뜨기(S 4코, M 4코, L 4코) + 오른코 늘리기 + 겉뜨기 1코)

+ (마커 + 겉뜨기 1코 + 왼코 늘리기 + 겉뜨기(S 22코, M 25코, L 26코) + 오른코 늘리기 + 겉뜨기 1코)

+ (마커 + 겉뜨기 1코 + 왼코 늘리기 + 겉뜨기(S 46코, M 48코, L 54코) + 오른코 늘리기 + 겉뜨기 1코)

+ (마커 + 겉뜨기 1코 + 왼코 늘리기 + 겉뜨기(S 22코, M 25코, L 26코) + 오른코 늘리기 + 겉뜨기 1코)

+ (마커 + 겉뜨기 1코 + 왼코 늘리기 + 겉뜨기(S 4코, M 4코, L 4코) + 오른코 늘리기 + 겉뜨기 2코)

### 10단

안뜨기(S 9코, M 9코, L 9코)

+ 마커 + 안뜨기(S 26코, M 29코, L 30코)

+ 마커 + 안뜨기(S 50코, M 52코, L 58코)

+ 마커 + 안뜨기(S 26코, M 29코, L 30코)

+ 마커 + 안뜨기(S 9코, M 9코, L 9코)

### 11단

(겉뜨기(S 8코, M 8코, L 8코) + 오른코 늘리기 + 겉뜨기 1코)

+ (마커 + 겉뜨기 1코 + 왼코 늘리기 + 겉뜨기(S 24코, M 27코, L 28코) + 오른코 늘리기 + 겉뜨기 1코)

+ (마커 + 겉뜨기 1코 + 왼코 늘리기 + 겉뜨기(S 48코, M 50코, L 56코) + 오른코 늘리기 + 겉뜨기 1코)

+ (마커 + 겉뜨기 1코 + 왼코 늘리기 + 겉뜨기(S 24코, M 27코, L 28코) + 오른코 늘리기 + 겉뜨기 1코)

+ (마커 + 겉뜨기 1코 + 왼코 늘리기 + 겉뜨기(S 8코, M 8코, L 8코))

### 12단

안뜨기(S 10코, M 10코, L 10코)

+ 마커 + 안뜨기(S 28코, M 31코, L 32코)

+ 마커 + 안뜨기(S 52코, M 54코, L 60코)

+ 마커 + 안뜨기(S 28코, M 31코, L 32코)

+ 마커 + 안뜨기(S 10코, M 10코, L 10코)

### ★ 13단

(겉뜨기 2코 + 왼코 늘리기 + 겉뜨기(S 7코, M 7코, L 7코) + 오른코 늘리기 + 겉뜨기 1코)

+ (마커 + 겉뜨기 1코 + 왼코 늘리기 + 겉뜨기(S 26코, M 29코, L 30코) + 오른코 늘리기 + 겉뜨기 1코)

+ (마커 + 겉뜨기 1코 + 왼코 늘리기 + 겉뜨기(S 50코, M 52코, L 58코) + 오른코 늘리기 + 겉뜨기 1코)

+ (마커 + 겉뜨기 1코 + 왼코 늘리기 + 겉뜨기(S 26코, M 29코, L 30코) + 오른코 늘리기 + 겉뜨기 1코)

+ (마커 + 겉뜨기 1코 + 왼코 늘리기 + 겉뜨기(S 7코, M 7코, L 7코) + 오른코 늘리기 + 겉뜨기 2코)

### 14단

안뜨기(S 12코, M 12코, L 12코)

+ 마커 + 안뜨기(S 30코, M 33코, L 34코)

+ 마커 + 안뜨기(S 54코, M 56코, L 62코)

+ 마커 + 안뜨기(S 30코, M 33코, L 34코)

+ 마커 + 안뜨기(S 12코, M 12코, L 12코)

### 15단

(겉뜨기(S 11, M 11코, L 11코) + 오른코 늘리기 + 겉뜨기 1코)

+ (마커 + 겉뜨기 1코 + 왼코 늘리기 + 겉뜨기(S 28코, M 31코, L 32코) + 오른코 늘리기 + 겉뜨기 1코)

+ (마커 + 겉뜨기 1코 + 왼코 늘리기 + 겉뜨기(S 52코, M 54코, L 60코) + 오른코 늘리기 + 겉뜨기 1코)

+ (마커 + 겉뜨기 1코 + 왼코 늘리기 + 겉뜨기(S 28코, M 31코, L 32코) + 오른코 늘리기 + 겉뜨기 1코)

+ (마커 + 겉뜨기 1코 + 왼코 늘리기 + 겉뜨기(S 11코, M 11코, L 11코)

### 16단

안뜨기(S 13코, M 13코, L 13코)

+ 마커 + 안뜨기(S 32코, M 35코, L 36코)

+ 마커 + 안뜨기(S 56 코, M 58코, L 64코)

+ 마커 + 안뜨기(S 32코, M 35코, L 36코)

+ 마커 + 안뜨기(S 13코, M 13코, L 13코)

### 17~46단까지

매 홀수단 모든 섹션에서 2코씩 코가 늘어납니다. 2단에 10코씩 늘어납니다.

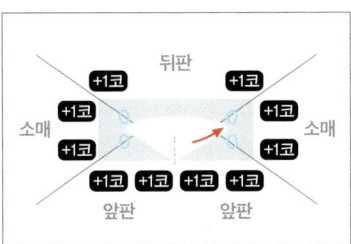

**17단**

(겉뜨기 2코 + 왼코 늘리기 + 겉뜨기(S 10코, M 10코, L 10코) + 오른코 늘리기 + 겉뜨기 1코)

+ (마커 + 겉뜨기 1코 + 왼코 늘리기 + 겉뜨기(S 30코, M 33코, L 34코) + 오른코 늘리기 + 겉뜨기 1코)

+ (마커 + 겉뜨기 1코 + 왼코 늘리기 + 겉뜨기(S 54코, M 56코, L 62코) + 오른코 늘리기 + 겉뜨기 1코)

+ (마커 + 겉뜨기 1코 + 왼코 늘리기 + 겉뜨기(S 30코, M 33코, L 34코) + 오른코 늘리기 + 겉뜨기 1코)

+ (마커 + 겉뜨기 1코 + 왼코 늘리기 + 겉뜨기(S 10코, M 10코, L 10코) + 오른코 늘리기 + 겉뜨기 2코)

**18단**

안뜨기(S 15코, M 15코, L 15코) + 마커 + 안뜨기(S 34코, M 37코, L 38코) + 마커 + 안뜨기(S 58코, M 60코, L 66코)

+ 마커 + 안뜨기(S 34코, M 37코, L 38코) + 마커 + 안뜨기(S 15코, M 15코, L 15코)

**19단**

(겉뜨기 2코 + 왼코 늘리기 + 겉뜨기(S 12코, M 12코, L 12코) + 오른코 늘리기 + 겉뜨기 1코)

+ (마커 + 겉뜨기 1코 + 왼코 늘리기 + 겉뜨기(S 32코, M 35코, L 36코) + 오른코 늘리기 + 겉뜨기 1코)

+ (마커 + 겉뜨기 1코 + 왼코 늘리기 + 겉뜨기(S 56코, M 58코, L 64코) + 오른코 늘리기 + 겉뜨기 1코)

+ (마커 + 겉뜨기 1코 + 왼코 늘리기 + 겉뜨기(S 32코, M 35코, L 36코) + 오른코 늘리기 + 겉뜨기 1코)

+ (마커 + 겉뜨기 1코 + 왼코 늘리기 + 겉뜨기(S 12코, M 12코, L 12코) + 오른코 늘리기 + 겉뜨기 2코)

**20단**

안뜨기(S 17코, M 17코, L 17코) + 마커 + 안뜨기(S 36코, M 39코, L 40코) + 마커 + 안뜨기(S 60코, M 62코, L 68코)

+ 마커 + 안뜨기(S 36코, M 39코, L 40코) + 마커 + 안뜨기(S 17코, M 17코, L 17코)

**21단**

(겉뜨기 2코 + 왼코 늘리기 + 겉뜨기(S 14코, M 14코, L 14코) + 오른코 늘리기 + 겉뜨기 1코)

+ (마커 + 겉뜨기 1코 + 왼코 늘리기 + 겉뜨기(S 34코, M 37코, L 38코) + 오른코 늘리기 + 겉뜨기 1코)

+ (마커 + 겉뜨기 1코 + 왼코 늘리기 + 겉뜨기(S 58코, M 60코, L 66코) + 오른코 늘리기 + 겉뜨기 1코)

+ (마커 + 겉뜨기 1코 + 왼코 늘리기 + 겉뜨기(S 34코, M 37코, L 38코) + 오른코 늘리기 + 겉뜨기 1코)

+ (마커 + 겉뜨기 1코 + 왼코 늘리기 + 겉뜨기(S 14코, M 14코, L 14코) + 오른코 늘리기 + 겉뜨기 2코)

**22단**

안뜨기(S 19코, M 19코, L 19코) + 마커 + 안뜨기(S 38코, M 41코, L 42코) + 마커 + 안뜨기(S 62코, M 64코, L 70코)

+ 마커 + 안뜨기(S 38코, M 41코, L 42코) + 마커 + 안뜨기(S 19코, M 19코, L 19코)

**23단**

(겉뜨기 2코 + 왼코 늘리기 + 겉뜨기(S 16코, M 16코, L 16코) + 오른코 늘리기 + 겉뜨기 1코)

+ (마커 + 겉뜨기 1코 + 왼코 늘리기 + 겉뜨기(S 36코, M 39코, L 40코) + 오른코 늘리기 + 겉뜨기 1코)

+ (마커 + 겉뜨기 1코 + 왼코 늘리기 + 겉뜨기(S 60코, M 62코, L 68코) + 오른코 늘리기 + 겉뜨기 1코)

+ (마커 + 겉뜨기 1코 + 왼코 늘리기 + 겉뜨기(S 36코, M 39코, L 40코) + 오른코 늘리기 + 겉뜨기 1코)

+ (마커 + 겉뜨기 1코 + 왼코 늘리기 + 겉뜨기(S 16코, M 16코, L 16코) + 오른코 늘리기 + 겉뜨기 2코)

**24단**

안뜨기(S 21코, M 21코, L 21코) + 마커 + 안뜨기(S 40코, M 43코, L 44코) + 마커 + 안뜨기(S 64코, M 66코, L 72코)

+ 마커 + 안뜨기(S 40코, M 43코, L 44코) + 마커 + 안뜨기(S 21코, M 21코, L 21코)

**25단**

(겉뜨기 2코 + 왼코 늘리기 + 겉뜨기(S 18코, M 18코, L 18코) + 오른코 늘리기 + 겉뜨기 1코)

+ (마커 + 겉뜨기 1코 + 왼코 늘리기 + 겉뜨기(S 38코, M 41코, L 42코) + 오른코 늘리기 + 겉뜨기 1코)

+ (마커 + 겉뜨기 1코 + 왼코 늘리기 + 겉뜨기(S 62코, M 64코, L 70코) + 오른코 늘리기 + 겉뜨기 1코)

+ (마커 + 겉뜨기 1코 + 왼코 늘리기 + 겉뜨기(S 38코, M 41코, L 42코) + 오른코 늘리기 + 겉뜨기 1코)

+ (마커 + 겉뜨기 1코 + 왼코 늘리기 + 겉뜨기(S 18코, M 18코, L 18코) + 오른코 늘리기 + 겉뜨기 2코)

**26단**

안뜨기(S 23코, M 23코, L 23코) + 마커 + 안뜨기(S 42코, M 45코, L 46코) + 마커 + 안뜨기(S 66코, M 68코, L 74코)

+ 마커 + 안뜨기(S 42코, M 45코, L 46코) + 마커 + 안뜨기(S 23코, M 23코, L 23코)

**27단**

(겉뜨기 2코 + 왼코 늘리기 + 겉뜨기(S 20코, M 20코, L 20코) + 오른코 늘리기 + 겉뜨기 1코)

+ (마커 + 겉뜨기 1코 + 왼코 늘리기 + 겉뜨기(S 40코, M 43코, L 44코) + 오른코 늘리기 + 겉뜨기 1코)

+ (마커 + 겉뜨기 1코 + 왼코 늘리기 + 겉뜨기(S 64코, M 66코, L 72코) + 오른코 늘리기 + 겉뜨기 1코)

+ (마커 + 겉뜨기 1코 + 왼코 늘리기 + 겉뜨기(S 40코, M 43코, L 44코) + 오른코 늘리기 + 겉뜨기 1코)

+ (마커 + 겉뜨기 1코 + 왼코 늘리기 + 겉뜨기(S 20코, M 20코, L 20코) + 오른코 늘리기 + 겉뜨기 2코)

28단

안뜨기(S 25코, M 25코, L 25코) + 마커 + 안뜨기(S 44코, M 47코, L 48코) + 마커 + 안뜨기(S 68코, M 70코, L 76코)

+ 마커 + 안뜨기(S 44코, M 47코, L 48코) + 마커 + 안뜨기(S 25코, M 25코, L 25코)

29단

(겉뜨기 2코 + 왼코 늘리기 + 겉뜨기(S 22코, M 22코, L 22코) + 오른코 늘리기 + 겉뜨기 1코)

+ (마커 + 겉뜨기 1코 + 왼코 늘리기 + 겉뜨기(S 42코, M 45코, L 46코) + 오른코 늘리기 + 겉뜨기 1코)

+ (마커 + 겉뜨기 1코 + 왼코 늘리기 + 겉뜨기(S 66코, M 68코, L 74코) + 오른코 늘리기 + 겉뜨기 1코)

+ (마커 + 겉뜨기 1코 + 왼코 늘리기 + 겉뜨기(S 42코, M 45코, L 46코) + 오른코 늘리기 + 겉뜨기 1코)

+ (마커 + 겉뜨기 1코 + 왼코 늘리기 + 겉뜨기(S 22코, M 22코, L 22코) + 오른코 늘리기 + 겉뜨기 2코)

30단

안뜨기(S 27코, M 27코, L 27코) + 마커 + 안뜨기(S 46코, M 49코, L 50코) + 마커 + 안뜨기(S 70코, M 72코, L 78코)

+ 마커 + 안뜨기(S 46코, M 49코, L 50코) + 마커 + 안뜨기(S 27코, M 27코, L 27코)

31단

(겉뜨기 2코 + 왼코 늘리기 + 겉뜨기(S 24코, M 24코, L 24코) + 오른코 늘리기 + 겉뜨기 1코)

+ (마커 + 겉뜨기 1코 + 왼코 늘리기 + 겉뜨기(S 44코, M 47코, L 48코) + 오른코 늘리기 + 겉뜨기 1코)

+ (마커 + 겉뜨기 1코 + 왼코 늘리기 + 겉뜨기(S 68코, M 70코, L 76코) + 오른코 늘리기 + 겉뜨기 1코)

+ (마커 + 겉뜨기 1코 + 왼코 늘리기 + 겉뜨기(S 44코, M 47코, L 48코) + 오른코 늘리기 + 겉뜨기 1코)

+ (마커 + 겉뜨기 1코 + 왼코 늘리기 + 겉뜨기(S 24코, M 24코, L 24코) + 오른코 늘리기 + 겉뜨기 2코)

32단

안뜨기(S 29코, M 29코, L 29코) + 마커 + 안뜨기(S 48코, M 51코, L 52코) + 마커 + 안뜨기(S 72코, M 74코, L 80코)

+ 마커 + 안뜨기(S 48코, M 51코, L 52코) + 마커 + 안뜨기(S 29코, M 29코, L 29코)

33단

(겉뜨기 2코 + 왼코 늘리기 + 겉뜨기(S 26코, M 26코, L 26코) + 오른코 늘리기 + 겉뜨기 1코)

+ (마커 + 겉뜨기 1코 + 왼코 늘리기 + 겉뜨기(S 46코, M 49코, L 50코) + 오른코 늘리기 + 겉뜨기 1코)

+ (마커 + 겉뜨기 1코 + 왼코 늘리기 + 겉뜨기(S 70코, M 72코, L 78코) + 오른코 늘리기 + 겉뜨기 1코)

+ (마커 + 겉뜨기 1코 + 왼코 늘리기 + 겉뜨기(S 46코, M 49코, L 50코) + 오른코 늘리기 + 겉뜨기 1코)

+ (마커 + 겉뜨기 1코 + 왼코 늘리기 + 겉뜨기(S 26코, M 26코, L 26코) + 오른코 늘리기 +

겉뜨기 2코)

**34단**

안뜨기(S 31코, M 31코, L 31코) + 마커 + 안뜨기(S 50코, M 53코, L 54코) + 마커 + 안뜨기(S 74코, M 76코, L 82코)

+ 마커 + 안뜨기(S 50코, M 53코, L 54코) + 마커 + 안뜨기(S 31코, M 31코, L 31코)

**35단**

(겉뜨기 2코 + 왼코 늘리기 + 겉뜨기(S 28코, M 28코, L 28코) + 오른코 늘리기 + 겉뜨기 1코)

+ (마커 + 겉뜨기 1코 + 왼코 늘리기 + 겉뜨기(S 48코, M 51코, L 52코) + 오른코 늘리기 + 겉뜨기 1코)

+ (마커 + 겉뜨기 1코 + 왼코 늘리기 + 겉뜨기(S 72코, M 74코, L 80코) + 오른코 늘리기 + 겉뜨기 1코)

+ (마커 + 겉뜨기 1코 + 왼코 늘리기 + 겉뜨기(S 48코, M 51코, L 52코) + 오른코 늘리기 + 겉뜨기 1코)

+ (마커 + 겉뜨기 1코 + 왼코 늘리기 + 겉뜨기(S 28코, M 28코, L 28코) + 오른코 늘리기 + 겉뜨기 2코)

**36단**

안뜨기(S 33코, M 33코, L 33코) + 마커 + 안뜨기(S 52코, M 55코, L 56코) + 마커 + 안뜨기(S 76코, M 78코, L 84코)

+ 마커 + 안뜨기(S 52코, M 55코, L 56코) + 마커 + 안뜨기(S 33코, M 33코, L 33코)

**37단**

(겉뜨기 2코 + 왼코 늘리기 + 겉뜨기(S 30코, M 30코, L 30코) + 오른코 늘리기 + 겉뜨기 1코)

+ (마커 + 겉뜨기 1코 + 왼코 늘리기 + 겉뜨기(S 50코, M 53코, L 54코) + 오른코 늘리기 + 겉뜨기 1코)

+ (마커 + 겉뜨기 1코 + 왼코 늘리기 + 겉뜨기(S 74코, M 76코, L 82코) + 오른코 늘리기 + 겉뜨기 1코)

+ (마커 + 겉뜨기 1코 + 왼코 늘리기 + 겉뜨기(S 50코, M 53코, L 54코) + 오른코 늘리기 + 겉뜨기 1코)

+ (마커 + 겉뜨기 1코 + 왼코 늘리기 + 겉뜨기(S 30코, M 30코, L 30코) + 오른코 늘리기 + 겉뜨기 2코)

**38단**

안뜨기(S 35코, M 35코, L 35코) + 마커 + 안뜨기(S 54코, M 57코, L 58코) + 마커 + 안뜨기(S 78코, M 80코, L 86코)

+ 마커 + 안뜨기(S 54코, M 57코, L 58코) + 마커 + 안뜨기(S 35코, M 35코, L 35코)

**39단**

(겉뜨기 2코 + 왼코 늘리기 + 겉뜨기(S 32코, M 32코, L 32코) + 오른코 늘리기 + 겉뜨기 1코)

+ (마커 + 겉뜨기 1코 + 왼코 늘리기 + 겉뜨기(S 52코, M 55코, L 56코) + 오른코 늘리기 + 겉뜨기 1코)

+ (마커 + 겉뜨기 1코 + 왼코 늘리기 + 겉뜨기(S 76코, M 78코, L 84코) + 오른코 늘리기 + 겉뜨기 1코)

+ (마커 + 겉뜨기 1코 + 왼코 늘리기 + 겉뜨기(S 52코, M 55코, L 56코) + 오른코 늘리기 + 겉뜨기 1코)

+ (마커 + 겉뜨기 1코 + 왼코 늘리기 + 겉뜨기(S 32코, M 32코, L 32코) + 오른코 늘리기 + 겉뜨기 2코)

### 40단

안뜨기(S 37코, M 37코, L 37코) + 마커 + 안뜨기(S 56코, M 59코, L 60코) + 마커 + 안뜨기(S 80코, M 82코, L 88코)

+ 마커 + 안뜨기(S 56코, M 59코, L 60코) + 마커 + 안뜨기(S 37코, M 37코, L 37코)

### 41단

(겉뜨기 2코 + 왼코 늘리기 + 겉뜨기(S 34코, M 34코, L 34코) + 오른코 늘리기 + 겉뜨기 1코)

+ (마커 + 겉뜨기 1코 + 왼코 늘리기 + 겉뜨기(S 54코, M 57코, L 58코) + 오른코 늘리기 + 겉뜨기 1코)

+ (마커 + 겉뜨기 1코 + 왼코 늘리기 + 겉뜨기(S 78코, M 80코, L 86코) + 오른코 늘리기 + 겉뜨기 1코)

+ (마커 + 겉뜨기 1코 + 왼코 늘리기 + 겉뜨기(S 54코, M 57코, L 58코) + 오른코 늘리기 + 겉뜨기 1코)

+ (마커 + 겉뜨기 1코 + 왼코 늘리기 + 겉뜨기(S 34코, M 34코, L 34코) + 오른코 늘리기 + 겉뜨기 2코)

### 42단

안뜨기(S 39코, M 39코, L 39코) + 마커 + 안뜨기(S 58코, M 61코, L 62코) + 마커 + 안뜨기(S 82코, M 84코, L 90코)

+ 마커 + 안뜨기(S 58코, M 61코, L 62코) + 마커 + 안뜨기(S 39코, M 39코, L 39코)

### 43단

(겉뜨기 2코 + 왼코 늘리기 + 겉뜨기(S 36코, M 36코, L 36코) + 오른코 늘리기 + 겉뜨기 1코)

+ (마커 + 겉뜨기 1코 + 왼코 늘리기 + 겉뜨기(S 56코, M 59코, L 60코) + 오른코 늘리기 + 겉뜨기 1코)

+ (마커 + 겉뜨기 1코 + 왼코 늘리기 + 겉뜨기(S 80코, M 82코, L 88코) + 오른코 늘리기 + 겉뜨기 1코)

+ (마커 + 겉뜨기 1코 + 왼코 늘리기 + 겉뜨기(S 56코, M 59코, L 60코) + 오른코 늘리기 + 겉뜨기 1코)

+ (마커 + 겉뜨기 1코 + 왼코 늘리기 + 겉뜨기(S 36코, M 36코, L 36코) + 오른코 늘리기 + 겉뜨기 2코)

### 44단

안뜨기(S 41코, M 41코, L 41코) + 마커 + 안뜨기(S 60코, M 63코, L 64코) + 마커 + 안뜨기(S 84코, M 86코, L 92코)

+ 마커 + 안뜨기(S 60코, M 63코, L 64코) + 마커 + 안뜨기(S 41코, M 41코, L 41코)

### 45단

(겉뜨기 2코 + 왼코 늘리기 + 겉뜨기(S 38코, M 38코, L 38코) + 오른코 늘리기 + 겉뜨기 1코)

+ (마커 + 겉뜨기 1코 + 왼코 늘리기 + 겉뜨기(S 58코, M 61코, L 62코) + 오른코 늘리기 + 겉뜨기 1코)

+ (마커 + 겉뜨기 1코 + 왼코 늘리기 + 겉뜨기(S 82코, M 84코, L 90코) + 오른코 늘리기 + 겉뜨기 1코)

+ (마커 + 겉뜨기 1코 + 왼코 늘리기 + 겉뜨기(S 58코, M 61코, L 62코) + 오른코 늘리기 + 겉뜨기 1코)

+ (마커 + 겉뜨기 1코 + 왼코 늘리기 + 겉뜨기(S 38코, M 38코, L 38코) + 오른코 늘리기 + 겉뜨기 2코)

**46단**

안뜨기(S 43코, M 43코, L 43코) + 마커 + 안뜨기(S 62코, M 65코, L 66코) + 마커 + 안뜨기(S 86코, M 88코, L 94코)
+ 마커 + 안뜨기(S 62코, M 65코, L 66코) + 마커 + 안뜨기(S 43코, M 43코, L 43코)
S 사이즈는 46단까지 뜬 후 '6. 단수와 콧수 확인' 단계로 넘어가 이어서 떠 주세요.

**47단**

(겉뜨기 2코 + 왼코 늘리기 + 겉뜨기(M 40코, L 40코) + 오른코 늘리기 + 겉뜨기 1코)
+ (마커 + 겉뜨기 1코 + 왼코 늘리기 + 겉뜨기(M 63코, L 64코) + 오른코 늘리기 + 겉뜨기 1코)
+ (마커 + 겉뜨기 1코 + 왼코 늘리기 + 겉뜨기(M 86코, L 92코) + 오른코 늘리기 + 겉뜨기 1코)
+ (마커 + 겉뜨기 1코 + 왼코 늘리기 + 겉뜨기(M 63코, L 64코) + 오른코 늘리기 + 겉뜨기 1코)
+ (마커 + 겉뜨기 1코 + 왼코 늘리기 + 겉뜨기(M 40코, L 40코) + 오른코 늘리기 + 겉뜨기 2코)

**48단**

안뜨기(M 45코, L 45코) + 마커 + 안뜨기(M 67코, L 68코) + 마커 + 안뜨기(M 90코, L 96코)
+ 마커 + 안뜨기(M 67코, L 68코) + 마커 + 안뜨기(M 45코, L 45코)
M 사이즈는 48단까지 뜬 후 '6. 단수와 콧수 확인' 단계로 넘어가 이어서 떠 주세요.

**49단**

(겉뜨기 2코 + 왼코 늘리기 + 겉뜨기(L 42코) + 오른코 늘리기 + 겉뜨기 1코)
+ (마커 + 겉뜨기 1코 + 왼코 늘리기 + 겉뜨기(L 66코) + 오른코 늘리기 + 겉뜨기 1코)
+ (마커 + 겉뜨기 1코 + 왼코 늘리기 + 겉뜨기(L 94코) + 오른코 늘리기 + 겉뜨기 1코)
+ (마커 + 겉뜨기 1코 + 왼코 늘리기 + 겉뜨기(L 66코) + 오른코 늘리기 + 겉뜨기 1코)
+ (마커 + 겉뜨기 1코 + 왼코 늘리기 + 겉뜨기(L 42코) + 오른코 늘리기 + 겉뜨기 2코)

**50단**

안뜨기(L 47코) + 마커 + 안뜨기(L 70코) + 마커 + 안뜨기(L 98코)
+ 마커 + 안뜨기(L 70코) + 마커 + 안뜨기(L 47코)

**51단**

(겉뜨기 2코 + 왼코 늘리기 + 겉뜨기(L 44코) + 오른코 늘리기 + 겉뜨기 1코)
+ (마커 + 겉뜨기 1코 + 왼코 늘리기 + 겉뜨기(L 68코) + 오른코 늘리기 + 겉뜨기 1코)
+ (마커 + 겉뜨기 1코 + 왼코 늘리기 + 겉뜨기(L 96코) + 오른코 늘리기 + 겉뜨기 1코)
+ (마커 + 겉뜨기 1코 + 왼코 늘리기 + 겉뜨기(L 68코) + 오른코 늘리기 + 겉뜨기 1코)
+ (마커 + 겉뜨기 1코 + 왼코 늘리기 + 겉뜨기(L 44코) + 오른코 늘리기 + 겉뜨기 2코)

**52단**

안뜨기(L 49코) + 마커 + 안뜨기(L 72코) + 마커 + 안뜨기(L 100코)
+ 마커 + 안뜨기(L 72코) + 마커 + 안뜨기(L 49코)
L 사이즈는 52단까지 뜬 후 '06. 단수와 콧수 확인' 단계로 넘어가 이어서 떠 주세요.

## 6. 단수와 콧수 확인

각 사이즈별로 단수와 콧수를 확인해 주세요. (마커는 /로 표시)

- S사이즈 : 46단의 전체 콧수 (앞판)43 / (소매)62 / (뒤판)86 / (소매)62 / (앞판)43
- M사이즈 : 48단의 전체 콧수 (앞판)45 / (소매)67 / (뒤판)90 / (소매)67 / (앞판)45
- L사이즈 : 52단의 전체 콧수 (앞판)49 / (소매)72 / (뒤판)100 / (소매)72 / (앞판)49

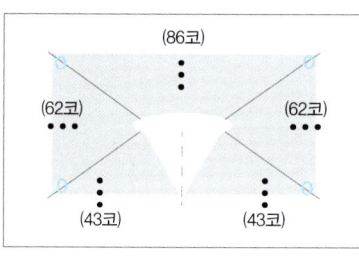

S사이즈 46단 / M사이즈 48단

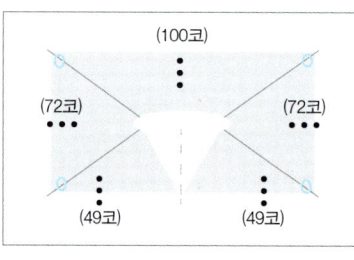

L사이즈 52단

## 7. 브이 네크라인 별도 코 만들기

브이 네크라인이 만나는 중심 지점에서 다른 색상의 실로 별도 코를 만들어 주세요.

- S 사이즈 : 47단
- M 사이즈 : 49단
- L 사이즈 : 53단에서 별도 코 만들기

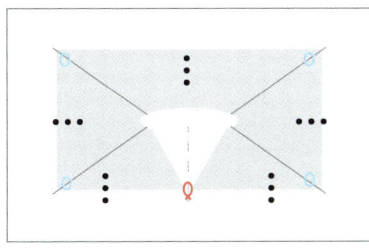
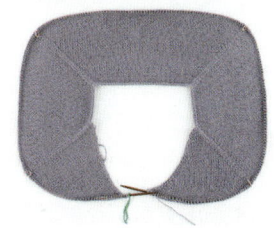

### 별도 코 만드는 법

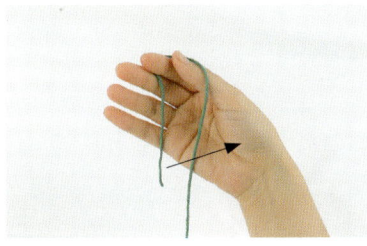
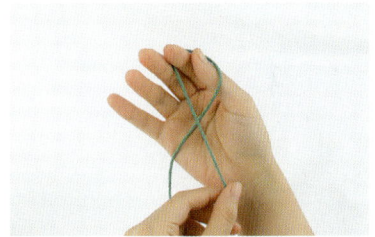

사진과 같이 실을 놓고 왼손으로 짧은 쪽의 실을 잡아 긴 쪽의 실 위로 겹쳐 주세요.

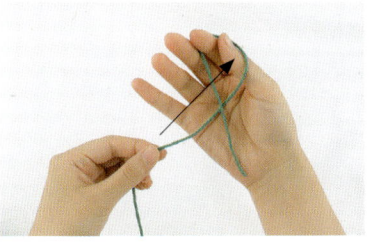
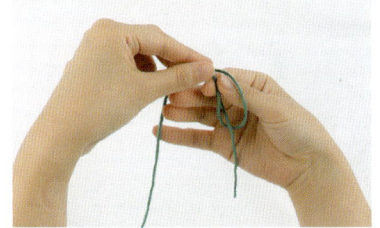

왼손으로 긴 쪽의 실을 잡아 오른손 엄지와 검지로 잡아 주세요.

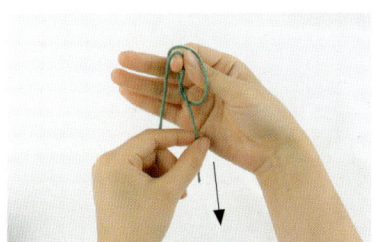
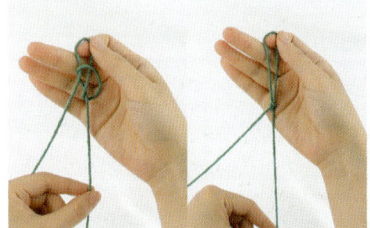

왼손으로 짧은 쪽의 실을 당겨 고리를 만들어 주세요.

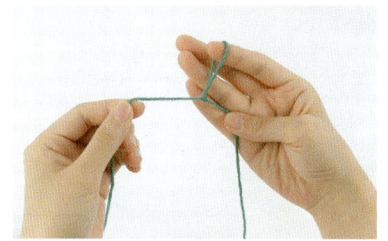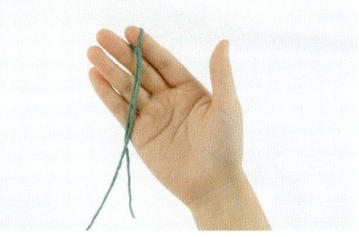

실을 양쪽으로 잡아 당겨 고리의 크기를 줄여 주세요.

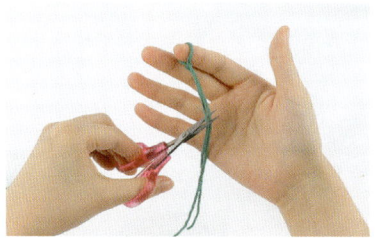

실 길이가 길지 않게 잘라내 별도 코를 완성해 주세요.

## 8. 시작 위치 바꾸기

앞판의 중심에서 별도 코를 잡아 준 다음 뜨지 않고 대바늘에 코를 옮겨 시작 위치를 ★로 바꿔 주세요.

**시작 위치를 바꿔 주는 이유**

시작 지점과 끝 지점이 만나는 부분은 땀이 매끄럽지 않습니다. 그렇기 때문에 시작 지점을 잘 보이지 않는 뒤판으로 바꿔 줍니다.

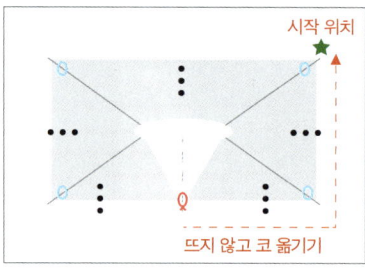

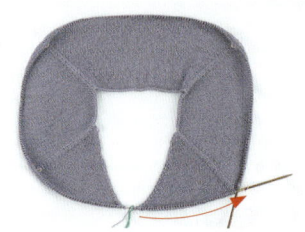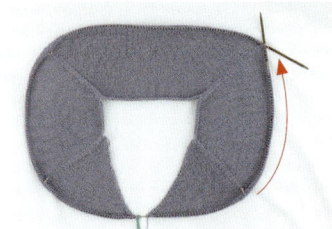

앞판에서 실을 잘라 내고 시작 위치★에서 실을 이어서 떠 주세요.

## 9. 시작 위치에 색이 다른 마커로 표시하기

시작 위치를 헷갈리지 않도록 다른 색상의 마커로 표시해 주세요.
앞판에 있는 실을 잘라 시작 위치에서 실을 이어서 떠 주세요.

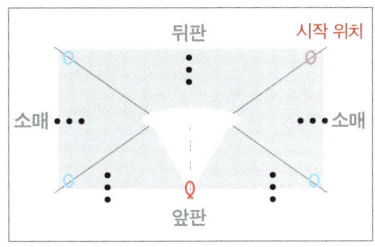 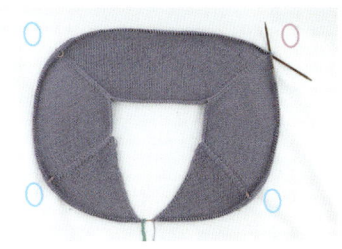

## 10. 겨드랑이 진동 부분까지 원통 뜨기

시작 위치를 헷갈리지 않도록 다른 색상의 마커로 표시해 주세요.
앞판에 있는 실을 잘라 시작 위치에서 실을 이어서 떠 주세요.

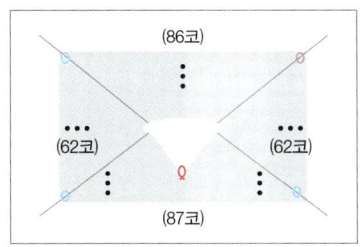 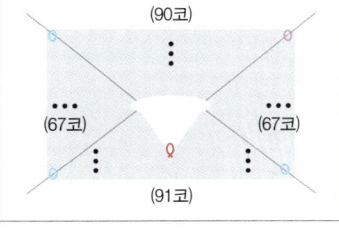 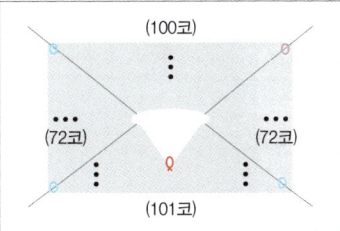

S 사이즈 46단     M 사이즈 48단     L 사이즈 52단

소매를 분리하기 전에 겨드랑이 진동까지 원통 뜨기로 떠 주세요. 원통 뜨기로 뜨기 때문에 홀수단, 짝수단 모두 겉뜨기로 떠지게 됩니다. 매 홀수단에서 8코씩 코늘림이 들어갑니다.

- S 사이즈 : 47~56단 뜨기
- M 사이즈 : 49~62단 뜨기
- L 사이즈 : 53~68단 뜨기

TIP • 홀수단 첫코를 뜰 때 클립형 마커로 표시해 주면 어느 단에서 늘렸는지 확인하기 좋습니다.

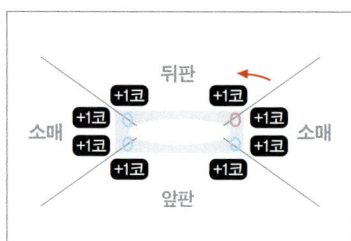

### S 사이즈는 47단부터 뜨기

**47단**

뒤판 겉뜨기 1코 + 왼코 늘리기 + 겉뜨기(S 84코) + 오른코 늘리기 + 겉뜨기 1코
소매 + (마커 + 겉뜨기 1코 + 왼코 늘리기 + 겉뜨기(S 60코) + 오른코 늘리기 + 겉뜨기 1코)
앞판 + (마커 + 겉뜨기 1코 + 왼코 늘리기 + 겉뜨기(S 85코) + 오른코 늘리기 + 겉뜨기 1코)
소매 + (마커 + 겉뜨기 1코 + 왼코 늘리기 + 겉뜨기(S 60코) + 오른코 늘리기 + 겉뜨기 1코)

**48단**

(뒤판 S 88코) + (소매 S 64코) + (앞판 S 89코) + (소매 S 64코)

### M 사이즈는 49단부터 뜨기

**49단**

뒤판 겉뜨기 1코 + 왼코 늘리기 + 겉뜨기(S 86코, M 88코) + 오른코 늘리기 + 겉뜨기 1코
소매 + (마커 + 겉뜨기 1코 + 왼코 늘리기 + 겉뜨기(S 62코, M 65코) + 오른코 늘리기 + 겉뜨기 1코)
앞판 + (마커 + 겉뜨기 1코 + 왼코 늘리기 + 겉뜨기(S 87코, M 89코) + 오른코 늘리기 + 겉뜨기 1코)
소매 + (마커 + 겉뜨기 1코 + 왼코 늘리기 + 겉뜨기(S 62코, M 65코) + 오른코 늘리기 + 겉뜨기 1코)

**50단**

(뒤판 S 90코, M 92코) + (소매 S 66코, M 69코) + (앞판 S 91코, M 93코) + (소매 S 66코, M 69코)

**51단**

뒤판 겉뜨기 1코 + 왼코 늘리기 + 겉뜨기(S 88코, M 90코) + 오른코 늘리기 + 겉뜨기 1코
소매 + (마커 + 겉뜨기 1코 + 왼코 늘리기 + 겉뜨기(S 64코, M 67코) + 오른코 늘리기 + 겉뜨기 1코)
앞판 + (마커 + 겉뜨기 1코 + 왼코 늘리기 + 겉뜨기(S 89코, M 91코) + 오른코 늘리기 + 겉뜨기 1코)
소매 + (마커 + 겉뜨기 1코 + 왼코 늘리기 + 겉뜨기(S 64코, M 67코) + 오른코 늘리기 + 겉뜨기 1코)

**52단**

(뒤판 S 92코, M 94코) + (소매 S 68코, M 71코) + (앞판 S 93코, M 95코) + (소매 S 68코, M 71코)

**L 사이즈는 53단부터 뜨기**

**53단**

뒤판  겉뜨기 1코 + 왼코 늘리기 + 겉뜨기(S 90코, M 92코, L 98코) + 오른코 늘리기 + 겉뜨기 1코

소매  + (마커 + 겉뜨기 1코 + 왼코 늘리기 + 겉뜨기(S 66코, M 69코, L 70코) + 오른코 늘리기 + 겉뜨기 1코)

앞판  + (마커 + 겉뜨기 1코 + 왼코 늘리기 + 겉뜨기(S 91코, M 93코, L 99코) + 오른코 늘리기 + 겉뜨기 1코)

소매  + (마커 + 겉뜨기 1코 + 왼코 늘리기 + 겉뜨기(S 66코, M 69코, L 70코) + 오른코 늘리기 + 겉뜨기 1코)

**54단**

(뒤판 S 94코, M 96코, L 102코) + (소매 S 70코, M 73코, L 74코) + (앞판 S 95코, M 97코, L 105코) + (소매 S 70코, M 73코, L 74코)

**55단**

뒤판  겉뜨기 1코 + 왼코 늘리기 + 겉뜨기(S 92코, M 94코, L 100코) + 오른코 늘리기 + 겉뜨기 1코

소매  + (마커 + 겉뜨기 1코 + 왼코 늘리기 + 겉뜨기(S 68코, M 71코, L 72코) + 오른코 늘리기 + 겉뜨기 1코)

앞판  + (마커 + 겉뜨기 1코 + 왼코 늘리기 + 겉뜨기(S 93코, M 95코, L 101코) + 오른코 늘리기 + 겉뜨기 1코)

소매  + (마커 + 겉뜨기 1코 + 왼코 늘리기 + 겉뜨기(S 68코, M 71코, L 72코) + 오른코 늘리기 + 겉뜨기 1코)

**56단**  S 사이즈는 56단까지 뜬 후 '11. 단수와 콧수 확인' 단계로 넘어가 이어서 떠주세요.

(뒤판 S 96코, M 98코, L 104코) + (소매 S 72코, M 75코, L 76코) + (앞판 S 97코, M 99코, L 105코) + (소매 S 72코, M 75코, L 76코)

**57단**

뒤판  겉뜨기 1코 + 왼코 늘리기 + 겉뜨기(M 96코, L 102코) + 오른코 늘리기 + 겉뜨기 1코

소매  + (마커 + 겉뜨기 1코 + 왼코 늘리기 + 겉뜨기(M 73코, L 74코) + 오른코 늘리기 + 겉뜨기 1코)

앞판  + (마커 + 겉뜨기 1코 + 왼코 늘리기 + 겉뜨기(M 97코, L 103코) + 오른코 늘리기 + 겉뜨기 1코)

소매  + (마커 + 겉뜨기 1코 + 왼코 늘리기 + 겉뜨기(M 73코, L 74코) + 오른코 늘리기 + 겉뜨기 1코)

**58단**

(뒤판 M 100코, L 106코) + (소매 M 77코, L 78코) + (앞판 M 101코, L 107코) + (소매 M 77코, L 78코)

**59단**

뒤판  겉뜨기 1코 + 왼코 늘리기 + 겉뜨기(M 98코, L 104코) + 오른코 늘리기 + 겉뜨기 1코

소매  + (마커 + 겉뜨기 1코 + 왼코 늘리기 + 겉뜨기(M 75코, L 76코) + 오른코 늘리기 + 겉뜨기 1코)

| | |
|---|---|
| 앞판 | + (마커 + 겉뜨기 1코 + 왼코 늘리기 + 겉뜨기(M 99코, L 105코) + 오른코 늘리기 + 겉뜨기 1코) |
| 소매 | + (마커 + 겉뜨기 1코 + 왼코 늘리기 + 겉뜨기(M 75코, L 76코) + 오른코 늘리기 + 겉뜨기 1코) |

**60단**

(뒤판 M 102코, L 108코) + (소매 M 79코, L 80코) + (앞판 M 103코, L 109코) + (소매 M 79코, L 80코)

**61단**

| | |
|---|---|
| 뒤판 | 겉뜨기 1코 + 왼코 늘리기 + 겉뜨기(M 100코, L 106코) + 오른코 늘리기 + 겉뜨기 1코 |
| 소매 | + (마커 + 겉뜨기 1코 + 왼코 늘리기 + 겉뜨기(M 77코, L 78코) + 오른코 늘리기 + 겉뜨기 1코) |
| 앞판 | + (마커 + 겉뜨기 1코 + 왼코 늘리기 + 겉뜨기(M 101코, L 107코) + 오른코 늘리기 + 겉뜨기 1코) |
| 소매 | + (마커 + 겉뜨기 1코 + 왼코 늘리기 + 겉뜨기(M 77코, L 78코) + 오른코 늘리기 + 겉뜨기 1코) |

**62단** M 사이즈는 62단까지 뜬 후 '11. 단수와 콧수 확인' 단계로 넘어가 이어서 떠주세요.

(뒤판 M 104코, L 110코) + (소매 M 81코, L 82코) + (앞판 M 105코, L 111코) + (소매 M 81코, L 82코)

**63단**

| | |
|---|---|
| 뒤판 | 겉뜨기 1코 + 왼코 늘리기 + 겉뜨기(L 108코) + 오른코 늘리기 + 겉뜨기 1코 |
| 소매 | + (마커 + 겉뜨기 1코 + 왼코 늘리기 + 겉뜨기(L 80코) + 오른코 늘리기 + 겉뜨기 1코) |
| 앞판 | + (마커 + 겉뜨기 1코 + 왼코 늘리기 + 겉뜨기(L 109코) + 오른코 늘리기 + 겉뜨기 1코) |
| 소매 | + (마커 + 겉뜨기 1코 + 왼코 늘리기 + 겉뜨기(L 80코) + 오른코 늘리기 + 겉뜨기 1코) |

**64단**

(뒤판 L 112코) + (소매 L 84코) + (앞판 L 113코) + (소매 L 84코)

**65단**

| | |
|---|---|
| 뒤판 | 겉뜨기 1코 + 왼코 늘리기 + 겉뜨기(L 110코) + 오른코 늘리기 + 겉뜨기 1코 |
| 소매 | + (마커 + 겉뜨기 1코 + 왼코 늘리기 + 겉뜨기(L 82코) + 오른코 늘리기 + 겉뜨기 1코) |
| 앞판 | + (마커 + 겉뜨기 1코 + 왼코 늘리기 + 겉뜨기(L 111코) + 오른코 늘리기 + 겉뜨기 1코) |
| 소매 | + (마커 + 겉뜨기 1코 + 왼코 늘리기 + 겉뜨기(L 82코) + 오른코 늘리기 + 겉뜨기 1코) |

**66단**

(뒤판 L 114코) + (소매 L 86코) + (앞판 L 115코) + (소매 L 86코)

**67단**

| | |
|---|---|
| 뒤판 | 겉뜨기 1코 + 왼코 늘리기 + 겉뜨기(L 112코) + 오른코 늘리기 + 겉뜨기 1코 |
| 소매 | + (마커 + 겉뜨기 1코 + 왼코 늘리기 + 겉뜨기(L 84코) + 오른코 늘리기 + 겉뜨기 1코) |
| 앞판 | + (마커 + 겉뜨기 1코 + 왼코 늘리기 + 겉뜨기(L 113코) + 오른코 늘리기 + 겉뜨기 1코) |
| 소매 | + (마커 + 겉뜨기 1코 + 왼코 늘리기 + 겉뜨기(L 84코) + 오른코 늘리기 + 겉뜨기 1코) |

**68단**

(뒤판 L 116코) + (소매 L 88코) + (앞판 L 117코) + (소매 L 88코)

별도 코는 겉뜨기를 하듯이 떠 주면 됩니다.

이어서 겉뜨기로 앞판을 떠 주세요.

## 11. 단수와 콧수 확인

각 사이즈별로 단수와 콧수를 확인해 주세요. (마커는 /로 표시)

- S 사이즈 : 56단까지 뜨기. 전체 콧수 96 / 72 / 97 / 72
- M 사이즈 : 62단까지 뜨기. 전체 콧수 104 / 81 / 105 / 81
- L 사이즈 : 68단까지 뜨기. 전체 콧수 116 / 88 / 117 / 88

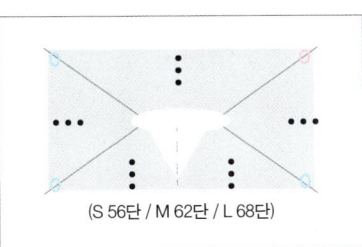 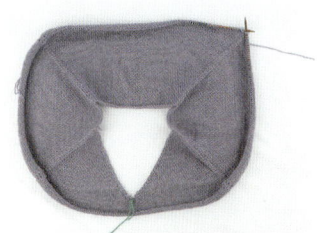

(S 56단 / M 62단 / L 68단)

## 12. 양쪽 소매 코 케이블에 걸어 두기

양쪽 소매를 케이블에 걸고 케이블 마개로 막아 주세요.

**TIP**
- 여분의 케이블이 없다면 자투리 실과 돗바늘을 준비해 주세요.
- 자투리 실을 돗바늘에 끼워 케이블을 대신해 코를 걸어 주세요. 풀리지 않도록 살살 묶은 후 몸통을 먼저 뜨고 소매를 떠 주세요.

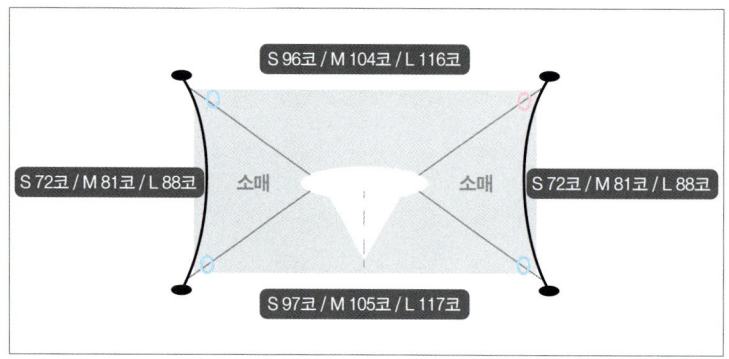

## 13. 별도 사슬 2개 만들어 주기

비슷한 굵기의 실을 준비해 주세요. 코바늘 6/0호로 사슬뜨기 코를 잡아 2개 완성해 주세요. 콧등에서 코를 주워야 하기 때문에 코를 느슨하게 잡아 주는 게 좋습니다.

- S 사이즈 : 사슬뜨기 10코로 2개 완성
- M 사이즈 : 사슬뜨기 12코로 2개 완성
- L 사이즈 : 사슬뜨기 16코로 2개 완성

**TIP**
- 별도 사슬코는 뜨고 있는 실과 다른 색상으로 떠 주는 게 좋습니다.

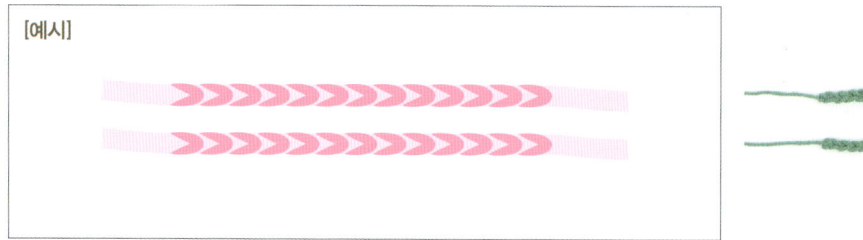

### 14. '앞판-겨드랑이-뒤판' 연결하기

앞판과 뒤판, 겨드랑이를 합쳐 줄 차례입니다. 이때 80cm의 긴 케이블로 바꿔 주면 좋습니다.

홀수단을 뜨면서 하나의 바늘에 앞판, 뒤판, 겨드랑이 코가 모두 걸려 있도록 코를 합쳐 주세요.

**뜨개 순서**
뒤판 → 별도 사슬 콧등에서 코줍기 → 앞판 → 별도 사슬 콧등에서 코줍기

- S 사이즈 : (뒤판)96코 + (별도 사슬코)10코 + (앞판)97코 + (별도 사슬코)10코 = 총 213코
- M 사이즈 : (뒤판)104코 + (별도 사슬코)12코 + (앞판)105코 + (별도 사슬코)12코 = 총 233코
- L 사이즈 : (뒤판)116코 + (별도 사슬코)16코 + (앞판)117코 + (별도 사슬코)16코 = 총 265코

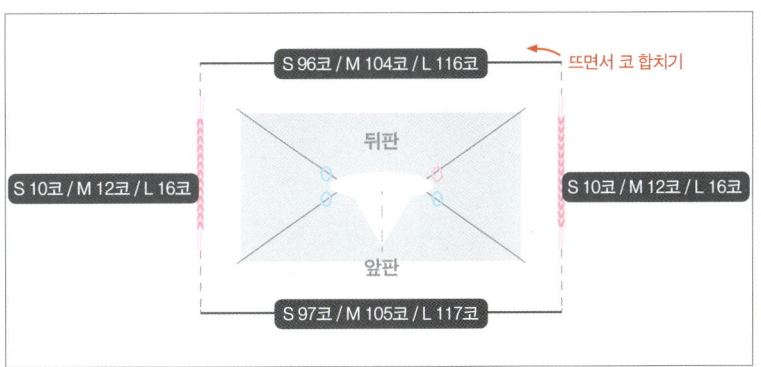

**별도 사슬 콧등에서 코줍기**

콧등 첫코부터 바늘을 찔러 주세요.

겉뜨기를 하듯 실을 감아 주세요.

감은 코를 통과시켜 주세요.

동일한 방법으로 차례대로 콧등에서 코를 줍고, 이어서 앞판 첫코부터 겉뜨기로 뜨기 시작해 주세요.

## 15. 몸통 뜨기

앞판과 뒤판, 겨드랑이 코가 한 바늘에 모두 합쳐졌습니다.
시작 지점만 마커로 표시해 주세요.
이제부터는 겉뜨기 원통 뜨기로 늘림 없이 쭉 떠 주세요.

- S 사이즈 : 총 213코로 74단 뜨기(57~130단)
- M 사이즈 : 총 233코로 80단 뜨기(63~142단)
- L 사이즈 : 총 265코로 86단 뜨기(69~154단)

**TIP** • 몸통 길이는 입어 보면서 체형에 맞게 단수를 조절해도 됩니다.

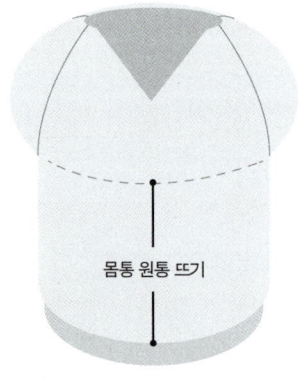 

## 16. 몸통 밑단 뜨기

3.5mm 바늘로 바꿔 주세요. 밑단은 1코 고무뜨기로 16단 떠 주세요. 이때 전체 콧수가 홀수이기 때문에 뜨기 시작할 때 첫 단에서만 겉뜨기로 2코를 모아서 떠 주세요. 1코를 줄여 전체 콧수를 짝수단으로 맞춰 줍니다. 1코 고무단을 뜬 후 돗바늘 마무리, 혹은 엎어 코막음으로 마무리해 주세요.

- S 사이즈 : 131~146단
131단 : 겉뜨기로 2코 모아서 뜨기 + (안뜨기 + 겉뜨기 + 안뜨기 + 겉뜨기 … 반복)
132~146단 : (겉뜨기 + 안뜨기) × 106번 반복

- M 사이즈 : 143~158단

143단 : 겉뜨기로 2코 모아뜨기 + (안뜨기 + 겉뜨기 + 안뜨기 + 겉뜨기 … 반복)

144~158단 : (겉뜨기 + 안뜨기) × 116번 반복

- L 사이즈 : 155~170단

155단 : 겉뜨기로 2코 모아서 뜨기 + (안뜨기 + 겉뜨기 + 안뜨기 + 겉뜨기 … 반복)

156~170단 : (겉뜨기 + 안뜨기) × 132번 반복

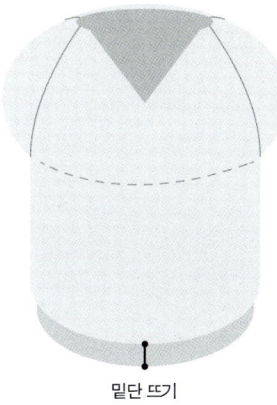 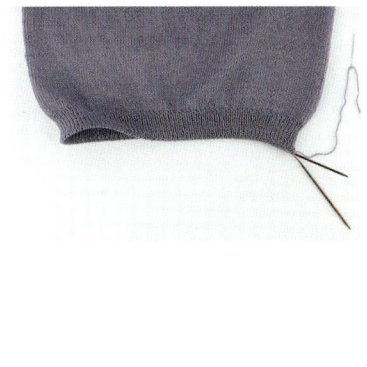

밑단 뜨기

## 17. 소매 코줍기

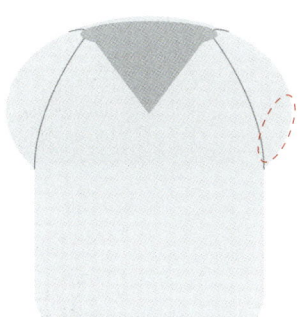

케이블에 걸려 있는 소매 코를 4mm 바늘에 옮겨 주세요.

소매 코와 별도 사슬코 콧등에서 코를 잡아 주세요.

이때 별도 사슬코 콧등에서는 늘어짐 코까지 잡혀 1코가 더 많아집니다.

**TIP**
- 소매를 뜰 때는 쇼트 팁에 짧은 케이블을 연결해 뜨면 좋습니다. (조립식 대바늘이 아닌 짧은 나무 줄 대바늘도 좋습니다.)
- 케이블 대신 자투리 실에 걸어 놓았을 경우 코의 방향을 잘 확인해 바늘에 옮겨 주세요.

- S 사이즈 : 소매 72코 + 콧등에서 11코 = 총 83코
- M 사이즈 : 소매 81코 + 콧등에서 13코 = 총 94코
- L 사이즈 : 소매 88코 + 콧등에서 17코 = 총 105코

[예시]

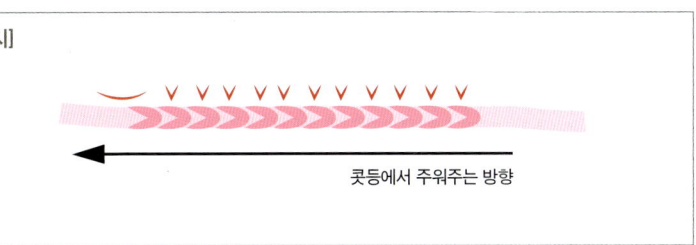

콧등에서 주워주는 방향

## 18. 소매 중심에서 뜨기 시작하기

별도 사슬에서 코를 주운 다음 시작 위치를 중간 지점으로 옮겨 주세요.

**TIP**
- 별도 사슬코에서 홀수코로 코가 주워집니다. 똑같이 반으로 나눌 수 없기 때문에 많은 콧수가 뒤판으로 갈 수 있도록 해 주세요.
- 뜨개 방향은 겉뜨기로 뜰 수 있도록 정해 줍니다.

- S 사이즈 : 11코를 5코 (시작 위치) 6코로 나누어 시작
- M 사이즈 : 13코를 6코 (시작 위치) 7코로 나누어 시작
- L 사이즈 : 17코를 8코 (시작 위치) 9코로 나누어 시작

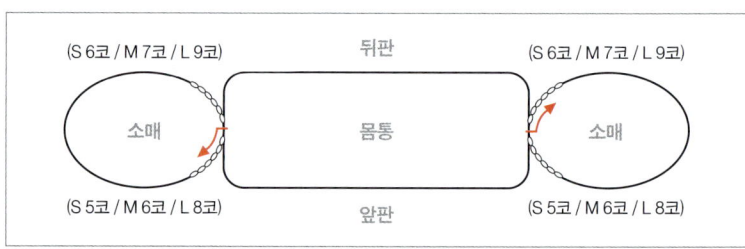

## 19. 소매 뜨기 전

소매 코와 별도 사슬코가 만나는 지점이 떨어져 있기 때문에 첫 번째 단을 뜨면서 2코가 만나는 지점을 모아뜨기로 줄여 줍니다.

소매 코와 별도 사슬코가 만나는 지점에서 2코를 한 번에 찔러 겉뜨기로 떠 주세요. 앞판에서 1코, 뒤판에서 1코가 줄어 총 2코가 줄어듭니다.

**TIP** • 벌어진 코를 붙이기 위해 모아뜨기로 떠 주는 것이기 때문에 왼코 줄이기로 모두 떠 주어도 완성 모양에는 전혀 지장을 주지 않습니다. 위치에 맞게 왼코 줄이기, 오른코 줄이기로 줄여 주어도 괜찮습니다. (다만 오른코 줄이기로 떠 주면 벌어진 구멍이 왼코 줄이기보다 큽니다.)

- S 사이즈 : (57단) 전체 콧수 83코 → 81코
- M 사이즈 : (63단) 전체 콧수 94코 → 92코
- L 사이즈 : (69단) 전체 콧수 105코 → 103코

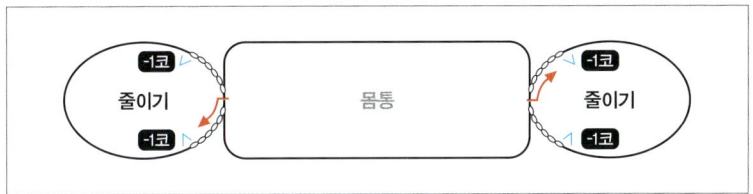

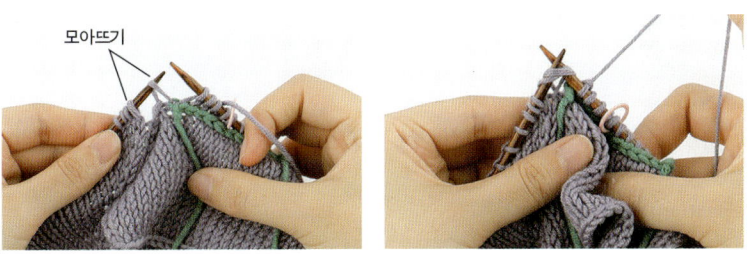

소매 코와 별도 사슬코가 만나는 지점에서 2코를 한 번에 찔러(= 왼코 줄이기) 겉뜨기로 떠 주세요.

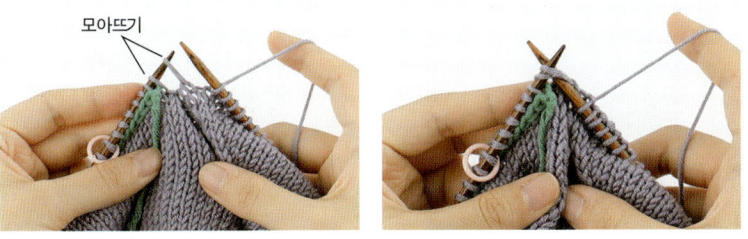

## 20. 소매 뜨기

소매 밑단 전까지 겉뜨기 원통 뜨기로 쭉 떠 주세요.
이때 10단에 2코씩 코줄임이 들어갑니다. 줄임단에 주의해서 떠 주세요.
체형에 맞게 단수를 조절해도 됩니다.

- S 사이즈 : 총 81코. 겉뜨기로 119단 뜨기(57~175단)
- M 사이즈 : 총 92코. 겉뜨기로 119단 뜨기(63~181단)
- L 사이즈 : 총 103코. 겉뜨기로 119단 뜨기(69~187단)

**S 사이즈**

57~66단 : 81코
67단 : 줄임단. 81코 - 2코 = 총 79코(오른코 줄이기 - 겉뜨기 77코 - 왼코 줄이기) / 68~76단 : 79코
77단 : 줄임단. 79코 - 2코 = 총 77코(오른코 줄이기 - 겉뜨기 75코 - 왼코 줄이기) / 78~86단 : 77코
87단 : 줄임단. 77코 - 2코 = 총 75코(오른코 줄이기 - 겉뜨기 73코 - 왼코 줄이기) / 88~96단 : 75코
97단 : 줄임단. 75코 - 2코 = 총 73코(오른코 줄이기 - 겉뜨기 71코 - 왼코 줄이기) / 98~106단 : 73코
107단 : 줄임단. 73코 - 2코 = 총 71코(오른코 줄이기 - 겉뜨기 69코 - 왼코 줄이기) / 108~116단 : 71코
117단 : 줄임단. 71코 - 2코 = 총 69코(오른코 줄이기 - 겉뜨기 67코 - 왼코 줄이기) / 118~126단 : 69코
127단 : 줄임단. 69코 - 2코 = 총 67코(오른코 줄이기 - 겉뜨기 65코 - 왼코 줄이기) / 128~136단 : 67코
137단 : 줄임단. 67코 - 2코 = 총 65코(오른코 줄이기 - 겉뜨기 63코 - 왼코 줄이기) / 138~146단 : 65코
146단 : 줄임단. 65코 - 2코 = 총 63코(오른코 줄이기 - 겉뜨기 61코 - 왼코 줄이기) / 148~156단 : 63코
157단 : 줄임단. 63코 - 2코 = 총 61코(오른코 줄이기 - 겉뜨기 59코 - 왼코 줄이기) / 158~166단 : 61코
167단 : 줄임단. 61코 - 2코 = 총 59코(오른코 줄이기 - 겉뜨기 57코 - 왼코 줄이기) / 168~175단 : 59코

**M 사이즈**

63~72단 : 92코
73단 : 줄임단. 92코 - 2코 = 총 90코(오른코 줄이기 - 겉뜨기 88코 - 왼코 줄이기) / 74~82단 : 90코
83단 : 줄임단. 90코 - 2코 = 총 88코(오른코 줄이기 - 겉뜨기 86코 - 왼코 줄이기) / 84~92단 : 88코
93단 : 줄임단. 88코 - 2코 = 총 86코(오른코 줄이기 - 겉뜨기 84코 - 왼코 줄이기) / 94~102단 : 86코
103단 : 줄임단. 86코 - 2코 = 총 84코(오른코 줄이기 - 겉뜨기 82코 - 왼코 줄이기) / 104~112단 : 84코
113단 : 줄임단. 84코 - 2코 = 총 82코(오른코 줄이기 - 겉뜨기 80코 - 왼코 줄이기) /

114~122단 : 82코

123단 : 줄임단. 82코 - 2코 = 총 80코(오른코 줄이기 - 겉뜨기 78코 - 왼코 줄이기) / 124~132단 : 80코

133단 : 줄임단. 80코 - 2코 = 총 78코(오른코 줄이기 - 겉뜨기 76코 - 왼코 줄이기) / 134~142단 : 78코

143단 : 줄임단. 78코 - 2코 = 총 76코(오른코 줄이기 - 겉뜨기 74코 - 왼코 줄이기) / 144~152단 : 76코

153단 : 줄임단. 76코 - 2코 = 총 74코(오른코 줄이기 - 겉뜨기 72코 - 왼코 줄이기) / 154~162단 : 74코

163단 : 줄임단. 74코 - 2코 = 총 72코(오른코 줄이기 - 겉뜨기 70코 - 왼코 줄이기) / 164~172단 : 72코

173단 : 줄임단. 72코 - 2코 = 총 70코(오른코 줄이기 - 겉뜨기 68코 - 왼코 줄이기) / 174~181단 : 70코

**L 사이즈**

69~78단 : 103코

79단 : 줄임단. 103코 - 2코 = 총 101코(오른코 줄이기 - 겉뜨기 99코 - 왼코 줄이기) / 80~88단 : 101코

89단 : 줄임단. 101코 - 2코 = 총 99코(오른코 줄이기 - 겉뜨기 97코 - 왼코 줄이기) / 90~98단 : 99코

99단 : 줄임단. 99코 - 2코 = 총 97코(오른코 줄이기 - 겉뜨기 95코 - 왼코 줄이기) / 100~108단 : 97코

109단 : 줄임단. 97코 - 2코 = 총 95코(오른코 줄이기 - 겉뜨기 93코 - 왼코 줄이기) / 110~118단 : 95코

119단 : 줄임단. 95코 - 2코 = 총 93코(오른코 줄이기 - 겉뜨기 91코 - 왼코 줄이기) / 120~128단 : 93코

129단 : 줄임단. 93코 - 2코 = 총 91코(오른코 줄이기 - 겉뜨기 89코 - 왼코 줄이기) / 130~138단 : 91코

139단 : 줄임단. 91코 - 2코 = 총 89코(오른코 줄이기 - 겉뜨기 87코 - 왼코 줄이기) / 140~148단 : 89코

149단 : 줄임단. 89코 - 2코 = 총 87코(오른코 줄이기 - 겉뜨기 85코 - 왼코 줄이기) / 150~158단 : 87코

159단 : 줄임단. 87코 - 2코 = 총 85코(오른코 줄이기 - 겉뜨기 83코 - 왼코 줄이기) / 160~168단 : 85코

169단 : 줄임단. 85코 - 2코 = 총 83코(오른코 줄이기 - 겉뜨기 81코 - 왼코 줄이기) / 170~178단 : 83코

179단 : 줄임단. 83코 - 2코 = 총 81코(오른코 줄이기 - 겉뜨기 79코 - 왼코 줄이기) / 180~187단 : 81코

단수링 기준으로 양옆으로 코를 줄여 주세요.

## 21. 소맷단 코 줄이기

손목을 자연스럽게 감싸기 위해 소매 밑단을 뜨기 전에 코를 줄여 주세요.

- S 사이즈
  176단 : 왼코 줄이기 + 겉뜨기 57코 = 총 58코(1코가 줄어듭니다.)
- M 사이즈
  182단 : [(겉뜨기 5코 + 왼코 줄이기) + (겉뜨기 5코 + 오른코 줄이기)] × 5번 반복 = 총 60코(10코가 줄어듭니다.)
- L 사이즈
  188단 : [(겉뜨기 5코+왼코 줄이기) + (겉뜨기 6코+오른코 줄이기)] × 5번 반복 후 (겉뜨기 4코 + 왼코 줄이기) =총70코(11코가 줄어듭니다.)

소매 마지막 단에서 왼코 줄이기, 오른코 줄이기를 반복하여 S는 1코, M은 10코, L은 11코를 줄여 주세요.

## 22. 소매 밑단 뜨기

3.5mm 바늘로 바꿔 주세요. 밑단은 1코 고무뜨기로 14단 뜬 후 돗바늘 마무리, 혹은 엎어 코막음으로 마무리해 주세요.

- S 사이즈 : (겉뜨기 + 안뜨기) × 29번 반복하여 14단 뜨기(177~190단)
- M 사이즈 : (겉뜨기 + 안뜨기) × 30번 반복하여 14단 뜨기(183~196단)
- L 사이즈 : (겉뜨기 + 안뜨기) × 35번 반복하여 14단 뜨기(189~202단)

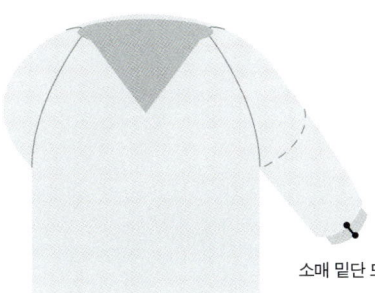

소매 밑단 뜨기

## 23. '17~22'를 참고하여 반대편 소매 뜨기

17~22를 참고하여 반대편 소매도 완성해 주세요.

## 24. 목 코줍기

(바라보는 방향 기준) 오른쪽 어깨와 등판이 만나는 지점에서 코줍기 시작입니다.

3.5mm 바늘로 목에서 코를 주워 주세요. 이때 목둘레에 맞는 케이블 길이를 사용하면 좋습니다.

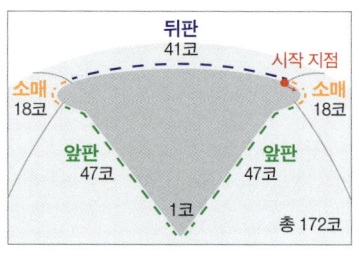
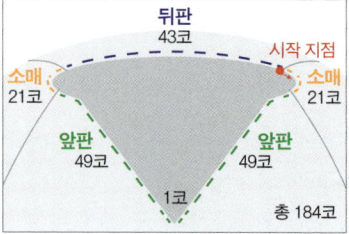
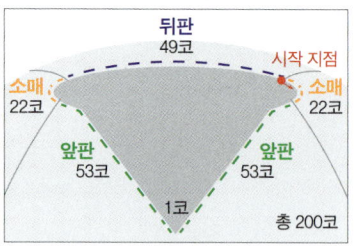

S 사이즈　　　　　M 사이즈　　　　　L 사이즈

뒤판과 소매가 만나는 지점에서 실을 이어 코를 주워 주세요.

감아 준 실을 통과시켜 주세요.

섹션마다 콧수를 세기 쉽게 마커로 표시해 주면 좋습니다.

겉뜨기 코 모양이 보이도록 브이 네크라인 앞판 코를 주워 주세요.

별도 코를 위로 올려 ∨ 모양의 코에 바늘을 찔러 주세요.

겉뜨기를 하듯 실을 감아 떠 주세요.

별도 코가 주워졌습니다.

별도 코를 잘라 주세요.

이어서 코를 주워 주세요.

## 25. 목 고무단 뜨기

목 코줍기=1단

2단부터 1코 고무뜨기 시작입니다. 겉뜨기부터 시작해 1코 고무단으로 떠 주세요.

브이 네크라인 중심 고무단 뜨기는 QR 코드를 참고해 주세요.

- S, M, L 사이즈 : (겉뜨기 + 안뜨기) × 반복하여 5단 뜨기

고무단을 뜬 후 돗바늘 마무리, 혹은 엎어 코막음으로 마무리해 주세요.

> **TIP**
> - 브이 네크라인 파임이 깊다면 고무단을 몇 단 더 떠 주어도 좋습니다.
> - 브이 네크라인 고무단은 항상 홀수단으로 끝내야 합니다.

고무단을 돗바늘로 마무리할 경우 둘레의 2.5~3배로 여유실을 남겨 주세요.

### 26. 마무리

옷이 완성되었습니다. 옷 안쪽에 있는 실들은 돗바늘을 사용해 숨겨 주세요. 겨드랑이 부분이 늘어나서 구멍이 보인다면 돗바늘을 사용해 구멍을 조여 주세요.

## 03
# 앙고라
# 스퀘어 네크라인 스웨터

래글런 탑다운은 목이 스퀘어 네크라인으로 만들어집니다.
그 특징을 강하게 살려 깊은 스퀘어 네크라인으로 완성한 작품입니다.
소매 분리 후에 바로 고무단을 떠서 짧은 소매로 완성했습니다.

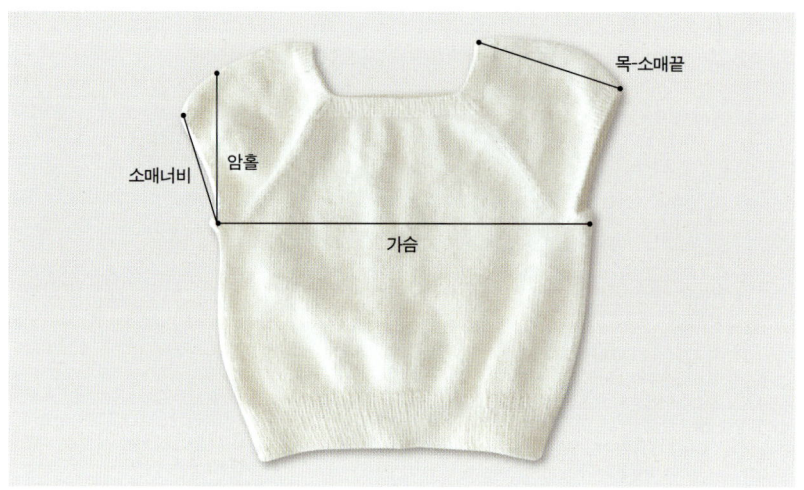

| | |
|---|---|
| **전체 사이즈** | **사이즈** S, M, L |
| | **가슴** S : 42cm, M : 44cm, L : 46cm |
| | **목-소매끝** S : 16.5cm, M : 17cm, L : 17.5cm |
| | **암홀** S : 17cm, M : 18cm, L : 19cm |
| | **소매너비** S : 15cm, M : 16cm, L : 17cm |
| | **총 길이** S : 47cm, M : 48cm, L : 49cm |
| **게이지** | 10cm×10cm 21코, 25단 / 1cm=2.1코 1cm=2.5단 |
| **사용한 바늘** | 조립식 대바늘 4.5mm, 4mm(시작, 소매 40cm 케이블, 몸통 60~120cm 케이블) |
| **실 소요량** | S, M, L 모두 글로리아 100g×3볼 |
| **난이도** | ●●○○○ |

**디자인 코멘트**

겨울하면 앙고라가 빠질 수 없지요. 털 빠짐이 심해 불편한 점도 있지만 앙고라만의 포근하고 따뜻한 분위기를 포기할 순 없어요. 짧은 소매여서 고무뜨기로 핸드워머를 만들어 세트로 입으면 더욱 예쁘답니다.

**TIP** • 글로리아 앙고라 실은 세탁을 할수록 털이 예쁘게 살아나요. 117쪽 세탁 영상을 참고해 주세요.

시작하기 전에

앙고라 세탁
참고 영상

## 1. 기초코 잡기

**1단**
40cm 케이블을 연결한 4.5mm 대바늘에 기초코(S 172코, M 188코, L 204코)를 잡아 원통 뜨기로 이어 줍니다.

**TIP**
- 기초코를 잡은 후 코가 꼬이지 않았는지 확인 후에 원통 뜨기를 시작해 주세요.
- 원통 뜨기를 할 때 첫 코와 끝 코가 만나지 않는다면 코를 3등분(왼쪽 바늘 / 케이블 / 오른쪽 바늘)하여 잡아 주세요.

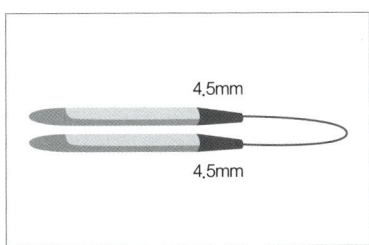

## 2. 앞판, 소매, 뒤판, 소매를 마커로 나누기

2단부터 뜨기 시작입니다. 2단에서는 겉뜨기로 뜨면서 마커로 섹션을 나누어 줍니다. 이때 마커 4개 중 시작 지점에서만 다른 색상의 마커를 걸어 주면 헷갈리지 않고 쉽게 뜰 수 있습니다.

**2단**
○ 겉뜨기(S 43, M 47, L 51) ○ 겉뜨기(S 43, M 47, L 51)
○ 겉뜨기(S 43, M 47, L 51) ○ 겉뜨기(S 43, M 47, L 51)

**3단**
○ 겉뜨기(S 43, M 47, L 51) ○ 겉뜨기(S 43, M 47, L 51)
○ 겉뜨기(S 43, M 47, L 51) ○ 겉뜨기(S 43, M 47, L 51)

**4단**
○ 겉뜨기(S 43, M 47, L 51) ○ 겉뜨기(S 43, M 47, L 51)
○ 겉뜨기(S 43, M 47, L 51) ○ 겉뜨기(S 43, M 47, L 51)

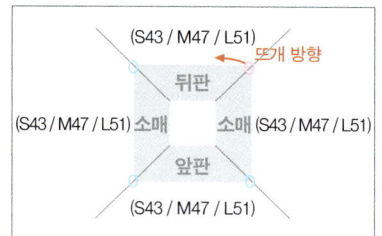

## 3. 홀수단 : 코 늘리기

코늘림은 홀수단에서 들어갑니다. 코늘림이 없는 홀수단도 있으니 주의하여 떠 주세요.

**5단**
- **소매** 겉뜨기 1코 + 오른코 늘리기 + 겉뜨기(S 41코, M 45코, L 49코) + 왼코 늘리기 + 겉뜨기 1코
- **뒤판** 겉뜨기 1코 + 오른코 늘리기 + 겉뜨기(S 41코, M 45코, L 49코) + 왼코 늘리기 + 겉뜨기 1코
- **소매** 겉뜨기 1코 + 오른코 늘리기 + 겉뜨기(S 41코, M 45코, L 49코) + 왼코 늘리기 + 겉뜨기 1코
- **앞판** 겉뜨기 1코 + 오른코 늘리기 + 겉뜨기(S 41코, M 45코, L 49코) + 왼코 늘리기 + 겉뜨기 1코

> **TIP** • 마커 기준으로 양옆 겉뜨기 2코는 래글런 선(목에서 겨드랑이까지 내려오는 대각선)이 됩니다.

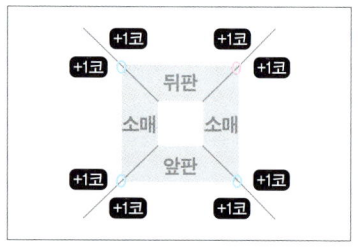
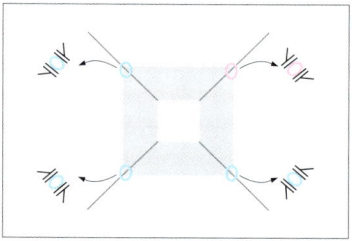

∨ = 왼코 늘리기    ∨ = 오른코 늘리기

## 4. 짝수단 : 코늘림 확인하면서 뜨기

홀수단에서 8코가 늘어났는지 짝수단을 뜨면서 확인해 주세요.

**6단**
**뒤판** 겉뜨기(S 45코, M 49코, L 53코)
**소매** 겉뜨기(S 45코, M 49코, L 53코)
**앞판** 겉뜨기(S 45코, M 49코, L 53코)
**소매** 겉뜨기(S 45코, M 49코, L 53코)

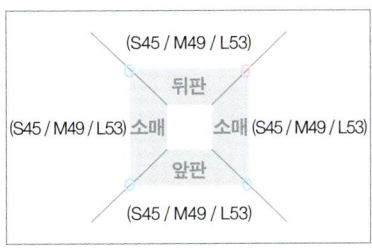

## 5. '3~4'를 반복해서 겨드랑이 지점까지 뜨기

3~4를 참고하여 반복해서 떠 주세요.

**TIP**
- 원통 뜨기로 뜨기 때문에 모두 겉뜨기로 떠 주세요. 마커는 /로 표시
- 코가 점점 늘어나기 때문에 짧은 케이블로 뜨기 시작했다면 긴 케이블로 바꾸어 떠 주세요.
- 앞판, 뒤판, 소매 콧수가 모두 동일하게 정사각형을 이루고 있으므로 각 콧수만큼 4번 반복해서 떠 주세요.

**6단~8단**
[ / 겉뜨기(S 45코, M 49코, L 53코)] × 4번 반복

**9단**
[ / 겉뜨기 1코 + 오른코 늘리기 + 겉뜨기(S 43코, M 47코, L 51코) + 왼코 늘리기 + 겉뜨기 1코] × 4번 반복

**10단**
[ / 겉뜨기(S 47코, M 51코, L 55코)] × 4번 반복

**11단**
S[ / 겉뜨기 1코 + 오른코 늘리기 + 겉뜨기 45코 + 왼코 늘리기 + 겉뜨기 1코] × 4번 반복
M, L[ / 겉뜨기(M 51코, L 55코)] × 4번 반복

**12단**
[ / 겉뜨기(S 49코, M 51코, L 55코)] × 4번 반복

**13단**
[ / 겉뜨기 1코 + 오른코 늘리기 + 겉뜨기(S 47코, M 49코, L 53코) + 왼코 늘리기 + 겉뜨기 1코] × 4번 반복

### 14단
[ / 겉뜨기(S 51코, M 53코, L 57코)] × 4번 반복

### 15단
S, M[ / 겉뜨기 1코 + 오른코 늘리기 + 겉뜨기(S 49코, M 51코) + 왼코 늘리기 + 겉뜨기 1코] × 4번 반복

L[ / 겉뜨기(L 57코)] × 4번 반복

### 16단
[ / 겉뜨기(S 53코, M 55코, L 57코)] × 4번 반복

### 17단
[ / 겉뜨기 1코 + 오른코 늘리기 + 겉뜨기(S 51코, M 53코, L 55코) + 왼코 늘리기 + 겉뜨기 1코] × 4번 반복

### 18단
[ / 겉뜨기(S 55코, M 57코, L 59코)] × 4번 반복

### 19단
[ / 겉뜨기 1코 + 오른코 늘리기 + 겉뜨기(S 53코, M 55코, L 57코) + 왼코 늘리기 + 겉뜨기 1코] × 4번 반복

### 20단
[ / 겉뜨기(S 57코, M 59코, L 61코)] × 4번 반복

### 21단
[ / 겉뜨기 1코 + 오른코 늘리기 + 겉뜨기(S 55코, M 57코, L 59코) + 왼코 늘리기 + 겉뜨기 1코] × 4번 반복

### 22단
[ / 겉뜨기(S 59코, M 61코, L 63코)] × 4번 반복

### 23단
[ / 겉뜨기 1코 + 오른코 늘리기 + 겉뜨기(S 57코, M 59코, L 61코) + 왼코 늘리기 + 겉뜨기 1코] × 4번 반복

### 24단
[ / 겉뜨기(S 61코, M 63코, L 65코)] × 4번 반복

### 25단
[ / 겉뜨기 1코 + 오른코 늘리기 + 겉뜨기(S 59코, M 61코, L 63코) + 왼코 늘리기 + 겉뜨기 1코] × 4번 반복

### 26단
[ / 겉뜨기(S 63코, M 65코, L 67코)] × 4번 반복

### 27단
[ / 겉뜨기 1코 + 오른코 늘리기 + 겉뜨기(S 61코, M 63코, L 65코) + 왼코 늘리기 + 겉뜨기 1코] × 4번 반복

### 28단
[ / 겉뜨기(S 65코, M 67코, L 69코)] × 4번 반복

**29단**

[ / 겉뜨기 1코 + 오른코 늘리기 + 겉뜨기(S 63코, M 65코, L 67코) + 왼코 늘리기 + 겉뜨기 1코] × 4번 반복

**30단**

[ / 겉뜨기(S 67코, M 69코, L 71코)] × 4번 반복

**31단**

[ / 겉뜨기 1코 + 오른코 늘리기 + 겉뜨기(S 65코, M 67코, L 69코) + 왼코 늘리기 + 겉뜨기 1코] × 4번 반복

**32단**

[ / 겉뜨기(S 69코, M 71코, L 73코)] × 4번 반복

※ S 사이즈는 32단까지 뜬 후 다음 단계로 넘어가 주세요.

**33단**

[ / 겉뜨기 1코 + 오른코 늘리기 + 겉뜨기(M 69코, L 71코) + 왼코 늘리기 + 겉뜨기 1코] × 4번 반복

**34단**

[ / 겉뜨기(M 73코, L 75코)] × 4번 반복

**35단**

[ / 겉뜨기 1코 + 오른코 늘리기 + 겉뜨기(M 71코, L 73코) + 왼코 늘리기 + 겉뜨기 1코] × 4번 반복

**36단**

[ / 겉뜨기(M 75코, L 77코)] × 4번 반복

※ M 사이즈는 36단까지 뜬 후 다음 단계로 넘어가 주세요.

**37단**

[ / 겉뜨기 1코 + 오른코 늘리기 + 겉뜨기(L 75코) + 왼코 늘리기 + 겉뜨기 1코] × 4번 반복

**38단**

[ / 겉뜨기(L 79코)] × 4번 반복

**39단**

[ / 겉뜨기 1코 + 오른코 늘리기 + 겉뜨기(L 77코) + 왼코 늘리기 + 겉뜨기 1코] × 4번 반복

**40단**

[ / 겉뜨기(L 81코)] × 4번 반복

※ L 사이즈는 40단까지 뜬 후 다음 단계로 넘어가 주세요.

## 6. 단수와 콧수 확인

각 사이즈별로 단수와 콧수를 확인해 주세요. (마커는 /로 표시)

- S 사이즈 : 32단의 전체 콧수 69 / 69 / 69 / 69
- M 사이즈 : 36단의 전체 콧수 75 / 75 / 75 / 75
- L 사이즈 : 40단의 전체 콧수 81 / 81 / 81 / 81

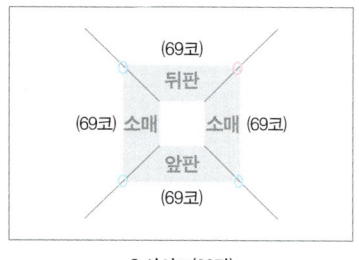
S 사이즈(32단)

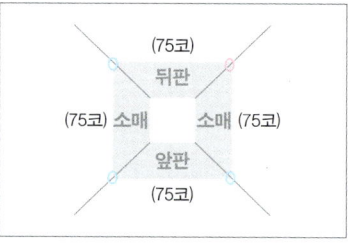
M 사이즈(36단)

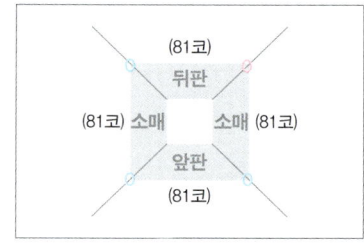
L 사이즈(40단)

## 7. 소매 분리하기

양쪽 소매를 케이블에 걸고 케이블 마개로 막아 주세요.

**TIP**
- 여분의 케이블이 없다면 자투리 실과 돗바늘을 준비해 주세요.
- 자투리 실을 돗바늘에 끼워 케이블을 대신해 코를 걸어 주세요. 풀리지 않도록 살살 묶은 후 몸통을 먼저 뜨고 소매를 떠 주세요.

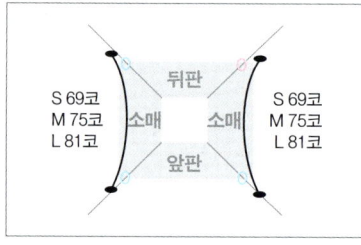
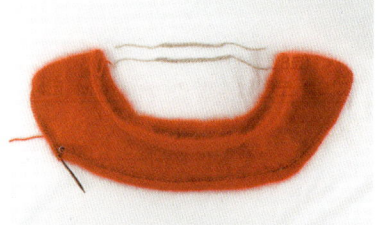

## 8. 별도 사슬 2개 만들어 주기

비슷한 굵기의 실을 준비해 주세요. 코바늘 8/0호로 사슬뜨기 코를 잡아 2개 완성해 주세요.

콧등에서 코를 주워야 하기 때문에 코를 느슨하게 잡아 주는 게 좋습니다.

**TIP**
- 별도 사슬코는 뜨고 있는 실과 다른 색상으로 떠 주는 게 좋습니다.

- S 사이즈 : 사슬뜨기 12코로 2개 완성
- M 사이즈 : 사슬뜨기 14코로 2개 완성
- L 사이즈 : 사슬뜨기 16코로 2개 완성

[예시]

## 9. '앞판-겨드랑이-뒤판' 연결하기

앞판과 뒤판, 겨드랑이를 합쳐 줄 차례입니다. 이때 80cm의 긴 케이블로 바꿔 주면 좋습니다.

홀수단을 뜨면서 하나의 바늘에 앞판, 뒤판, 겨드랑이 코가 모두 걸려 있도록 코를 합쳐 주세요.

### [뜨개 순서]

뒤판 → 별도 사슬 콧등에서 코줍기 → 앞판 → 별도 사슬 콧등에서 코줍기

- S 사이즈 : (뒤판)69코 + (별도 사슬코)12코 + (앞판)69코 + (별도 사슬코)12코 = 총 162코
- M 사이즈 : (뒤판)75코 + (별도 사슬코)14코 + (앞판)75코 + (별도 사슬코)14코 = 총 178코
- L 사이즈 : (뒤판)81코 + (별도 사슬코)16코 + (앞판)81코 + (별도 사슬코)16코 = 총 194코

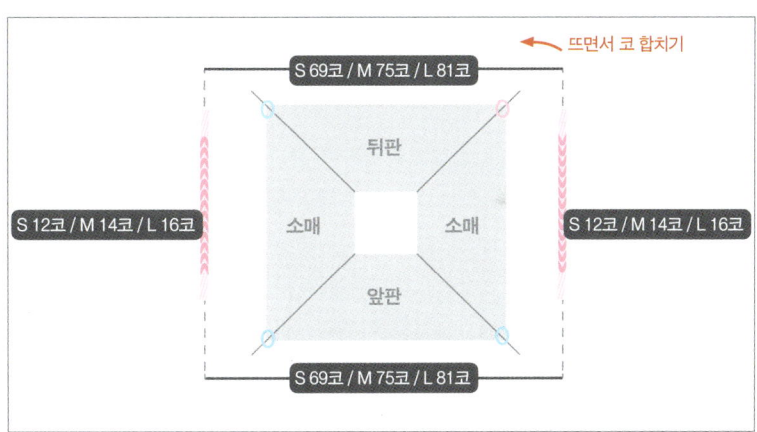

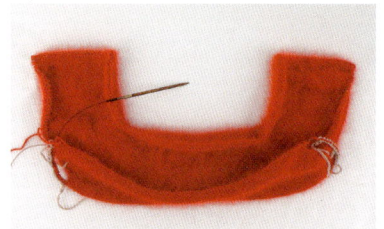

## 10. 몸통 뜨기

앞판과 뒤판, 겨드랑이 코가 한 바늘에 모두 합쳐졌습니다.
시작 지점만 마커로 표시해 주세요.
이제부터는 겉뜨기 원통 뜨기로 늘림 없이 쭉 떠 주세요.

> **TIP** • 몸통 길이는 입어 보면서 체형에 맞게 단수를 조절해도 됩니다.

- S 사이즈 : 54단 뜨기(33~86단)
- M 사이즈 : 54단 뜨기(37~90단)
- L 사이즈 : 54단 뜨기(41~94단)

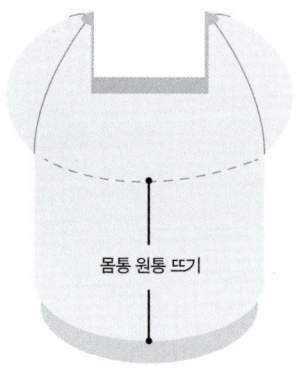
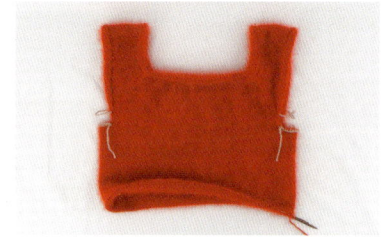

## 11. 몸통 밑단 뜨기

4mm 바늘로 바꿔 주세요.
밑단은 1코 고무뜨기로 18단 뜬 후 돗바늘 마무리, 혹은 엎어 코막음으로 마무리해 주세요.

- S 사이즈 : 87~104단까지 (겉뜨기 + 안뜨기) × 81 반복
- M 사이즈 : 91~108단까지 (겉뜨기 + 안뜨기) × 89 반복
- L 사이즈 : 95~112단까지 (겉뜨기 + 안뜨기) × 97 반복

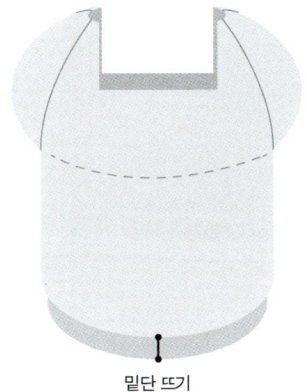

밑단 뜨기

## 12. 소매 코줍기

케이블에 걸려 있는 소매 코를 4.5mm 바늘에 옮겨 주세요.
소매 코와 별도 사슬코 콧등에서 코를 잡아 주세요.
이때 별도 사슬코 콧등에서는 늘어짐 코까지 잡혀 1코가 더 많아집니다.

> **TIP**
> - 소매를 뜰 때는 쇼트 팁에 짧은 케이블을 연결해 떠 주면 좋습니다. (조립식 대바늘이 아닌 짧은 나무 줄 대바늘도 좋습니다.)
> - 케이블 대신 자투리 실에 걸어 놓았을 경우 코의 방향을 잘 확인해 바늘에 옮겨 주세요.

- S 사이즈 : 소매 69코 + 콧등에서 13코 = 총 82코
- M 사이즈 : 소매 75코 + 콧등에서 15코 = 총 90코
- L 사이즈 : 소매 81코 + 콧등에서 17코 = 총 98코

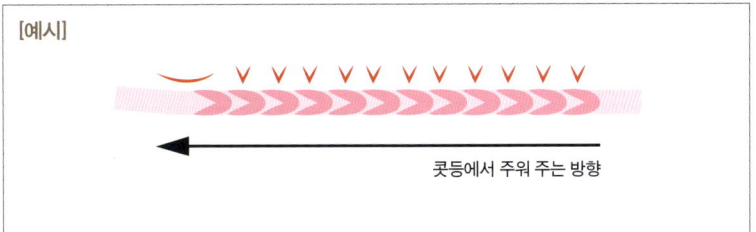

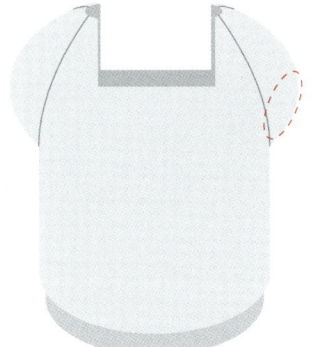
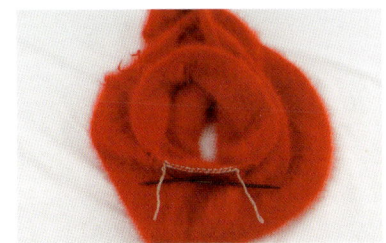
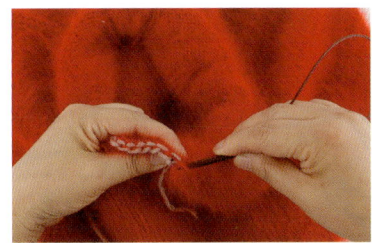

## 13. 소매 중심에서 뜨기 시작하기

별도 사슬에서 코를 주운 다음 시작 위치를 중간 지점으로 옮겨 주세요.

**TIP**
- 별도 사슬코에서 홀수코로 코가 주워집니다. 똑같이 반으로 나눌 수 없기 때문에 많은 콧수가 뒤판으로 갈 수 있도록 해 주세요.
- 뜨개 방향은 겉뜨기로 뜰 수 있도록 정해 줍니다.

- S 사이즈 : 13코를 6코 (시작 위치) 7코로 나누어 시작
- M 사이즈 : 15코를 7코 (시작 위치) 8코로 나누어 시작
- L 사이즈 : 17코를 8코 (시작 위치) 9코로 나누어 시작

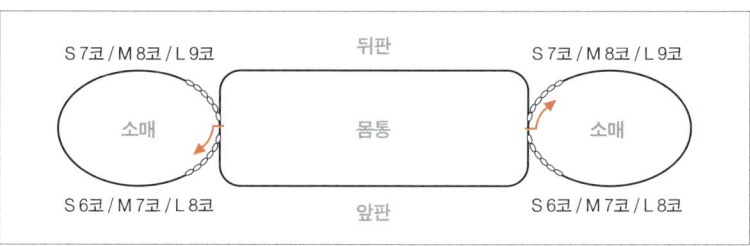

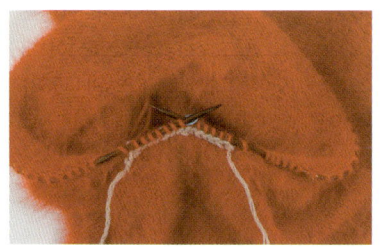

## 14. 소매 뜨기 전

소매 코와 별도 사슬코가 만나는 지점이 떨어져 있기 때문에 홀수단을 뜨면서 2코가 만나는 지점을 모아뜨기로 줄여 줍니다.

소매 코와 별도 사슬코가 만나는 지점에서 2코를 한 번에 찔러 겉뜨기로 떠 주세요. 앞판에서 1코, 뒤판에서 1코가 줄어 총 2코가 줄어듭니다.

**TIP** • 벌어져 있는 코를 붙이기 위해 모아뜨기로 떠 주는 것이기 때문에 왼코 줄이기로 모두 떠 주어도 완성 모양에는 전혀 지장을 주지 않습니다. 위치에 맞게 왼코 줄이기, 오른코 줄이기로 줄여 주어도 괜찮습니다.

- S 사이즈 : (33단) 전체 콧수 82코 → 80코
- M 사이즈 : (37단) 전체 콧수 90코 → 88코
- L 사이즈 : (41단) 전체 콧수 98코 → 96코

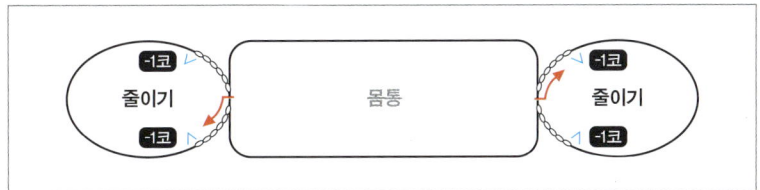

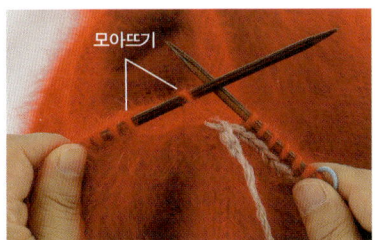
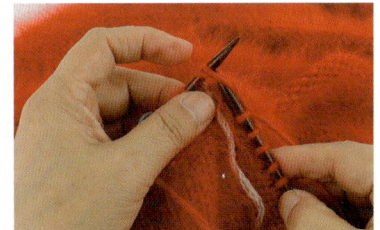

[단수링 기준 왼쪽 코]

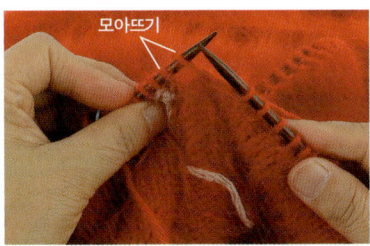

[단수링 기준 오른쪽 코]

### 15. 소매 뜨기

소매 밑단 전까지 겉뜨기 원통 뜨기로 쭉 떠 주세요.
체형에 맞게 단수를 조절해도 됩니다.

- S 사이즈 : 총 80코. 겉뜨기로 2단 뜨기(33~34단)
- M 사이즈 : 총 88코. 겉뜨기로 2단 뜨기(37~38단)
- L 사이즈 : 총 96코. 겉뜨기로 2단 뜨기(41~42단)

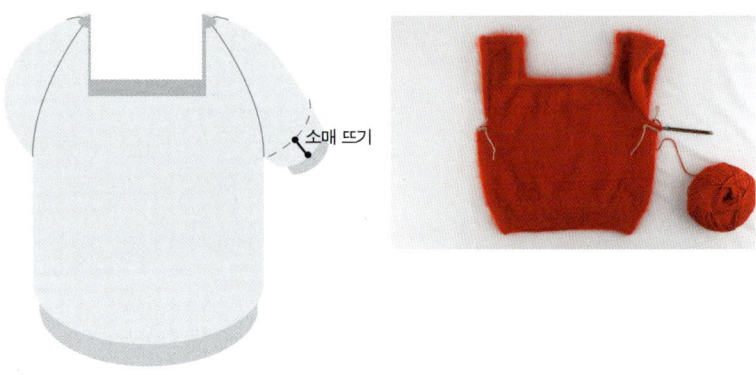

### 16. 소매 밑단 뜨기

4mm 바늘로 바꿔 주세요. 밑단은 1코 고무뜨기로 4단 뜬 후 돗바늘 마무리, 혹은 엎어 코막음으로 마무리해 주세요.

- S 사이즈 : (겉뜨기 + 안뜨기) × 40 반복하여 4단 뜨기(35~38단)
- M 사이즈 : (겉뜨기 + 안뜨기) × 44 반복하여 4단 뜨기(39~42단)
- L 사이즈 : (겉뜨기 + 안뜨기) × 48 반복하여 4단 뜨기(43~46단)

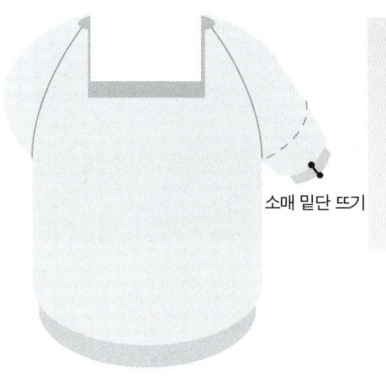
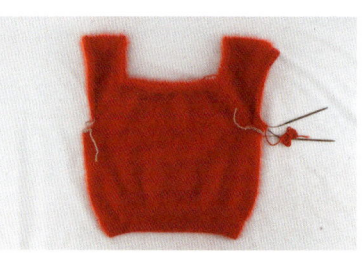

### 17. '12~16'을 참고하여 반대편 소매 뜨기

12~16을 참고하여 반대편 소매도 완성해 주세요.

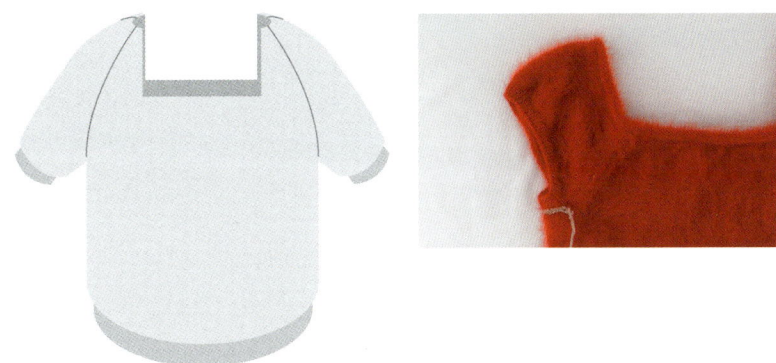

### 18. 목에서 코를 주워 고무단으로 마무리

4mm 바늘로 코줍기를 해 주세요. 각 사이즈의 기초코만큼 코를 주워 주세요. 2단부터 1코 고무뜨기를 떠 주세요. 이때 각 래글런 선에서 양쪽으로 코줄임이 들어가 매 단마다 8코씩 코가 줄어듭니다.
코줄임에 주의하여 떠 주세요.

**S, M, L 동일**

1단 : 코줍기 소매(S 43, M 47, L 51) 앞판(S 43, M 47, L 51) 소매(S 43, M 47, L 51) 뒤판(S 43, M 47, L 51)

2단 : 1코 고무뜨기 소매(S 41, M 45, L 49) 앞판(S 41, M 45, L 49) 소매(S 41, M 45, L 49) 뒤판(S 41, M 45, L 49)

3단 : 1코 고무뜨기 소매(S 39, M 43, L 47) 앞판(S 39, M 43, L 47) 소매(S 39, M 43, L 47) 뒤판(S 39, M 43, L 47)

4단 : 1코 고무뜨기 소매(S 37, M 41, L 45) 앞판(S 37, M 41, L 45) 소매(S 37, M 41, L 45) 뒤판(S 37, M 41, L 45)

5단 : 1코 고무뜨기 소매(S 35, M 39, L 43) 앞판(S 35, M 39, L 43) 소매(S 35, M 39, L 43) 뒤판(S 35, M 39, L 43)

6단 : 각 모서리 지점에서 겉뜨기 2코를 (왼코 모아뜨기) 겉뜨기 1코로 만들어 주세요. 4코가 줄어듭니다.
1코 고무뜨기 소매(S 34, M 38, L 42) 앞판(S 34, M 38, L 42) 소매(S 34, M 38, L 42) 뒤판(S 34, M 38, L 42)

→ 6단 뜬 후 돗바늘 마무리, 혹은 엎어 코막음으로 마무리해 주세요.

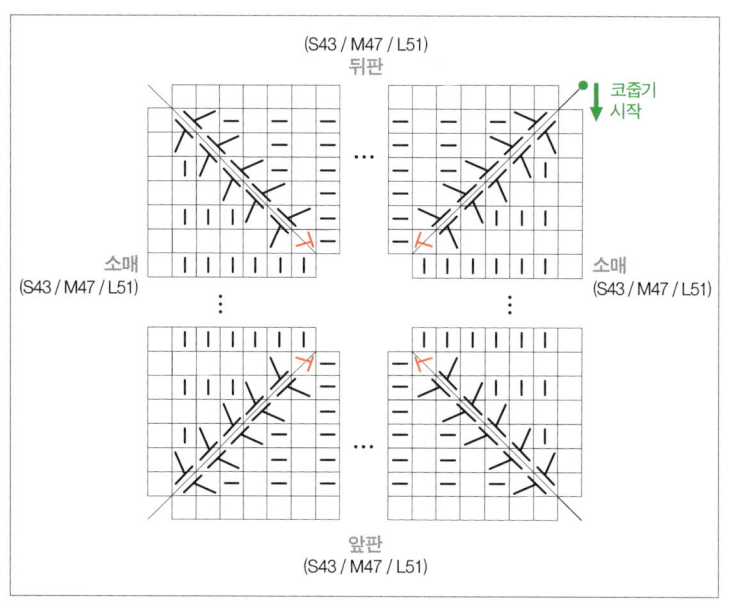

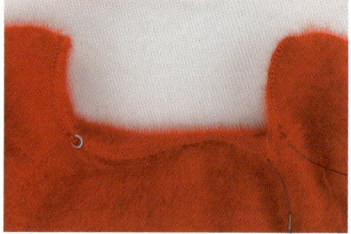

## 19. 마무리

옷이 완성되었습니다. 옷 안쪽에 있는 실들을 돗바늘을 사용해 숨겨 주세요. 겨드랑이 부분이 늘어나서 구멍이 보인다면 돗바늘을 사용해 구멍을 조여 주세요.

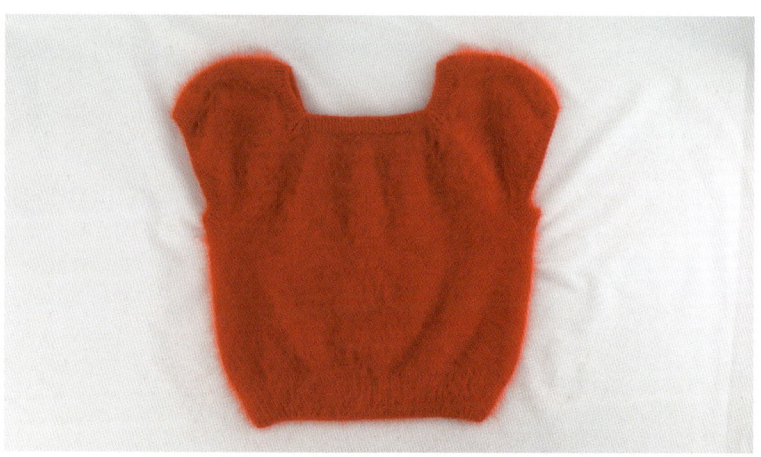

## 04
# 멜로우 쇼트 칼라 스웨터

네크라인 파임 부분에서 안뜨기를 걸러 주어 깔끔하게 마무리되었습니다.
니트를 먼저 완성한 뒤에 네크라인에서 코를 주워 칼라를 완성했습니다.
칼라 깃을 올려 입는 걸 선호하면 고무단의 처음과 끝이 겉뜨기로 보이도록 완성해 주고,
내려 입는 걸 선호한다면 접었을 때 처음과 끝이 겉뜨기로 보이도록 완성해 주세요.

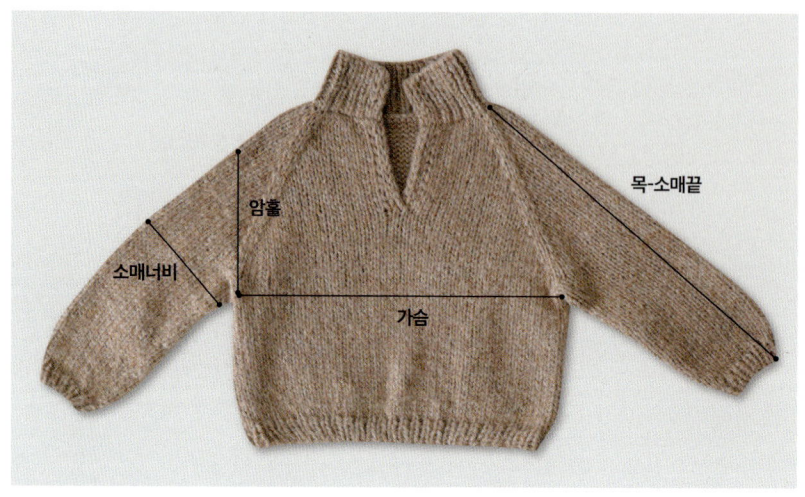

| | |
|---|---|
| **전체 사이즈** | **사이즈** S, M, L |
| | **가슴** S : 60cm, M : 62cm, L : 65cm |
| | **목-소매끝** S : 61cm, M : 62cm, L : 62cm |
| | **암홀** S : 22cm, M : 23cm, L : 23cm |
| | **소매너비** S : 20cm, M : 21cm, L : 21cm |
| | **총 길이** S : 52cm, M : 53cm, L : 53cm |
| 게이지 | 10cm×10cm 8코, 12단 / 1cm=0.8코 1cm=1.2단 |
| 사용한 바늘 | 조립식 대바늘 10mm, 7mm(시작, 소매 40cm 케이블, 몸통 60~120cm 케이블) |
| 실 소요량 | S, M, L 모두 멜로우얀 100g×8볼 |
| 난이도 | ●●○○○ |

### 디자인 코멘트

쇼트 칼라를 만들 때 처음 염두에 둔 건 올려 입을 수 있는 짧은 칼라였어요. 그런데 완성하고 보니 칼라 깃을 내려 입어도 예쁘더라고요. 칼라와 파임이 시작되는 부분에 단추를 달아 주면 또 다른 분위기를 연출할 수 있어요.

> **TIP** • 체격이 작은 분이라면 파임이 넓을 수 있습니다. 이너티를 입거나 원통 연결을 몇 단 일찍부터 해 주세요.

## 시작하기 전에

전체 과정
동영상

### 1. 기초코 잡기

**1단**
멜로우얀 4겹으로 떠 주세요. 40cm 케이블을 연결한 10mm 대바늘에 기초코(S 50코, M 54코, L 58코)를 잡아 주세요.
원통 뜨기가 아닌 평면 뜨기로 떠 주세요.

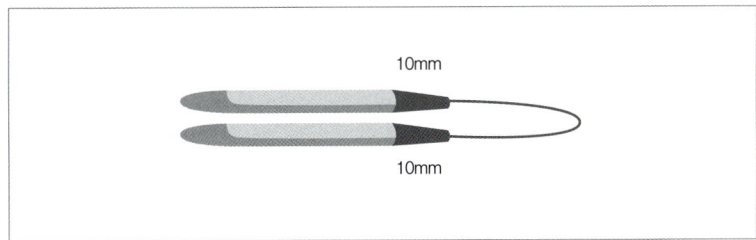

### 2. 앞판, 소매, 뒤판, 소매를 마커로 나누기

2단부터 뜨기 시작입니다. 2단에서는 안뜨기로 뜨면서 마커로 섹션을 나누어 줍니다. 홀수단에서는 겉뜨기, 짝수단에서는 안뜨기로 떠 주세요.

**2단**
(앞판)4코[(안뜨기 거르기 - 겉뜨기 - 안뜨기 거르기 - 겉뜨기)] 뜨고 ◯마커, 안뜨기(S 7코, M 8코, L 9코) 뜨고 ◯마커
→ (소매)안뜨기(S 6코, M 6코, L 6코) 뜨고 마커 ◯
→ (뒤판)안뜨기(S 16코, M 18코, L 20코) 뜨고 마커 ◯
→ (소매)안뜨기(S 6코, M 6코, L 6코) 뜨고 마커 ◯
→ (앞판)안뜨기(S 7코, M 8코, L 9코) 뜨고 마커 ◯, 4코[(겉뜨기 - 안뜨기 거르기 - 겉뜨기 - 안뜨기 거르기)]

**4코**
양쪽 끝 4코는 주의해서 떠 주세요.
안뜨기 : 안뜨기 하듯 실을 앞쪽에 두고 뜨지 않고 오른쪽 바늘에 옮기기
겉뜨기 : 겉뜨기로 뜨기

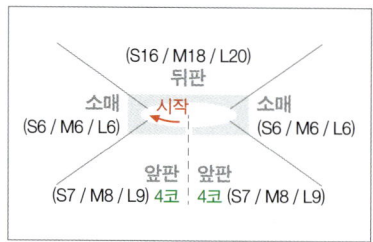

## 3. 홀수단 : 코 늘리기

코늘림은 홀수단에서 들어갑니다.

**5단**
- **앞판**  4코[(겉뜨기 - 안뜨기 거르기 - 겉뜨기 - 안뜨기 거르기)]
  겉뜨기(S 6코, M 7코, L 8코) + 오른코 늘리기 + 겉뜨기 1코
- **소매** ◯ 겉뜨기 1코 + 왼코 늘리기 + 겉뜨기(S 4코, M 4코, L 4코) + 오른코 늘리기 + 겉뜨기 1코
- **뒤판** ◯ 겉뜨기 1코 + 왼코 늘리기 + 겉뜨기(S 14코, M 16코, L 18코) + 오른코 늘리기 + 겉뜨기 1코
- **소매** ◯ 겉뜨기 1코 + 왼코 늘리기 + 겉뜨기(S 4코, M 4코, L 4코) + 오른코 늘리기 + 겉뜨기 1코
- **앞판** ◯ 겉뜨기 1코 + 왼코 늘리기 + 겉뜨기(S 6코, M 7코, L 8코)
  4코[(안뜨기 거르기 - 겉뜨기 - 안뜨기 거르기 - 겉뜨기)]

> **TIP** • 마커 기준으로 양옆 겉뜨기 2코는 래글런 선(목에서 겨드랑이까지 내려오는 대각선)이 됩니다.

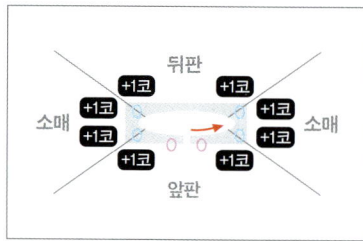 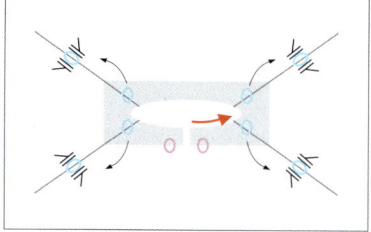

╲╱ = 왼코 늘리기    ╲╱ = 오른코 늘리기

## 4. 짝수단 : 코늘림 확인하면서 뜨기

홀수단에서 8코가 늘어났는지 짝수단을 뜨면서 확인해 주세요.

**4단**
**앞판**　4코[(안뜨기 거르기 - 겉뜨기 - 안뜨기 거르기 - 겉뜨기)]
　　　○안뜨기(S 8코, M 9코, L 10코)
**소매**　○안뜨기(S 8코, M 8코, L 8코)
**뒤판**　○안뜨기(S 18코, M 20코, L 22코)
**소매**　○안뜨기(S 8코, M 8코, L 8코)
**앞판**　○안뜨기(S 8코, M 9코, L 10코)
　　　○4코[(겉뜨기 - 안뜨기 거르기 - 겉뜨기 - 안뜨기 거르기)]

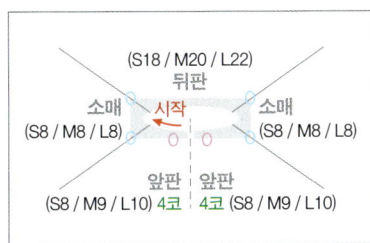

## 5. '3~4'를 반복해서 겨드랑이 지점까지 뜨기

3~4를 참고하여 브이 네크라인이 합쳐지는 지점까지 반복해서 떠 주세요.
홀수단 : 8코 늘리기, 짝수단 : 늘림 없이 겉뜨기, 마커는 /로 표시

**5단**
4코[(겉뜨기 - 안뜨기 거르기 - 겉뜨기 - 안뜨기 거르기)] / 겉뜨기(S 7코, M 8코, L 9코) + 오른코 늘리기 + 겉뜨기 1코
/ 겉뜨기 1코 + 왼코 늘리기 + 겉뜨기(S 6코, M 6코, L 6코) + 오른코 늘리기 + 겉뜨기 1코
/ 겉뜨기 1코 + 왼코 늘리기 + 겉뜨기(S 16코, M 18코, L 20코) + 오른코 늘리기 + 겉뜨기 1코
/ 겉뜨기 1코 + 왼코 늘리기 + 겉뜨기(S 6코, M 6코, L 6코) + 오른코 늘리기 + 겉뜨기 1코
/ 겉뜨기 1코 + 왼코 늘리기 + 겉뜨기(S 7코, M 8코, L 9코) / 4코[(안뜨기 거르기 - 겉뜨기 - 안뜨기 거르기 - 겉뜨기)]

**6단**
4코[(안뜨기 거르기 - 겉뜨기 - 안뜨기 거르기 - 겉뜨기)] / 안뜨기(S 9코, M 10코, L 11코)
/ 안뜨기(S 10코, M 10코, L 10코) / 안뜨기(S 20코, M 22코, L 24코) / 안뜨기(S 10코, M 10코, L 10코)
안뜨기(S 9코, M 10코, L 11코) / 4코[(겉뜨기 - 안뜨기 거르기 - 겉뜨기 - 안뜨기 거르기)]

**7단**
4코[(겉뜨기 - 안뜨기 거르기 - 겉뜨기 - 안뜨기 거르기)] / 겉뜨기(S 8코, M 9코, L 10코) + 오른코 늘리기 + 겉뜨기 1코
/ 겉뜨기 1코 + 왼코 늘리기 + 겉뜨기(S 8코, M 8코, L 8코) + 오른코 늘리기 + 겉뜨기 1코
/ 겉뜨기 1코 + 왼코 늘리기 + 겉뜨기(S 18코, M 20코, L 22코) + 오른코 늘리기 + 겉뜨기 1코
/ 겉뜨기 1코 + 왼코 늘리기 + 겉뜨기(S 8코, M 8코, L 8코) + 오른코 늘리기 + 겉뜨기 1코

/ 겉뜨기 1코 + 왼코 늘리기 + 겉뜨기(S 8코, M 9코, L 10코) / 4코[(안뜨기 거르기 - 겉뜨기 - 안뜨기 거르기 - 겉뜨기)]

**8단**

4코[(안뜨기 거르기 - 겉뜨기 - 안뜨기 거르기 - 겉뜨기)] / 안뜨기(S 10코, M 11코, L 12코) / 안뜨기(S 12코, M 12코, L 12코) / 안뜨기(S 22코, M 24코, L 26코) / 안뜨기(S 12코, M 12코, L 12코)

안뜨기(S 10코, M 11코, L 12코) / 4코[(겉뜨기 - 안뜨기 거르기 - 겉뜨기 - 안뜨기 거르기)]

**9단**

4코[(겉뜨기 - 안뜨기 거르기 - 겉뜨기 - 안뜨기 거르기)] / 겉뜨기(S 9코, M 10코, L 11코) + 오른코 늘리기 + 겉뜨기 1코

/ 겉뜨기 1코 + 왼코 늘리기 + 겉뜨기(S 10코, M 10코, L 10코) + 오른코 늘리기 + 겉뜨기 1코
/ 겉뜨기 1코 + 왼코 늘리기 + 겉뜨기(S 20코, M 22코, L 24코) + 오른코 늘리기 + 겉뜨기 1코
/ 겉뜨기 1코 + 왼코 늘리기 + 겉뜨기(S 10코, M 10코, L 10코) + 오른코 늘리기 + 겉뜨기 1코
/ 겉뜨기 1코 + 왼코 늘리기 + 겉뜨기(S 9코, M 10코, L 11코) / 4코[(안뜨기 거르기 - 겉뜨기 - 안뜨기 거르기 - 겉뜨기)]

**10단**

4코[(안뜨기 거르기 - 겉뜨기 - 안뜨기 거르기 - 겉뜨기)] / 안뜨기(S 11코, M 12코, L 13코) / 안뜨기(S 14코, M 14코, L 14코) / 안뜨기(S 24코, M 26코, L 28코) / 안뜨기(S 14코, M 14코, L 14코)

안뜨기(S 11코, M 12코, L 13코) / 4코[(겉뜨기 - 안뜨기 거르기 - 겉뜨기 - 안뜨기 거르기)]

**11단**

4코[(겉뜨기 - 안뜨기 거르기 - 겉뜨기 - 안뜨기 거르기)] / 겉뜨기(S 10코, M 11코, L 12코) + 오른코 늘리기 + 겉뜨기 1코

/ 겉뜨기 1코 + 왼코 늘리기 + 겉뜨기(S 12코, M 12코, L 12코) + 오른코 늘리기 + 겉뜨기 1코
/ 겉뜨기 1코 + 왼코 늘리기 + 겉뜨기(S 22코, M 24코, L 26코) + 오른코 늘리기 + 겉뜨기 1코
/ 겉뜨기 1코 + 왼코 늘리기 + 겉뜨기(S 12코, M 12코, L 12코) + 오른코 늘리기 + 겉뜨기 1코
/ 겉뜨기 1코 + 왼코 늘리기 + 겉뜨기(S 10코, M 11코, L 12코) / 4코[(안뜨기 거르기 - 겉뜨기 - 안뜨기 거르기 - 겉뜨기)]

**12단**

4코[(안뜨기 거르기 - 겉뜨기 - 안뜨기 거르기 - 겉뜨기)] / 안뜨기(S 12코, M 13코, L 14코) / 안뜨기(S 16코, M 16코, L 16코) / 안뜨기(S 26코, M 28코, L 30코) / 안뜨기(S 16코, M 16코, L 16코)

안뜨기(S 12코, M 13코, L 14코) / 4코[(겉뜨기 - 안뜨기 거르기 - 겉뜨기 - 안뜨기 거르기)]

**13단**

4코[(겉뜨기 - 안뜨기 거르기 - 겉뜨기 - 안뜨기 거르기)] / 겉뜨기(S 11코, M 12코, L 13코) + 오른코 늘리기 + 겉뜨기 1코

/ 겉뜨기 1코 + 왼코 늘리기 + 겉뜨기(S 14코, M 14코, L 14코) + 오른코 늘리기 + 겉뜨기 1코
/ 겉뜨기 1코 + 왼코 늘리기 + 겉뜨기(S 24코, M 26코, L 28코) + 오른코 늘리기 + 겉뜨기 1코
/ 겉뜨기 1코 + 왼코 늘리기 + 겉뜨기(S 14코, M 14코, L 14코) + 오른코 늘리기 + 겉뜨기 1코
/ 겉뜨기 1코 + 왼코 늘리기 + 겉뜨기(S 11코, M 12코, L 13코) / 4코[(안뜨기 거르기 - 겉뜨기 - 안뜨기 거르기 - 겉뜨기)]

**14단**

4코[(안뜨기 거르기 - 겉뜨기 - 안뜨기 거르기 - 겉뜨기)] / 안뜨기(S 13코, M 14코, L 15코) / 안뜨기(S 18코, M 18코, L 18코) / 안뜨기(S 28코, M 30코, L 32코) / 안뜨기(S 18코, M 18코, L 18코)

안뜨기(S 13코, M 14코, L 15코) / 4코[(겉뜨기 - 안뜨기 거르기 - 겉뜨기 - 안뜨기 거르기)]

**15단**

4코[(겉뜨기 - 안뜨기 거르기 - 겉뜨기 - 안뜨기 거르기)] / 겉뜨기(S 12코, M 13코, L 14코) + 오른코 늘리기 + 겉뜨기 1코

/ 겉뜨기 1코 + 왼코 늘리기 + 겉뜨기(S 16코, M 16코, L 16코) + 오른코 늘리기 + 겉뜨기 1코
/ 겉뜨기 1코 + 왼코 늘리기 + 겉뜨기(S 26코, M 28코, L 30코) + 오른코 늘리기 + 겉뜨기 1코
/ 겉뜨기 1코 + 왼코 늘리기 + 겉뜨기(S 16코, M 16코, L 16코) + 오른코 늘리기 + 겉뜨기 1코
/ 겉뜨기 1코 + 왼코 늘리기 + 겉뜨기(S 12코, M 13코, L 14코) / 4코[(안뜨기 거르기 - 겉뜨기 - 안뜨기 거르기 - 겉뜨기)]

**16단**

4코[(안뜨기 거르기 - 겉뜨기 - 안뜨기 거르기 - 겉뜨기)] / 안뜨기(S 14코, M 15코, L 16코) / 안뜨기(S 20코, M 20코, L 20코) / 안뜨기(S 30코, M 32코, L 34코) / 안뜨기(S 20코, M 20코, L 20코)

안뜨기(S 14코, M 15코, L 16코) / 4코[(겉뜨기 - 안뜨기 거르기 - 겉뜨기 - 안뜨기 거르기)]

**17단**

4코[(겉뜨기 - 안뜨기 거르기 - 겉뜨기 - 안뜨기 거르기)] / 겉뜨기(S 13코, M 14코, L 15코) + 오른코 늘리기 + 겉뜨기 1코

/ 겉뜨기 1코 + 왼코 늘리기 + 겉뜨기(S 18코, M 18코, L 18코) + 오른코 늘리기 + 겉뜨기 1코
/ 겉뜨기 1코 + 왼코 늘리기 + 겉뜨기(S 28코, M 30코, L 32코) + 오른코 늘리기 + 겉뜨기 1코
/ 겉뜨기 1코 + 왼코 늘리기 + 겉뜨기(S 18코, M 18코, L 18코) + 오른코 늘리기 + 겉뜨기 1코
/ 겉뜨기 1코 + 왼코 늘리기 + 겉뜨기(S 13코, M 14코, L 15코) / 4코[(안뜨기 거르기 - 겉뜨기 - 안뜨기 거르기 - 겉뜨기)]

**18단**

4코[(안뜨기 거르기 - 겉뜨기 - 안뜨기 거르기 - 겉뜨기)] / 안뜨기(S 15코, M 16코, L 17코) / 안뜨기(S 22코, M 22코, L 22코) / 안뜨기(S 32코, M 34코, L 36코) / 안뜨기(S 22코, M 22코, L 22코)

안뜨기(S 15코, M 16코, L 17코) / 4코[(겉뜨기 - 안뜨기 거르기 - 겉뜨기 - 안뜨기 거르기)]

**19단**

4코[(겉뜨기 - 안뜨기 거르기 - 겉뜨기 - 안뜨기 거르기)] / 겉뜨기(S 14코, M 15코, L 16코) + 오른코 늘리기 + 겉뜨기 1코

/ 겉뜨기 1코 + 왼코 늘리기 + 겉뜨기(S 20코, M 20코, L 20코) + 오른코 늘리기 + 겉뜨기 1코
/ 겉뜨기 1코 + 왼코 늘리기 + 겉뜨기(S 30코, M 32코, L 34코) + 오른코 늘리기 + 겉뜨기 1코
/ 겉뜨기 1코 + 왼코 늘리기 + 겉뜨기(S 20코, M 20코, L 20코) + 오른코 늘리기 + 겉뜨기 1코
/ 겉뜨기 1코 + 왼코 늘리기 + 겉뜨기(S 14코, M 15코, L 16코) / 4코[(안뜨기 거르기 - 겉뜨기 - 안뜨기 거르기 - 겉뜨기)]

**20단**

4코[(안뜨기 거르기 - 겉뜨기 - 안뜨기 거르기 - 겉뜨기)] / 안뜨기(S 16코, M 17코, L 18코) / 안뜨기(S 24코, M 24코, L 24코) / 안뜨기(S 34코, M 36코, L 38코) / 안뜨기(S 24코, M

24코, L 24코)
안뜨기(S 16코, M 17코, L 18코) / 4코[(겉뜨기 - 안뜨기 거르기 - 겉뜨기 - 안뜨기 거르기)]

**TIP** • 코가 점점 늘어나기 때문에 짧은 케이블로 뜨기 시작했다면 긴 케이블로 바꾸어 떠 주세요.

## 6. 단수와 콧수 확인

각 사이즈에 맞는 단수와 콧수를 확인해 주세요

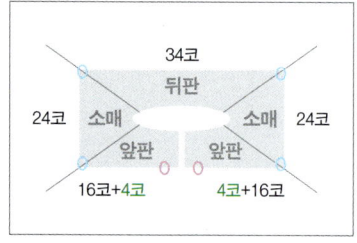

S 사이즈(20단)

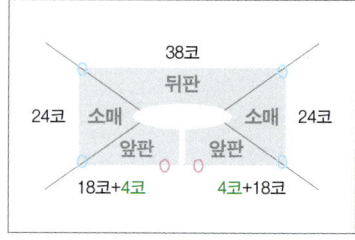

L 사이즈(20단)

M 사이즈(20단)

## 7. 원통으로 연결하기

원통으로 연결해 줄 차례입니다. 10mm 바늘을 하나 더 준비해 주세요. 새로운 바늘에 오른쪽 앞판에서 1코-왼쪽 앞판에서 2코씩 번갈아 가며 6코가 되도록 옮겨 주세요.

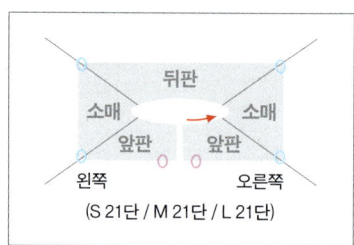

(S 21단 / M 21단 / L 21단)

**21단**
4코 부분을 2코 모아뜨기로 2번 떠 주어 4코→2코로 만들어 주기 / 겉뜨기(S 15코, M 16코, L 17코) + 오른코 늘리기 + 겉뜨기 1코
/ 겉뜨기 1코 + 왼코 늘리기 + 겉뜨기(S 22코, M 22코, L 22코) + 오른코 늘리기 + 겉뜨기 1코
/ 겉뜨기 1코 + 왼코 늘리기 + 겉뜨기(S 32코, M 34코, L 36코) + 오른코 늘리기 + 겉뜨기 1코
/ 겉뜨기 1코 + 왼코 늘리기 + 겉뜨기(S 22코, M 22코, L 22코) + 오른코 늘리기 + 겉뜨기 1코
/ 겉뜨기 1코 + 왼코 늘리기 + 겉뜨기(S 15코, M 16코, L 17코)
/ 새로운 바늘에 (왼쪽 앞판에서 2코-오른쪽 앞판에서 1코) x 2번 반복. 합쳐진 6코를 3코 모아뜨기로 2번 뜨기

## 8. 시작 지점 바꾸기

실을 10cm 정도 남기고 잘라 주세요. ■위치로 코를 옮겨 시작 위치를 바꿔 주세요. 화살표 방향으로 뜨기 시작입니다.
원통으로 연결되었기 때문에 이제부터 모두 겉뜨기로 떠 주세요.

**TIP** • 시작 지점만 다른 색상의 마커로 달아 주면 좋습니다. ■지점

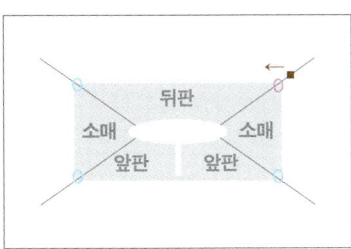

## 9. 늘림 패턴에 주의하여 뜨기

**22단**
[(S 36코, M 38코, L 40코) / (S 26코, M 26코, L 26코)] × 2

**23단**
(겉뜨기 1코 + 왼코 늘리기 + 겉뜨기(S 34코, M 36코, L 38코) + 오른코 늘리기 + 겉뜨기 1코 / 겉뜨기 1코 + 왼코 늘리기 + 겉뜨기(S 24코, M 24코, L 24코) + 오른코 늘리기 + 겉뜨기 1코 ) × 2

**24단**
[(S 38코, M 40코, L 42코) / (S 28코, M 28코, L 28코)] × 2

**25단**
(겉뜨기 1코 + 왼코 늘리기 + 겉뜨기(S 36코, M 38코, L 40코) + 오른코 늘리기 + 겉뜨기 1코 / 겉뜨기 1코 + 왼코 늘리기 + 겉뜨기(S 26코, M 26코, L 26코) + 오른코 늘리기 + 겉뜨기 1코) × 2

**26단**
[(S 40코, M 42코, L 44코) / (S 30코, M 30코, L 30코)] × 2

**27단**
(겉뜨기 1코 + 왼코 늘리기 + 겉뜨기(S 38코, M 40코, L 42코) + 오른코 늘리기 + 겉뜨기 1코 / 겉뜨기 1코 + 왼코 늘리기 + 겉뜨기(S 28코, M 28코, L 28코) + 오른코 늘리기 + 겉뜨기 1코) × 2

**28단**
[(S 42코, M 44코, L 46코) / (S 32코, M 32코, L 32코)] × 2

**29단**
S[(S 42코) / (S 32코)] × 2
(겉뜨기 1코 + 왼코 늘리기 + 겉뜨기(M 42코, L 44코) + 오른코 늘리기 + 겉뜨기 1코 / 겉뜨기 1코 + 왼코 늘리기 + 겉뜨기(M 30코, L 30코) + 오른코 늘리기 + 겉뜨기 1코) × 2

**30단**

[(S 42코, M 46코, L 48코) / (S 32코, M 34코, L 34코)] × 2

※S 사이즈는 30단까지 떠 주세요.

**31단**

M[(M 46코) / (M 34코)] × 2

L(겉뜨기 1코 + 왼코 늘리기 + 겉뜨기(L 46코) + 오른코 늘리기 + 겉뜨기 1코
/ 겉뜨기 1코 + 왼코 늘리기 + 겉뜨기(L 32코) + 오른코 늘리기 + 겉뜨기 1코) × 2

**32단**

[(M 46코, L 50코) / (M 34코, L 36코)] × 2

## 10. 단수와 콧수 확인

각 사이즈별로 단수와 콧수를 확인해 주세요. (마커는 /로 표시)

- S 사이즈 : 30단의 전체 콧수 (뒤판)42 / (소매)32 / (앞판)42 / (소매)32
- M 사이즈 : 32단의 전체 콧수 (뒤판)46 / (소매)34 / (앞판)46 / (소매)34
- L 사이즈 : 32단의 전체 콧수 (뒤판)50 / (소매)36 / (앞판)50 / (소매)36

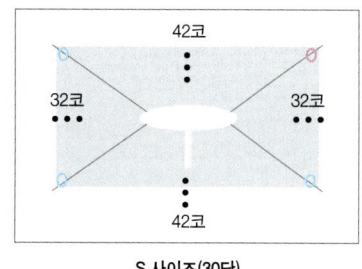

S 사이즈(30단)

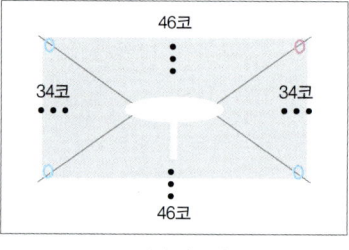

M 사이즈(32단)

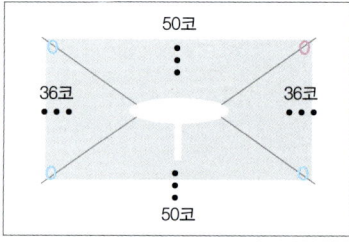

L 사이즈(32단)

## 11. 양쪽 소매 코 케이블에 걸어 두기

양쪽 소매를 케이블에 걸고 케이블 마개로 막아 주세요.

**TIP**
- 여분의 케이블이 없다면 자투리 실과 돗바늘을 준비해 주세요.
- 자투리 실을 돗바늘에 끼워 케이블을 대신해 코를 걸어 주세요. 풀리지 않도록 살살 묶은 후 몸통을 먼저 뜨고 소매를 떠 주세요.

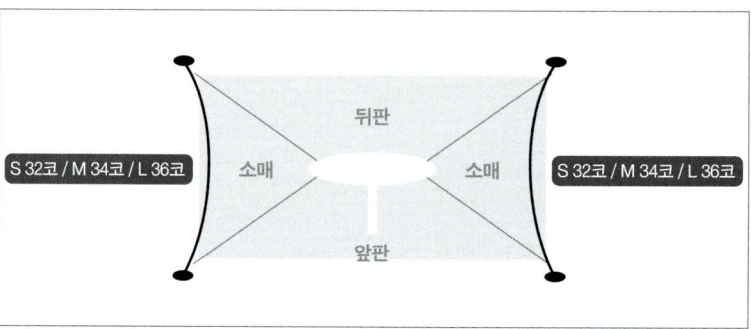

## 12. 별도 사슬 2개 만들어 주기

비슷한 굵기의 실을 준비해 주세요. 코바늘 10/0호로 사슬뜨기 코를 잡아 2개 완성해 주세요. 콧등에서 코를 주워야 하기 때문에 코를 느슨하게 잡아 주는 게 좋습니다.

- S 사이즈 : 사슬뜨기 5코로 2개 완성
- M 사이즈 : 사슬뜨기 5코로 2개 완성
- L 사이즈 : 사슬뜨기 5코로 2개 완성

**TIP** • 별도 사슬코는 뜨고 있는 실과 다른 색상으로 떠 주는 게 좋습니다.

[예시]

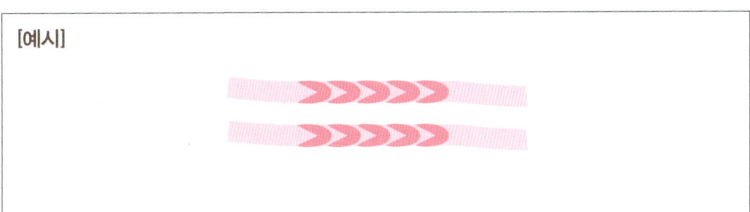

## 13. '앞판-겨드랑이-뒤판' 연결하기

앞판과 뒤판, 겨드랑이를 합쳐 줄 차례입니다. 이때 80cm의 긴 케이블로 바꿔 주면 좋습니다.
홀수단을 뜨면서 하나의 바늘에 앞판, 뒤판, 겨드랑이 코가 모두 걸려 있도록 코를 합쳐 주세요.

**뜨개 순서**
뒤판 → 별도 사슬 콧등에서 코줍기 → 앞판 → 별도 사슬 콧등에서 코줍기 → 앞판

- S 사이즈
  31단 : (뒤판)겉뜨기 42코 + (소매)별도 사슬 콧등에서 5코 줍기 + (앞판)42코 + (소매)별도 사슬 콧등에서 5코 줍기 = 총 94코
- M 사이즈
  33단 : (뒤판)겉뜨기 46코 + (소매)별도 사슬 콧등에서 5코 줍기 + (앞판)46코 + (소매)별도 사슬 콧등에서 5코 줍기 = 총 102코
- L 사이즈
  33단 : (뒤판)겉뜨기 50코 + (소매)별도 사슬 콧등에서 5코 줍기 + (앞판)50코 + (소매)별도 사슬 콧등에서 5코 줍기 = 총 110코

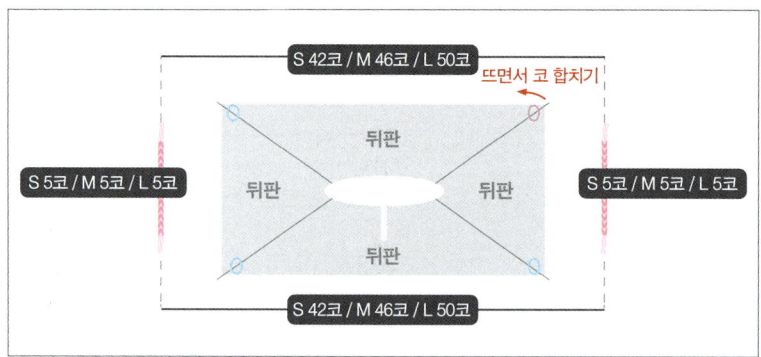

## 14. 몸통 뜨기

케이블에 앞판+겨드랑이+뒤판+겨드랑이+앞판이 합쳐졌습니다.
이어서 늘림코 없이 몸통을 떠 주세요.

- S 사이즈 : 31~60단(30단 뜨기) : 겉뜨기 94코
- M 사이즈 : 33~64단(32단 뜨기) : 겉뜨기 102코
- L 사이즈 : 33~64단(32단 뜨기) : 겉뜨기 110코

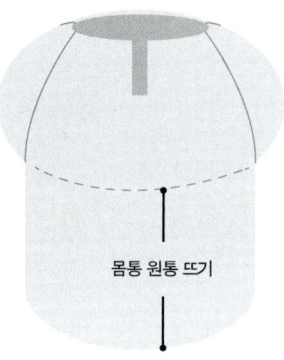

## 15. 몸통 밑단 뜨기

7~8mm 바늘로 바꿔 주세요.

밑단은 1코 고무뜨기로 6단 뜬 후 돗바늘 마무리, 혹은 엎어 코막음으로 마무리해 주세요.

- S 사이즈 : 61~66단까지 (겉뜨기 + 안뜨기) × 47
- M 사이즈 : 65~70단까지 (겉뜨기 + 안뜨기) × 51
- L 사이즈 : 65~70단까지 (겉뜨기 + 안뜨기) × 55

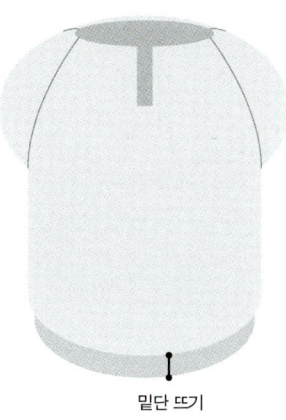

밑단 뜨기

## 16. 소매 코줍기

케이블에 걸려 있는 소매 코를 10mm 바늘에 옮겨 주세요.

소매 코와 별도 사슬코 콧등에서 코를 잡아 주세요.

이때 별도 사슬코 콧등에서는 늘어짐 코까지 잡혀 1코가 더 많아집니다.

> **TIP**
> - 소매를 뜰 때는 쇼트 팁에 짧은 케이블을 연결해 떠 주면 좋습니다. (조립식 대바늘이 아닌 짧은 나무 줄 대바늘도 좋습니다.)
> - 케이블 대신 자투리 실에 걸어 놓았을 경우 코의 방향을 잘 확인해 바늘에 옮겨 주세요.

- S 사이즈 : 소매 32코 + 콧등에서 6코 = 총 38코
- M 사이즈 : 소매 34코 + 콧등에서 6코 = 총 40코
- L 사이즈 : 소매 36코 + 콧등에서 6코 = 총 42코

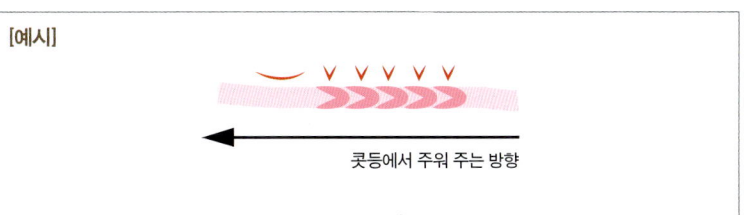

[예시]

콧등에서 주워 주는 방향

### 17. 소매 중심에서 뜨기 시작하기

별도 사슬에서 코를 주운 다음 시작 위치를 중간 지점으로 옮겨 주세요.

> **TIP** • 뜨개 방향은 겉뜨기로 뜰 수 있도록 정해 줍니다.

- S 사이즈 : 6코를 3코 (시작 위치) 3코로 나누어 시작
- M 사이즈 : 6코를 3코 (시작 위치) 3코로 나누어 시작
- L 사이즈 : 6코를 3코 (시작 위치) 3코로 나누어 시작

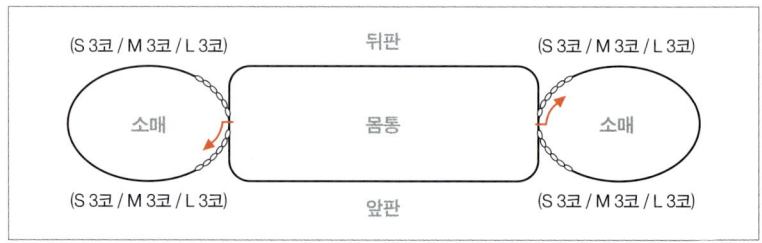

### 18. 소매 뜨기 전

소매 코와 별도 사슬코가 만나는 지점이 떨어져 있기 때문에 첫 번째 단을 뜨면서 2코가 만나는 지점을 모아뜨기로 줄여 줍니다.

소매 코와 별도 사슬코가 만나는 지점에서 2코를 한 번에 찔러 겉뜨기로 떠 주세요. 앞판에서 1코, 뒤판에서 1코가 줄어 총 2코가 줄어듭니다.

> **TIP** • 벌어져 있는 코를 붙이기 위해 모아뜨기로 떠 주는 것이기 때문에 왼코 줄이기로 모두 떠 주어도 완성 모양에는 전혀 지장을 주지 않습니다. 위치에 맞게 왼코 줄이기, 오른코 줄이기로 줄여 주어도 괜찮습니다. (다만 오른코 줄이기로 떠 주면 벌어진 구멍이 왼코 줄이기보다 큽니다.)

- S 사이즈 : (31단) 전체 콧수 38코 → 36코
- M 사이즈 : (33단) 전체 콧수 40코 → 38코
- L 사이즈 : (33단) 전체 콧수 42코 → 40코

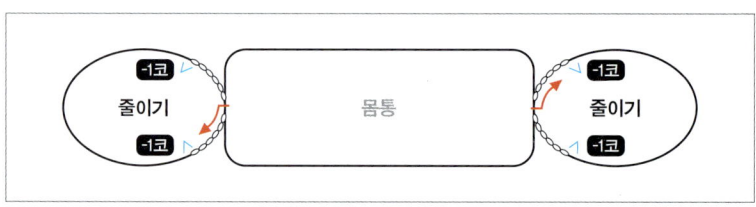

## 19. 소매 뜨기

소매 밑단 전까지 겉뜨기 원통 뜨기로 떠 주세요.
줄임단에 주의하여 떠 주세요.
체형에 맞게 단수를 조절해도 됩니다.

### S 사이즈
31단 : 38코 → 36코
32~40단 : 36코
41단 : 줄임단. 36코 → 34코(오른코 줄이기 + 겉뜨기 30코 + 왼코 줄이기)
42~50단 : 34코
51단 : 줄임단. 34코 → 32코(오른코 줄이기 + 겉뜨기 28코 + 왼코 줄이기)
52~60단 : 32코
61단 : 줄임단. 32코 → 30코(오른코 줄이기 + 겉뜨기 26코 + 왼코 줄이기)
62~70단 : 30코

### M 사이즈
33단 : 40코 → 38코
34~42단 : 38코
43단 : 줄임단. 38코 → 36코(오른코 줄이기 + 겉뜨기 32코 + 왼코 줄이기)
44~52단 : 36코
53단 : 줄임단. 36코 → 34코(오른코 줄이기 + 겉뜨기 30코 + 왼코 줄이기)
54~62단 : 34코
63단 : 줄임단. 34코 → 32코(오른코 줄이기 + 겉뜨기 28코 + 왼코 줄이기)
64~72단 : 32코

### L 사이즈
33단 : 42코 → 40코
34~42단 : 40코
43단 : 줄임단. 40코 → 38코(오른코 줄이기 + 겉뜨기 34코 + 왼코 줄이기)
44~52단 : 38코
53단 : 줄임단. 38코 → 36코(오른코 줄이기 + 겉뜨기 32코 + 왼코 줄이기)
54~62단 : 36코
63단 : 줄임단. 36코 → 34코(오른코 줄이기 + 겉뜨기 30코 + 왼코 줄이기)
64~72단 : 34코

소매 뜨기

## 20. 소매 밑단 뜨기

7~8mm 바늘로 바꿔 주세요. 밑단은 1코 고무뜨기로 6단 뜬 후 돗바늘 마무리, 혹은 엎어 코막음으로 마무리해 주세요.

- S 사이즈 : (겉뜨기 + 안뜨기) × 15 반복하여 6단 뜨기(71~76단)
- M 사이즈 : (겉뜨기 + 안뜨기) × 16 반복하여 6단 뜨기(73~78단)
- L 사이즈 : (겉뜨기 + 안뜨기) × 17 반복하여 6단 뜨기(73~78단)

소매 밑단 뜨기

## 21. '16~20'을 참고하여 반대편 소매 뜨기

16~20을 참고하여 반대편 소매도 완성해 주세요.

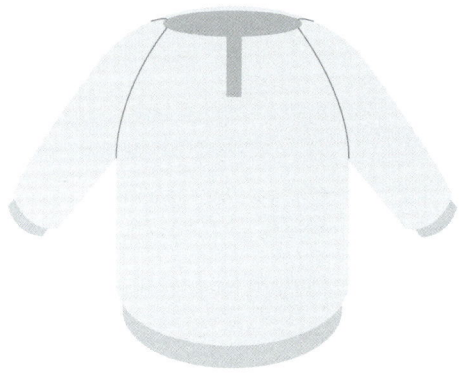

## 22. 목 코줍기

7~8mm 바늘로 목에서 코를 주워 주세요. 각 섹션이 만나는 지점에서 1코씩 건너뛰고 코를 주워 주세요.

**TIP** • 목둘레에 맞는 케이블 길이를 사용해 주면 좋습니다.

코줍기 단이 1단이며 2단부터 뜨기 시작입니다.
1~6단은 7~8mm 바늘로, 7~14단은 10mm 바늘로 떠 주세요.
1코 고무뜨기로 뜨되 4코에 주의하여 떠 주세요.

**4코**
양쪽 끝 4코는 주의해서 떠 주세요.
안뜨기 : 안뜨기 하듯 실을 안쪽에 두고 뜨지 않고 오른쪽 바늘에 옮기기
겉뜨기 : 겉뜨기로 뜨기

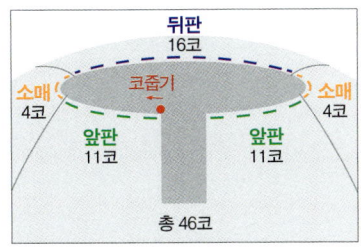
S 사이즈

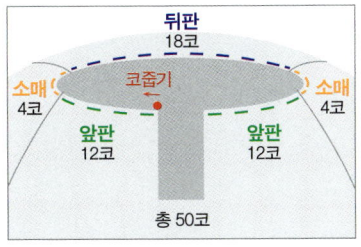
M 사이즈

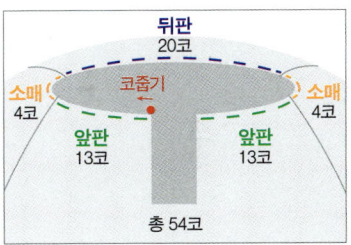
L 사이즈

**1단 : 7~8mm 바늘로 코줍기**
2단 : 4코(안뜨기 거르기 - 겉뜨기) × 2 안뜨기 + 겉뜨기(S 19번 반복, M 21번 반복, L 23번 반복) 4코(겉뜨기 - 안뜨기 거르기) × 2
3단 : 4코(겉뜨기 - 안뜨기 거르기) × 2 겉뜨기 + 안뜨기(S 19번 반복, M 21번 반복, L 23번 반복) 4코(안뜨기 거르기 - 겉뜨기) × 2
4단 : 4코(안뜨기 거르기 - 겉뜨기) × 2 안뜨기 + 겉뜨기(S 19번 반복, M 21번 반복, L 23번 반복) 4코(겉뜨기 - 안뜨기 거르기) × 2
5단 : 4코(겉뜨기 - 안뜨기 거르기) × 2 겉뜨기 + 안뜨기(S 19번 반복, M 21번 반복, L 23번 반복) 4코(안뜨기 거르기 - 겉뜨기) × 2

6단 : 4코(안뜨기 거르기 - 겉뜨기) × 2 안뜨기 + 겉뜨기(S 19번 반복, M 21번 반복, L 23번 반복) 4코(겉뜨기 - 안뜨기 거르기) × 2

7단 : 4코(겉뜨기 - 안뜨기 거르기) × 2 겉뜨기 + 안뜨기(S 19번 반복, M 21번 반복, L 23번 반복) 4코(안뜨기 거르기 - 겉뜨기) × 2

**10mm 바늘로 바꾸기**

8단 : 4코(안뜨기 거르기 - 겉뜨기) × 2 안뜨기 + 겉뜨기(S 19번 반복, M 21번 반복, L 23번 반복) 4코(겉뜨기 - 안뜨기 거르기) × 2

9단 : 4코(겉뜨기 - 안뜨기 거르기) × 2 겉뜨기 + 안뜨기(S 19번 반복, M 21번 반복, L 23번 반복) 4코(안뜨기 거르기 - 겉뜨기) × 2

10단 : 4코(안뜨기 거르기 - 겉뜨기) × 2 안뜨기 + 겉뜨기(S 19번 반복, M 21번 반복, L 23번 반복) 4코(겉뜨기 - 안뜨기 거르기) × 2

11단 : 4코(겉뜨기 - 안뜨기 거르기) × 2 겉뜨기 + 안뜨기(S 19번 반복, M 21번 반복, L 23번 반복) 4코(안뜨기 거르기 - 겉뜨기) × 2

12단 : 4코(안뜨기 거르기 - 겉뜨기) × 2 안뜨기 + 겉뜨기(S 19번 반복, M 21번 반복, L 23번 반복) 4코(겉뜨기 - 안뜨기 거르기) × 2

13단 : 4코(겉뜨기 - 안뜨기 거르기) × 2 겉뜨기 + 안뜨기(S 19번 반복, M 21번 반복, L 23번 반복) 4코(안뜨기 거르기 - 겉뜨기) × 2

14단 : 4코(안뜨기 거르기 - 겉뜨기) × 2 안뜨기 + 겉뜨기(S 19번 반복, M 21번 반복, L 23번 반복) 4코(겉뜨기 - 안뜨기 거르기) × 2

**바늘을 바꿔서 뜨는 이유는 뭔가요?**
끝으로 퍼지는 핏으로 완성하기 위해 바늘을 바꿔 주었습니다.

14단까지 뜬 후 돗바늘 마무리, 혹은 엎어 코막음으로 마무리해 주세요.

### 23. 마무리

옷이 완성되었습니다. 옷 안쪽에 있는 실들을 돗바늘을 사용해 숨겨 주세요. 겨드랑이 부분이 늘어나서 구멍이 보인다면 돗바늘을 사용해 구멍을 조여 주세요.

# 05
# 빅 칼라 스트라이프 스웨터

줄 대바늘 2개를 사용해 겹단 뜨기로 칼라를 떠 주었습니다.
칼라가 사각형으로 넓게 떠지기 때문에 네크라인 시작 부분이 넓고 처짐이 있을 수 있습니다.
그 점을 보완하기 위해 칼라를 뜰 때 바늘 호수를 바꿔서 네크라인을 튼튼하게 잡아 주었습니다.
반팔 소매로 만들면 봄, 초가을에 입기에도 좋습니다.

**전체 사이즈**  
**사이즈** S, M, L  
**가슴** S : 45cm, M : 50cm, L : 52cm  
**목-소매끝** S : 64cm, M : 66cm, L : 68cm  
**암홀** S : 20cm, M : 21cm, L : 22cm  
**소매너비** S : 17cm, M : 18cm, L : 19cm  
**칼라 둘레** S : 57cm, M·L : 58cm  
**칼라 길이** S·M·L : 12.5cm  
**총 길이** S : 53cm, M : 55cm, L : 56cm  

**게이지** 10cm×10cm 21코, 28단 / 1cm=2.1코 1cm=2.8단

**사용한 바늘** 조립식 대바늘 4mm, 3.5mm(칼라 부분은 나무 줄 대바늘 추천)(시작, 소매 40cm 케이블, 몸통 60~120cm 케이블)

**실 소요량** S, M, L 모두 실키울(콘사) 500g + 배색 100g×2볼

**난이도** ●●●●○

**디자인 코멘트**

언제든 옷장에서 꺼내어 입을 수 있는 스트라이프 패턴에 빅 칼라를 얹어 주었어요. 칼라를 크게 뜨는 게 생각보다 지루해서 칼라만 완성했는데도 다 뜬 기분이 들 수 있어요. 그렇지만 스트라이프 배색부터는 실 바꿔 주는 재미에 빠질 거예요.

**TIP** • 체구가 작은 분이라면 파임이 넓을 수 있습니다. 이너티를 입어 주세요.

**시작하기 전에**

전체 과정
동영상

### 1. 기초코 잡기

줄 대바늘 4mm 2개가 필요합니다.
그림과 같이 대바늘을 겹쳐서 8자 모양으로 기초코를 잡아 줄 거예요.
바늘의 한쪽에 (S 110코, M 116코, L 116코) 또 다른 한쪽에 (S 110코, M 116코, L 116코)를 잡아 주세요.

**TIP** • 8자 모양으로 기초코 잡는 방법은 상단의 QR 코드를 참고해 주세요.

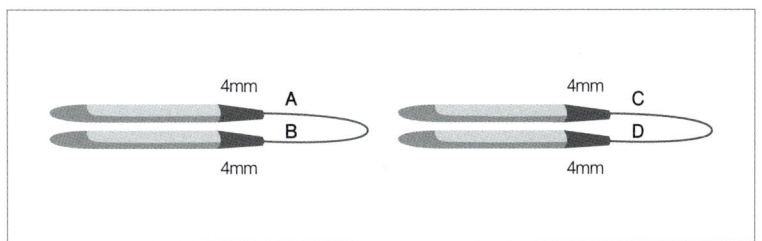

### 2. 바늘의 윗부분, 아랫부분 나눠서 뜨기

A, B, C, D는 각각의 바늘의 위치를 표시한 것입니다.

**2단**
A바늘에 걸려 있는 기초코를 C바늘로 떠 주세요.
이때 기초코의 앞코가 아닌 뒤코에 바늘을 찔러 떠 주세요.

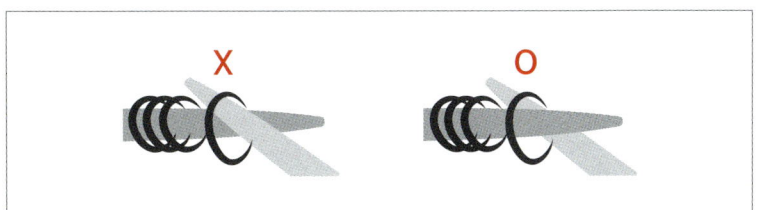

B바늘을 당겨 기초코(S 110코, M 116코, L 116코)를 A바늘로 옮겨 주세요.
A바늘에 옮겨진 기초코(S 110코, M 116코, L 116코)를 B바늘로 떠 주세요.
지금부터는 앞코에 바늘을 찔러서 겉뜨기로 떠 주세요.
이렇게 원통 뜨기로 한 바퀴 떠 주면 한 단이 떠진 거예요.

A(or B)바늘에 걸려 있는 코는 B(or A)로 떠 주고, C(or D)바늘에 코는 D(or C)로 떠 주세요.

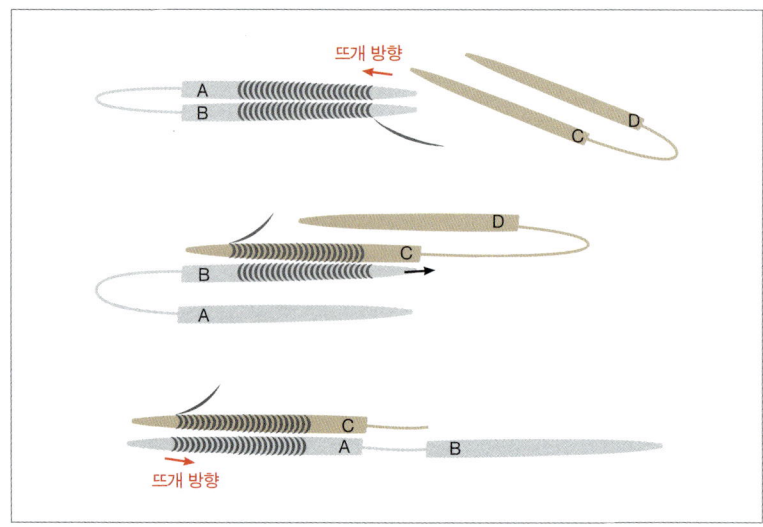

## 3. 칼라 뜨기

겉뜨기로 반복해서 칼라를 완성해 줄 거예요.
이때 목 부분을 탄탄하게 완성하기 위해 바늘 호수를 바꿔서 떠 주세요.

[3~22단] 4mm 바늘로 겉뜨기(S 110코, M 116코, L 116코) × 2
[23~26단] 3.5mm 바늘로 겉뜨기(S 110코, M 116코, L 116코) × 2
[27~30단] 3mm 바늘로 겉뜨기(S 110코, M 116코, L 116코) × 2

**TIP** • 어느 정도 단이 떠졌으면 바늘 하나로 원통 뜨기로 떠도 괜찮습니다. 이때 반이 나누어지는 지점은 마커로 표시해 주면 편리합니다.

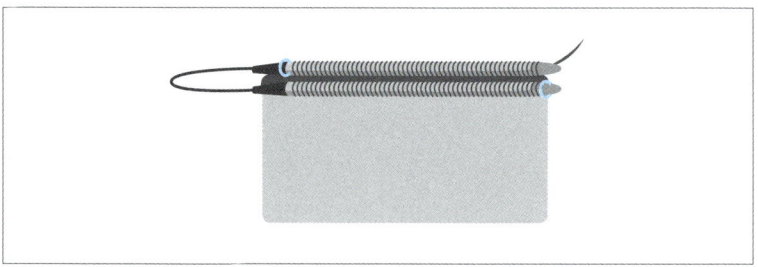

## 4. 앞판 / 소매 / 뒤판 뜨면서 단수링으로 표시하기

칼라 30단을 뜬 후 위쪽, 아래쪽의 코를 한 바늘로 합쳐 줄 거예요.
합쳐 주는 단이 다시 1단으로 목부터 뜨기 시작입니다.

**1단**  (앞판) 12코[(겉뜨기 - 안뜨기 거르기) × 6] 뜨고 ○마커, 겉뜨기(S 16코, M 17코, L 17코) 뜨고 ○마커
→ (소매)겉뜨기(S 14코, M 15코, L 15코) 뜨고 ○마커 걸기
→ (뒤판)겉뜨기(S 38코, M 40코, L 40코) 뜨고 ○마커 걸기
→ (소매)겉뜨기(S 14코, M 15코, L 15코) 뜨고 ○마커 걸기
→ (앞판)겉뜨기(S 16코, M 17코, L 17코) 뜨고 ○마커, 12코[(안뜨기 거르기 - 겉뜨기) × 6]

**[2단]**  (앞판) 12코[(안뜨기 거르기 - 겉뜨기) × 6] 뜨고 ○마커, 안뜨기(S 16코, M 17코, L 17코) 뜨고 ○마커
→ (소매)안뜨기(S 14코, M 15코, L 15코) 뜨고 ○마커 걸기
→ (뒤판)안뜨기(S 38코, M 40코, L 40코) 뜨고 ○마커 걸기
→ (소매)안뜨기(S 14코, M 15코, L 15코) 뜨고 ○마커 걸기
→ (앞판) 안뜨기(S 16코, M 17코, L 17코) 뜨고 ○마커, 12코[(겉뜨기 - 안뜨기 거르기) × 6]

**12코**
양쪽 끝 12코는 주의해서 떠 주세요.
안뜨기 : 안뜨기 하듯 실을 안쪽에 두고 뜨지 않고 오른쪽 바늘에 옮기기
겉뜨기 : 겉뜨기로 뜨기

## 5. 홀수단에서 코 늘려 주기

코늘림은 홀수단에서 들어갑니다.

**3단**
(앞판) 12코[(겉뜨기 - 안뜨기 거르기) × 6]○ + 겉뜨기(S 15코, M 16코, L 16코)+오른코 늘리기 + 겉뜨기 1코
→ (소매)겉뜨기 1코 + 왼코 늘리기 + 겉뜨기(S 12코, M 13코, L 13코)+오른코 늘리기 + 겉뜨기 1코 ○
→ (뒤판)겉뜨기 1코 + 왼코 늘리기 + 겉뜨기(S 36코, M 38코, L 38코)+오른코 늘리기 + 겉뜨기 1코 ○
→ (소매)겉뜨기 1코 + 왼코 늘리기 + 겉뜨기(S 12코, M 13코, L 13코)+오른코 늘리기 + 겉

뜨기 1코 ○
→ (앞판)겉뜨기 1코 + 오른코 늘리기 + 겉뜨기(S 15코, M 16코, L 16코) ○ + 12코[(안뜨기 거르기 - 겉뜨기) × 6]

**TIP**
- 마커 기준으로 양옆 겉뜨기 2코는 래글런 선(목에서 겨드랑이까지 내려오는 대각선)이 됩니다.
- 홀수단 첫코를 뜰 때 클립형 마커로 표시해 주면 어느 단에서 늘렸는지 확인하기 좋습니다.

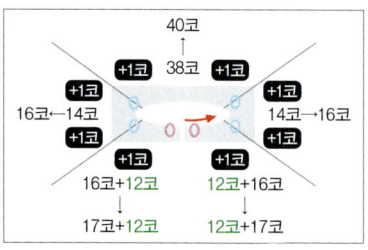

S 사이즈

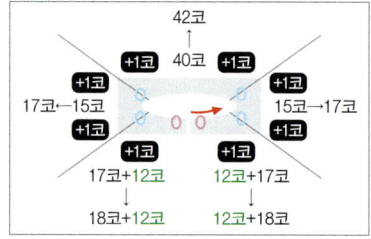

M, L 사이즈

## 6. 짝수단에서 늘림 없이 뜨기 / 맞게 늘어났는지 확인

**4단**
(앞판) 12코[(안뜨기 거르기 - 겉뜨기) × 6] 뜨고 ○마커, 안뜨기(S 17코, M 18코, L 18코) 뜨고 ○마커
→ (소매)안뜨기(S 16코, M 17코, L 17코) 뜨고 ○마커 걸기
→ (뒤판)안뜨기(S 40코, M 42코, L 42코) 뜨고 ○마커 걸기
→ (소매)안뜨기(S 16코, M 17코, L 17코) 뜨고 ○마커 걸기
→ (앞판)안뜨기(S 17코, M 18코, L 18코) 뜨고 ○마커, 12코[(겉뜨기 - 안뜨기 거르기) × 6]
: 총 8코가 늘어났는지 안뜨기로 뜨면서 확인해 주세요.

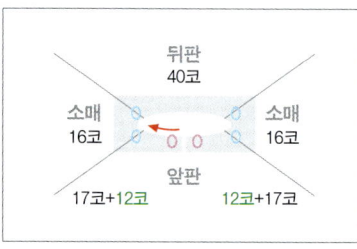

S 사이즈

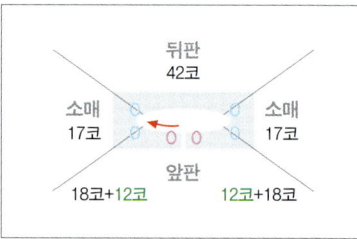

M, L 사이즈

## 7. 늘림 패턴 주의하여 뜨기

**TIP**
- 마커는 /로 표시
- 12코 부분을 제외하고 홀수단은 겉뜨기로 뜨기, 짝수단은 안뜨기로 뜨기

**5단**
12코 + (S 16코, M, L 17코) + 오른코 늘리기 + 1코 / 1코 + 왼코 늘리기 + (S 14코, M, L 15코) + 오른코 늘리기 + 1코
/ 1코 + 왼코 늘리기 + (S 38코, M, L 40코) + 오른코 늘리기 + 1코
/ 1코 + 왼코 늘리기 + (S 14코, M, L 15코) + 오른코 늘리기 + 1코 / 1코 + 왼코 늘리기 + (S 16코, M, L 17코) + 12코

**6단**
12코 + (S 18코, M, L 19코) / (S 18코, M, L 19코) / (S 42코, M, L 44코) / (S 18코, M, L 19코) / (S 18코, M, L 19코) + 12코

**7단**
12코 + (S 17코, M, L 18코) + 오른코 늘리기 + 1코 / 1코 + 왼코 늘리기 + (S 16코, M, L 17코) + 오른코 늘리기 + 1코
/ 1코 + 왼코 늘리기 + (S 40코, M, L 42코) + 오른코 늘리기 + 1코
/ 1코 + 왼코 늘리기 + (S 16코, M, L 17코) + 오른코 늘리기 + 1코 / 1코 + 왼코 늘리기 + (S 17코, M, L 18코) + 12코

**8단**
12코 + (S 19코, M, L 20코) / (S 20코, M, L 21코) / (S 44코, M, L 46코) / (S 20코, M, L 21코) / (S 19코, M, L 20코) + 12코

**9단**
12코 + (S 18코, M, L 19코) + 오른코 늘리기 + 1코 / 1코 + 왼코 늘리기 + (S 18코, M, L 19코) + 오른코 늘리기 + 1코
/ 1코 + 왼코 늘리기 + (S 42코, M, L 44코) + 오른코 늘리기 + 1코
/ 1코 + 왼코 늘리기 + (S 18코, M, L 19코) + 오른코 늘리기 + 1코 / 1코 + 왼코 늘리기 + (S 18코, M, L 19코) + 12코

**10단**
12코 + (S 20코, M, L 21코) / (S 22코, M, L 23코) / (S 46코, M, L 48코) / (S 22코, M, L 23코) / (S 20코, M, L 21코) + 12코

**11단**
12코 + (S 19코, M, L 20코) + 오른코 늘리기 + 1코 / 1코 + 왼코 늘리기 + (S 20코, M, L 21코) + 오른코 늘리기 + 1코
/ 1코 + 왼코 늘리기 + (S 44코, M, L 46코) + 오른코 늘리기 + 1코
/ 1코 + 왼코 늘리기 + (S 20코, M, L 21코) + 오른코 늘리기 + 1코 / 1코 + 왼코 늘리기 + (S 19코, M, L 20코) + 12코

**12단**
12코 + (S 21코, M, L 22코) / (S 24코, M, L 25코) / (S 48코, M, L 50코) / (S 24코, M, L 25코) / (S 21코, M, L 22코) + 12코

**13단**

12코 + (S 20코, M, L 21코) + 오른코 늘리기 + 1코 / 1코 + 왼코 늘리기 + (S 22코, M, L 23코) + 오른코 늘리기 + 1코
/ 1코 + 왼코 늘리기 + (S 46코, M, L 48코) + 오른코 늘리기 + 1코
/ 1코 + 왼코 늘리기 + (S 22코, M, L 23코) + 오른코 늘리기 + 1코 / 1코 + 왼코 늘리기 + (S 20코, M, L 21코) + 12코

**14단**
12코 + (S 22코, M, L 23코) / (S 26코, M, L 27코) / (S 50코, M, L 52코) / (S 26코, M, L 27코) / (S 22코, M, L 23코) + 12코

**15단**
12코 + (S 21코, M, L 22코) + 오른코 늘리기 + 1코 / 1코 + 왼코 늘리기 + (S 24코, M, L 25코) + 오른코 늘리기 + 1코
/ 1코 + 왼코 늘리기 + (S 48코, M, L 50코) + 오른코 늘리기 + 1코
/ 1코 + 왼코 늘리기 + (S 24코, M, L 25코) + 오른코 늘리기 + 1코 / 1코 + 왼코 늘리기 + (S 21코, M, L 22코) + 12코

**16단**
12코 + (S 23코, M, L 24코) / (S 28코, M, L 29코) / (S 52코, M, L 54코) / (S 28코, M, L 29코) / (S 23코, M, L 24코) + 12코

**17단**
12코 + (S 22코, M, L 23코) + 오른코 늘리기 + 1코 / 1코 + 왼코 늘리기 + (S 26코, M, L 27코) + 오른코 늘리기 + 1코
/ 1코 + 왼코 늘리기 + (S 50코, M, L 52코) + 오른코 늘리기 + 1코
/ 1코 + 왼코 늘리기 + (S 26코, M, L 27코) + 오른코 늘리기 + 1코 / 1코 + 왼코 늘리기 + (S 22코, M, L 23코) + 12코

**18단**
12코 + (S 24코, M, L 25코) / (S 30코, M, L 31코) / (S 54코, M, L 56코) / (S 30코, M, L 31코) / (S 24코, M, L 25코) + 12코

**19단**
12코 + (S 23코, M, L 24코) + 오른코 늘리기 + 1코 / 1코 + 왼코 늘리기 + (S 28코, M, L 29코) + 오른코 늘리기 + 1코
/ 1코 + 왼코 늘리기 + (S 52코, M, L 54코) + 오른코 늘리기 + 1코
/ 1코 + 왼코 늘리기 + (S 28코, M, L 29코) + 오른코 늘리기 + 1코 / 1코 + 왼코 늘리기 + (S 23코, M, L 24코) + 12코

**20단**
12코 + (S 25코, M, L 26코) / (S 32코, M, L 33코) / (S 56코, M, L 58코) / (S 32코, M, L 33코) / (S 25코, M, L 26코) + 12코

**21단**
12코 + (S 24코, M, L 25코) + 오른코 늘리기 + 1코 / 1코 + 왼코 늘리기 + (S 30코, M, L 31코) + 오른코 늘리기 + 1코
/ 1코 + 왼코 늘리기 + (S 54코, M, L 56코) + 오른코 늘리기 + 1코
/ 1코 + 왼코 늘리기 + (S 30코, M, L 31코) + 오른코 늘리기 + 1코 / 1코 + 왼코 늘리기 + (S 24코, M, L 25코) + 12코

**22단**

12코 + (S 26코, M, L 27코) / (S 34코, M, L 35코) / (S 58코, M, L 60코) / (S 34코, M, L 35코) / (S 26코, M, L 27코) + 12코

**23단**

12코 + (S 25코, M, L 26코) + 오른코 늘리기 + 1코 / 1코 + 왼코 늘리기 + (S 32코, M, L 33코) + 오른코 늘리기 + 1코

/ 1코 + 왼코 늘리기 + (S 56코, M, L 58코) + 오른코 늘리기 + 1코

/ 1코 + 왼코 늘리기 + (S 32코, M, L 33코) + 오른코 늘리기 + 1코 / 1코 + 왼코 늘리기 + (S 25코, M, L 26코) + 12코

**24단**

12코 + (S 27코, M, L 28코) / (S 36코, M, L 37코) / (S 60코, M, L 62코) / (S 36코, M, L 37코) / (S 27코, M, L 28코) + 12코

**25단**

12코 + (S 26코, M, L 27코) + 오른코 늘리기 + 1코 / 1코 + 왼코 늘리기 + (S 34코, M, L 35코) + 오른코 늘리기 + 1코

/ 1코 + 왼코 늘리기 + (S 58코, M, L 60코) + 오른코 늘리기 + 1코

/ 1코 + 왼코 늘리기 + (S 34코, M, L 35코) + 오른코 늘리기 + 1코 / 1코 + 왼코 늘리기 + (S 26코, M, L 27코) + 12코

**26단**

12코 + (S 28코, M, L 29코) / (S 38코, M, L 39코) / (S 62코, M, L 64코) / (S 38코, M, L 39코) / (S 28코, M, L 29코) + 12코

**27단**

12코 + (S 27코, M, L 28코) + 오른코 늘리기 + 1코 / 1코 + 왼코 늘리기 + (S 36코, M, L37코) + 오른코 늘리기 + 1코

/ 1코 + 왼코 늘리기 + (S 60코, M, L 62코) + 오른코 늘리기 + 1코

/ 1코 + 왼코 늘리기 + (S 36코, M, L 37코) + 오른코 늘리기 + 1코 / 1코 + 왼코 늘리기 + (S 27코, M, L 28코) + 12코

**28단**

12코 + (S 29코, M, L 30코) / (S 40코, M, L 41코) / (S 64코, M, L 66코) / (S 40코, M, L 41코) / (S 29코, M, L 30코) + 12코

**29단**

12코 + (S 28코, M, L 29코) + 오른코 늘리기 + 1코 / 1코 + 왼코 늘리기 + (S 38코, M, L 39코) + 오른코 늘리기 + 1코

/ 1코 + 왼코 늘리기 + (S 62코, M, L 64코) + 오른코 늘리기 + 1코

/ 1코 + 왼코 늘리기 + (S 38코, M, L 39코) + 오른코 늘리기 + 1코 / 1코 + 왼코 늘리기 + (S 28코, M, L 29코) + 12코

**30단**

12코 + (S 30코, M, L 31코) / (S 42코, M, L 43코) / (S 66코, M, L 68코) / (S 42코, M, L 43코) / (S 30코, M, L 31코) + 12코

**[31단]**

12코 + (S 29코, M, L 30코) + 오른코 늘리기 + 1코 / 1코 + 왼코 늘리기 + (S 40코, M, L 41코) + 오른코 늘리기 + 1코
/ 1코 + 왼코 늘리기 + (S 64코, M, L 66코) + 오른코 늘리기 + 1코
/ 1코 + 왼코 늘리기 + (S 40코, M, L 41코) + 오른코 늘리기 + 1코 / 1코 + 왼코 늘리기 + (S 29코, M, L 30코) + 12코

**32단**
12코 + (S 31코, M, L 32코) / (S 44코, M, L 45코) / (S 68코, M, L 70코) / (S 44코, M, L 45코) / (S 31코, M, L 32코) + 12코

**33단**
12코 + (S 30코, M, L 31코) + 오른코 늘리기 + 1코 / 1코 + 왼코 늘리기 + (S 42코, M, L 43코) + 오른코 늘리기 + 1코
/ 1코 + 왼코 늘리기 + (S 66코, M, L 68코) + 오른코 늘리기 + 1코
/ 1코 + 왼코 늘리기 + (S 42코, M, L 43코) + 오른코 늘리기 + 1코 / 1코 + 왼코 늘리기 + (S 30코, M, L 31코) + 12코

**34단**
12코 + (S 32코, M, L 33코) / (S 46코, M, L 47코) / (S 70코, M, L 72코) / (S 46코, M, L 47코) / (S 32코, M, L 33코) + 12코

**35단**
12코 + (S 31코, M, L 32코) + 오른코 늘리기 + 1코 / 1코 + 왼코 늘리기 + (S 44코, M, L 45코) + 오른코 늘리기 + 1코
/ 1코 + 왼코 늘리기 + (S 68코, M, L 70코) + 오른코 늘리기 + 1코
/ 1코 + 왼코 늘리기 + (S 44코, M, L 45코) + 오른코 늘리기 + 1코 / 1코 + 왼코 늘리기 + (S 31코, M, L 32코) + 12코

**36단**
12코 + (S 33코, M, L 34코) / (S 48코, M, L 49코) / (S 72코, M, L 74코) / (S 48코, M, L 49코) / (S 33코, M, L 34코) + 12코

**37단**
12코 + (S 32코, M, L 33코) + 오른코 늘리기 + 1코 / 1코 + 왼코 늘리기 + (S 46코, M, L 47코) + 오른코 늘리기 + 1코
/ 1코 + 왼코 늘리기 + (S 70코, M, L 72코) + 오른코 늘리기 + 1코
/ 1코 + 왼코 늘리기 + (S 46코, M, L 47코) + 오른코 늘리기 + 1코 / 1코 + 왼코 늘리기 + (S 32코, M, L 33코) + 12코

**38단**
12코 + (S 34코, M, L 35코) / (S 50코, M, L 51코) / (S 74코, M, L 76코) / (S 50코, M, L 51코) / (S 34코, M, L 35코) + 12코

**39단**
12코 + (S 33코, M, L 34코) + 오른코 늘리기 + 1코 / 1코 + 왼코 늘리기 + (S 48코, M, L 49코) + 오른코 늘리기 + 1코
/ 1코 + 왼코 늘리기 + (S 72코, M, L 74코) + 오른코 늘리기 + 1코
/ 1코 + 왼코 늘리기 + (S 48코, M, L 49코) + 오른코 늘리기 + 1코 / 1코 + 왼코 늘리기 + (S 33코, M, L 34코) + 12코

**40단**

12코 + (S 35코, M, L 36코) / (S 52코, M, L 53코) / (S 76코, M, L 78코) / (S 52코, M, L 53코) / (S 35코, M, L 36코) + 12코

**41단**

12코 + (S 34코, M, L 35코) + 오른코 늘리기 + 1코 / 1코 + 왼코 늘리기 + (S 50코, M, L 51코) + 오른코 늘리기 + 1코
/ 1코 + 왼코 늘리기 + (S 74코, M, L 76코) + 오른코 늘리기 + 1코
/ 1코 + 왼코 늘리기 + (S 50코, M, L 51코) + 오른코 늘리기 + 1코 / 1코 + 왼코 늘리기 + (S 34코, M, L 35코) + 12코

**42단**

12코 + (S 36코, M, L 37코) / (S 54코, M, L 55코) / (S 78코, M, L 80코) / (S 54코, M, L 55코) / (S 36코, M, L 37코) + 12코

**43단**

12코 + (S 35코, M, L 36코) + 오른코 늘리기 + 1코 / 1코 + 왼코 늘리기 + (S 52코, M, L 53코) + 오른코 늘리기 + 1코
/ 1코 + 왼코 늘리기 + (S 76코, M, L 78코) + 오른코 늘리기 + 1코
/ 1코 + 왼코 늘리기 + (S 52코, M, L 53코) + 오른코 늘리기 + 1코 / 1코 + 왼코 늘리기 + (S 35코, M, L 36코) + 12코

**44단**

12코 + (S 37코, M, L 38코) / (S 56코, M, L 57코) / (S 80코, M, L 82코) / (S 56코, M, L 57코) / (S 37코, M, L 38코) + 12코

**45단**

12코 + (S 36코, M, L 37코) + 오른코 늘리기 + 1코 / 1코 + 왼코 늘리기 + (S 54코, M, L 55코) + 오른코 늘리기 + 1코
/ 1코 + 왼코 늘리기 + (S 78코, M, L 80코) + 오른코 늘리기 + 1코
/ 1코 + 왼코 늘리기 + (S 54코, M, L 55코) + 오른코 늘리기 + 1코 / 1코 + 왼코 늘리기 + (S 36코, M, L 37코) + 12코

**46단**

12코 + (S 38코, M, L 39코) / (S 58코, M, L 59코) / (S 82코, M, L 84코) / (S 58코, M, L 59코) / (S 38코, M, L 39코) + 12코
※ S 사이즈는 46단까지 떠 주세요.

**47단**

12코 + (M, L 38코) + 오른코 늘리기 + 1코 / 1코 + 왼코 늘리기 + (M, L 57코) + 오른코 늘리기 + 1코
/ 1코 + 왼코 늘리기 + (M, L 82코) + 오른코 늘리기 + 1코
/ 1코 + 왼코 늘리기 + (M, L 57코) + 오른코 늘리기 + 1코 / 1코 + 왼코 늘리기 + (M, L 38코) + 12코

**48단**

12코 + (M, L 40코) / (M, L 61코) / (M, L 86코) / (M, L 61코) / (M, L 40코) + 12코
※ M 사이즈는 48단까지 떠 주세요.

**49단**

12코 + (L 39코) + 오른코 늘리기 + 1코 / 1코 + 왼코 늘리기 + (L 59코) + 오른코 늘리기 + 1코

/ 1코 + 왼코 늘리기 + (L 84코) + 오른코 늘리기 + 1코

/ 1코 + 왼코 늘리기 + (L 59코) + 오른코 늘리기 + 1코 / 1코 + 왼코 늘리기 + (L 39코) + 12코

[50단]

12코 + (L 41코) / (L 63코) / (L 88코) / (L 63코) / (L 41코) + 12코

※ L 사이즈는 50단까지 떠 주세요.

## 8. 단수와 콧수 확인

각 사이즈에 맞는 단수와 콧수를 확인해 주세요.

S 사이즈(46단)

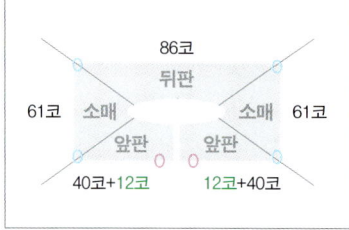

M 사이즈(48단)

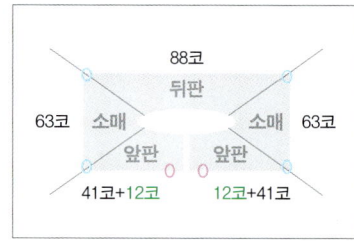

L 사이즈(50단)

## 9. 원통으로 연결하기

원통으로 연결해 줄 차례입니다.

오른쪽 앞판 12코 부분을 2코 모아뜨기로 6코 떠 주세요. (12코 → 6코)

나머지 앞판, 소매, 뒤판, 소매, 앞판을 떠 주고

왼쪽 앞판 12코 부분에서 왼쪽에서 2코, 오른쪽에서 1코씩 잡아 총 3코로 모아뜨기 6코를 떠 주세요.

**S 47단 / M 49단 / L 51단**

2코 모아뜨기로 6코 뜨기 + (S 37코, M 39코, L 40코) + 오른코 늘리기 + 1코

/ 1코 + 왼코 늘리기 + (S 56코, M 59코, L 61코) + 오른코 늘리기 + 1코

/ 1코 + 왼코 늘리기 + (S 80코, M 84코, L 86코) + 오른코 늘리기 + 1코

/ 1코 + 왼코 늘리기 + (S 56코, M 59코, L 61코) + 오른코 늘리기 + 1코

/ 1코 + (S 37코, M 39코, L 40코) + 2코 모아뜨기로 시작 6코와 겹쳐 뜨기(원통으로 연결)

※ 원통으로 연결

※ 홀수단, 짝수단 모두 겉뜨기로 뜨기

**TIP** • 편물이 살짝 끌려 올라갔다면 원통으로 연결하기 전에 스팀다리미로 편물을 고르게 펴 주면 좋습니다.

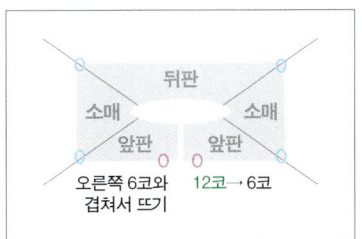

S 47단 / M 49단 / L 51단

## 10. 시작 지점 바꾸기

S 48단 / M 50단 / L 52단

실을 10cm 정도 남기고 잘라 주세요. ■위치로 코를 옮겨 시작 위치를 바꿔 주세요. 화살표 방향으로 뜨기 시작입니다.
원통으로 연결되었기 때문에 이제부터 모두 겉뜨기로 떠 주세요.

- 뒤판(S 84코, M 88코, L 90코) / 소매(S 60코, M 63코, L 65코) /
- 앞판(S 84코, M 88코, L 90코) / 소매(S 60코, M 63코, L 65코)

TIP • 시작 지점만 다른 색상의 마커로 달아 주면 좋습니다. ■지점

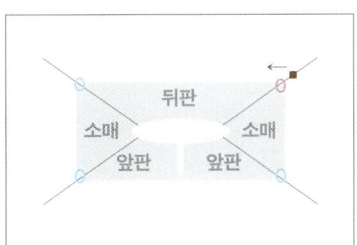

## 11. 배색 넣어서 뜨기

배색 패턴 : 4단 배색, 6단 메인색 반복

### S 사이즈

**배색**
[49단] 1코 + 왼코 늘리기 + 82코 + 오른코 늘리기 + 1코 / 1코 + 왼코 늘리기 + 58코 + 오른코 늘리기 + 1코 / 1코 + 왼코 늘리기 + 82코 + 오른코 늘리기 + 1코 / 1코 + 왼코 늘리기 + 58코 + 오른코 늘리기 + 1코
[50단]~[52단] 86코 / 62코 / 86코 / 62코

**메인색**
[53단] 1코 + 왼코 늘리기 + 84코 + 오른코 늘리기 + 1코 / 1코 + 왼코 늘리기 + 60코 + 오른코 늘리기 + 1코 / 1코 + 왼코 늘리기 + 84코 + 오른코 늘리기 + 1코 / 1코 + 왼코 늘리기 + 60코 + 오른코 늘리기 + 1코
[54단]~[58단] 88코 / 64코 / 88코 / 64코

| 배색 | [59단] 1코 + 왼코 늘리기 + 86코 + 오른코 늘리기 + 1코 / 1코 + 왼코 늘리기 + 62코 + 오른코 늘리기 + 1코 / 1코 + 왼코 늘리기 + 86코 + 오른코 늘리기 + 1코 / 1코 + 왼코 늘리기 + 62코 + 오른코 늘리기 + 1코 |

[60단]~[62단] 90코 / 66코 / 90코 / 66코

| 메인색 | [63단] 1코 + 왼코 늘리기 + 88코 + 오른코 늘리기 + 1코 / 1코 + 왼코 늘리기 + 64코 + 오른코 늘리기 + 1코 / 1코 + 왼코 늘리기 + 88코 + 오른코 늘리기 + 1코 / 1코 + 왼코 늘리기 + 64코 + 오른코 늘리기 + 1코 |

[64단]~[68단] 92코 / 68코 / 92코 / 68코

## M 사이즈

| 배색 | [51단] 1코 + 왼코 늘리기 + 86코 + 오른코 늘리기 + 1코 / 1코 + 왼코 늘리기 + 61코 + 오른코 늘리기 + 1코 / 1코 + 왼코 늘리기 + 86코 + 오른코 늘리기 + 1코 / 1코 + 왼코 늘리기 + 61코 + 오른코 늘리기 + 1코 |

[52단]~[54단] 90코 / 65코 / 90코 / 65코

| 메인색 | [55단] 1코 + 왼코 늘리기 + 88코 + 오른코 늘리기 + 1코 / 1코 + 왼코 늘리기 + 63코 + 오른코 늘리기 + 1코 / 1코 + 왼코 늘리기 + 88코 + 오른코 늘리기 + 1코 / 1코 + 왼코 늘리기 + 63코 + 오른코 늘리기 + 1코 |

[56단]~[60단] 92코 / 67코 / 92코 / 67코

| 배색 | [61단] 1코 + 왼코 늘리기 + 90코 + 오른코 늘리기 + 1코 / 1코 + 왼코 늘리기 + 65코 + 오른코 늘리기 + 1코 / 1코 + 왼코 늘리기 + 90코 + 오른코 늘리기 + 1코 / 1코 + 왼코 늘리기 + 65코 + 오른코 늘리기 + 1코 |

[62단]~[64단] 94코 / 69코 / 94코 / 69코

| 메인색 | [65단] 1코 + 왼코 늘리기 + 92코 + 오른코 늘리기 + 1코 / 1코 + 왼코 늘리기 + 67코 + 오른코 늘리기 + 1코 / 1코 + 왼코 늘리기 + 92코 + 오른코 늘리기 + 1코 / 1코 + 왼코 늘리기 + 67코 + 오른코 늘리기 + 1코 |

[66단]~[70단] 96코 / 71코 / 96코 / 71코

## L 사이즈

| 배색 | [53단] 1코 + 왼코 늘리기 + 88코 + 오른코 늘리기 + 1코 / 1코 + 왼코 늘리기 + 63코 + 오른코 늘리기 + 1코 / 1코 + 왼코 늘리기 + 88코 + 오른코 늘리기 + 1코 / 1코 + 왼코 늘리기 + 63코 + 오른코 늘리기 + 1코 |

[54단]~[56단] 92코 / 67코 / 92코 / 67코

| 메인색 | [57단] 1코 + 왼코 늘리기 + 90코 + 오른코 늘리기 + 1코 / 1코 + 왼코 늘리기 + 65코 + 오른코 늘리기 + 1코 / 1코 + 왼코 늘리기 + 90코 + 오른코 늘리기 + 1코 / 1코 + 왼코 늘리기 + 65코 + 오른코 늘리기 + 1코 |

[58단]~[62단] 94코 / 69코 / 94코 / 69코

| 배색 | [63단] 1코 + 왼코 늘리기 + 92코 + 오른코 늘리기 + 1코 / 1코 + 왼코 늘리기 + 67코 + 오른코 늘리기 + 1코 / 1코 + 왼코 늘리기 + 92코 + 오른코 늘리기 + 1코 / 1코 + 왼코 늘리기 + 67코 + 오른코 늘리기 + 1코 |

[64단]~[66단] 96코 / 71코 / 96코 / 71코

| 메인색 | [67단] 1코 + 왼코 늘리기 + 94코 + 오른코 늘리기 + 1코 / 1코 + 왼코 늘리기 + 69코 + 오른코 늘리기 + 1코 / 1코 + 왼코 늘리기 + 94코 + 오른코 늘리기 + 1코 / 1코 + 왼코 늘리기 + 69코 + 오른코 늘리기 + 1코 |
|---|---|
| | [68단]~[72단] 98코 / 73코 / 98코 / 73코 |

## 12. 단수와 콧수 확인

각 사이즈별로 단수와 콧수를 확인해 주세요. (마커는 /로 표시)

- S 사이즈 : 68단까지 뜨기. 전체 콧수 92 / 68 / 92 / 68
- M 사이즈 : 70단까지 뜨기. 전체 콧수 96 / 71 / 96 / 71
- L 사이즈 : 72단까지 뜨기. 전체 콧수 98 / 73 / 98 / 73

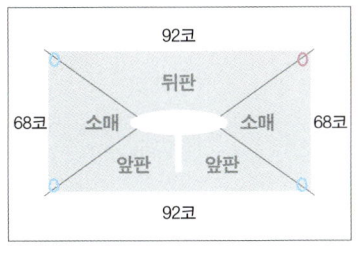
S 사이즈(68단)

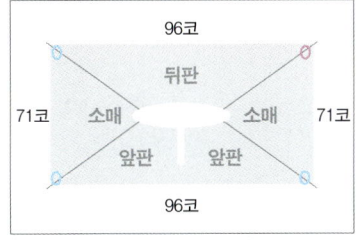
M 사이즈(70단)

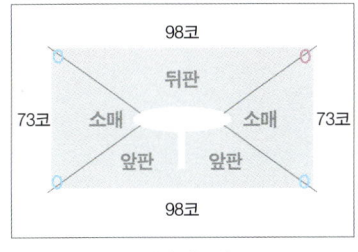
L 사이즈(72단)

## 13. 양쪽 소매 코 케이블에 걸어 두기

양쪽 소매를 케이블에 걸고 케이블 마개로 막아 주세요.

**TIP**
- 여분의 케이블이 없다면 자투리 실과 돗바늘을 준비해 주세요.
- 자투리 실을 돗바늘에 끼워 케이블을 대신해 코를 걸어 주세요. 풀리지 않도록 살살 묶은 후 몸통을 먼저 뜨고 소매를 떠 주세요.

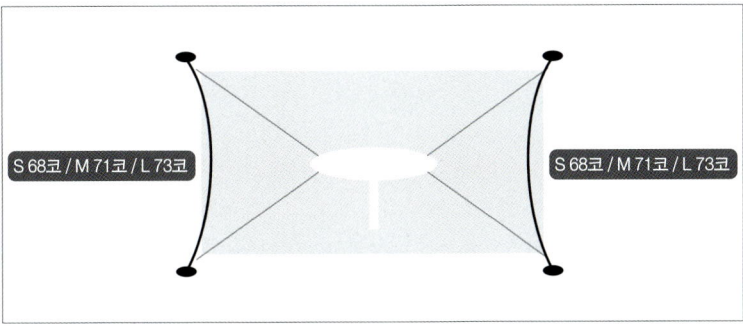

## 14. 별도 사슬 2개 만들어 주기

비슷한 굵기의 실을 준비해 주세요. 코바늘 8/0호로 사슬뜨기 코를 잡아 2개 완성해 주세요.
콧등에서 코를 주워야 하기 때문에 코를 느슨하게 잡아 주는 게 좋습니다.

- S 사이즈 : 사슬뜨기 5코로 2개 완성
- M 사이즈 : 사슬뜨기 6코로 2개 완성
- L 사이즈 : 사슬뜨기 8코로 2개 완성

**TIP** • 별도 사슬코는 뜨고 있는 실과 다른 색상으로 떠 주는 게 좋습니다.

[예시]

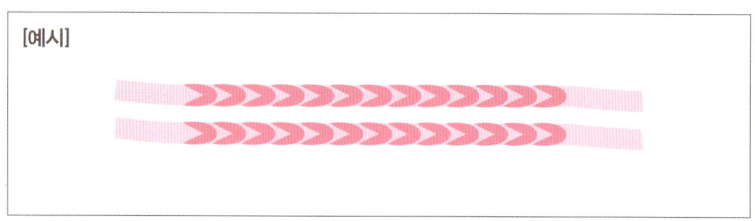

## 15. 별도 사슬 2개 만들어 주기

앞판과 뒤판, 겨드랑이를 합쳐 줄 차례입니다. 이때 80cm의 긴 케이블로 바꿔 주면 좋습니다.
홀수단을 뜨면서 하나의 바늘에 앞판, 뒤판, 겨드랑이 코가 모두 걸려 있도록 코를 합쳐 주세요.

**뜨개 순서**
뒤판 → 별도 사슬 콧등에서 코줍기 → 앞판 → 별도 사슬 콧등에서 코줍기

- S 사이즈 : (뒤판)92코 + (별도 사슬코)5코 + (앞판)92코 + (별도 사슬코)5코 = 총 194코
- M 사이즈 : (뒤판)96코 + (별도 사슬코)6코 + (앞판)96코 + (별도 사슬코)6코 = 총 204코
- L 사이즈 : (뒤판)98코 + (별도 사슬코)8코 + (앞판)98코 + (별도 사슬코)8코 = 총 212코

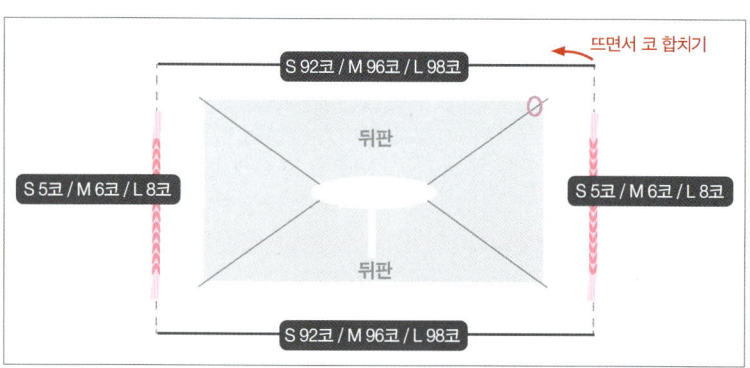

## 16. 몸통 뜨기

앞판과 뒤판, 겨드랑이 코가 한 바늘에 모두 합쳐졌습니다.
시작 지점만 마커로 표시해 주세요.
이제부터는 겉뜨기 원통 뜨기로 늘림 없이 쭉 떠 주세요.
배색의 패턴은 동일합니다. (배색 : 4단 / 메인색 : 6단)

- S 사이즈 : 194코로 72단 뜨기(69~140단)
- M 사이즈 : 204코로 72단 뜨기(71~142단)
- L 사이즈 : 212코로 72단 뜨기(73~144단)

TIP
- 몸통 길이는 입어 보면서 체형에 맞게 단수를 조절해도 됩니다.
- 단수를 조절할 때 배색 패턴에 맞게 완성하면 좋습니다.

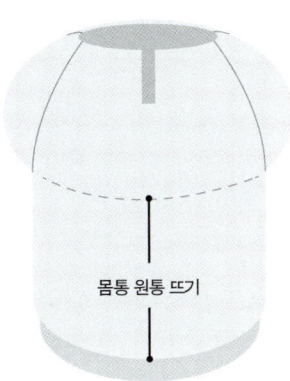

## 17. 몸통 밑단 뜨기

밑단 고무단을 뜨기 전에 겉뜨기(메인 색상)로 한 단 떠 주어야 고무단이 예쁘게 완성됩니다. 4mm 바늘로 겉뜨기 한 단을 뜨고 3.5mm 바늘로 바꾸어 1코 고무단을 떠 주세요.
밑단은 1코 고무뜨기로 16단 뜬 후 돗바늘 마무리, 혹은 엎어 코막음으로 마무리해 주세요.

- S 사이즈 : [141단] 겉뜨기 192코
  [142단]~[156단] 겉뜨기 + 안뜨기 + 겉뜨기 + 안뜨기 … 안뜨기
- M 사이즈 : [143단] 겉뜨기 204코
  [144단]~[158단] 겉뜨기 + 안뜨기 + 겉뜨기 + 안뜨기 … 안뜨기
- L 사이즈 : [145단] 겉뜨기 210코
  [146단]~[160단] 겉뜨기 + 안뜨기 + 겉뜨기 + 안뜨기 … 안뜨기

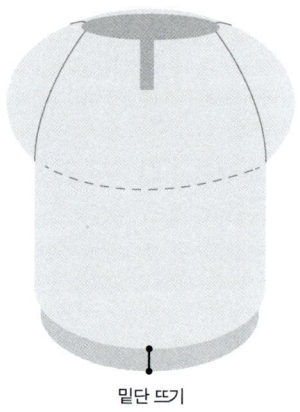

밑단 뜨기

## 18. 소매 코줍기

케이블에 걸려 있는 소매 코를 4mm 바늘에 옮겨 주세요.
소매 코와 별도 사슬코 콧등에서 코를 잡아 주세요.
이때 별도 사슬코 콧등에서는 늘어짐 코까지 잡혀 1코가 더 많아집니다.

> **TIP**
> - 소매를 뜰 때는 쇼트 팁에 짧은 케이블을 연결해 떠 주면 좋습니다. (조립식 대바늘이 아닌 짧은 나무 줄 대바늘도 좋습니다.)
> - 케이블 대신 자투리 실에 걸어 놓았을 경우 코의 방향을 잘 확인해 바늘에 옮겨 주세요.

- S 사이즈 : 소매 68코 + 콧등에서 6코 = 총 74코
- M 사이즈 : 소매 71코 + 콧등에서 7코 = 총 78코
- L 사이즈 : 소매 73코 + 콧등에서 9코 = 총 82코

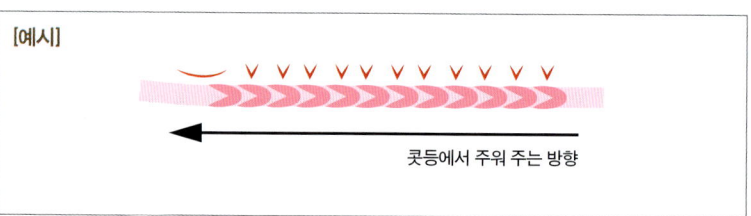

[예시]

콧등에서 주워 주는 방향

### 19. 소매 중심에서 뜨기 시작하기

별도 사슬에서 코를 주운 다음 시작 위치를 중간 지점으로 옮겨 주세요.

**TIP**
- 별도 사슬코에서 홀수코로 코가 주워집니다.
- 뜨개 방향은 겉뜨기로 뜰 수 있도록 정해 줍니다.

- S 사이즈 : 6코를 3코 (시작 위치) 3코로 나누어 시작
- M 사이즈 : 7코를 3코 (시작 위치) 4코로 나누어 시작
- L 사이즈 : 9코를 4코 (시작 위치) 5코로 나누어 시작

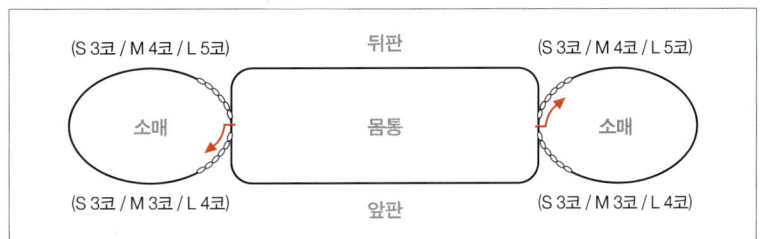

### 20. 소매 뜨기 전

소매 코와 별도 사슬코가 만나는 지점이 떨어져 있기 때문에 첫 번째 단을 뜨면서 2코가 만나는 지점을 모아뜨기로 줄여 줍니다.
소매 코와 별도 사슬코가 만나는 지점에서 2코를 한 번에 찔러 겉뜨기로 떠 주세요. 앞판에서 1코, 뒤판에서 1코가 줄어 총 2코가 줄어듭니다.

**TIP**
- 벌어져 있는 코를 붙이기 위해 모아뜨기로 떠 주는 것이기 때문에 왼코 줄이기로 모두 떠 주어도 완성 모양에는 전혀 지장을 주지 않습니다. 위치에 맞게 왼코 줄이기, 오른코 줄이기로 줄여 주어도 괜찮습니다. (다만 오른코 줄이기로 떠 주면 벌어진 구멍이 왼코 줄이기보다 큽니다.)

- S 사이즈 : (69단) 전체 콧수 74코 → 72코
- M 사이즈 : (71단) 전체 콧수 78코 → 76코
- L 사이즈 : (73단) 전체 콧수 82코 → 80코

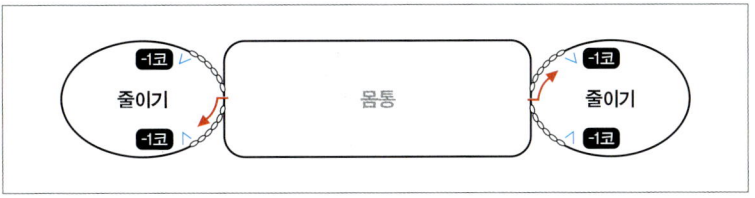

## 21. 소매 뜨기

소매 밑단까지 겉뜨기 원통 뜨기로 쭉 떠 주세요.
배색의 패턴은 동일합니다. (배색 : 4단 / 메인색 : 6단)
이때 10단에 2코씩 코줄임이 들어갑니다. 줄임단에 주의해서 떠 주세요.
단수를 조절해 반팔로 완성해도 좋습니다.
소매 줄임은 '시작 지점=첫코와 두 번째 코'를 (왼코 중심) 모아뜨기로 떠 주고, '마지막 지점=마지막 코와 마지막 전 코'를 (오른코 중심) 모아뜨기로 떠 주세요.
줄임 패턴은 10-2-8 (10단에 2코씩 8번 줄이기), 평단(줄임 없음)

소매 뜨기

### S 사이즈

| 배색 | | | | | | | | | |
|---|---|---|---|---|---|---|---|---|---|
| 69단 : 74코 (-2) | 79단 : 72코 (-2) | 89단 : 70코 (-2) | 99단 : 68코 (-2) | 109단 : 66코 (-2) | 119단 : 64코 (-2) | 129단 : 62코 (-2) | 139단 : 60코 (-2) | 149단 : 58코 | |
| 70단 : 72코 | 80단 : 70코 | 90단 : 68코 | 100단 : 66코 | 110단 : 64코 | 120단 : 62코 | 130단 : 60코 | 140단 : 58코 | 150단 : 58코 | |
| 71단 : 72코 | 81단 : 70코 | 91단 : 68코 | 101단 : 66코 | 111단 : 64코 | 121단 : 62코 | 131단 : 60코 | 141단 : 58코 | 151단 : 58코 | |
| 72단 : 72코 | 82단 : 70코 | 92단 : 68코 | 102단 : 66코 | 112단 : 64코 | 122단 : 62코 | 132단 : 60코 | 142단 : 58코 | 152단 : 58코 | |
| 73단 : 72코 | 83단 : 70코 | 93단 : 68코 | 103단 : 66코 | 113단 : 64코 | 123단 : 62코 | 133단 : 60코 | 143단 : 58코 | | |
| 74단 : 72코 | 84단 : 70코 | 94단 : 68코 | 104단 : 66코 | 114단 : 64코 | 124단 : 62코 | 134단 : 60코 | 144단 : 58코 | | |
| 75단 : 72코 | 85단 : 70코 | 95단 : 68코 | 105단 : 66코 | 115단 : 64코 | 125단 : 62코 | 135단 : 60코 | 145단 : 58코 | | |
| 76단 : 72코 | 86단 : 70코 | 96단 : 68코 | 106단 : 66코 | 116단 : 64코 | 126단 : 62코 | 136단 : 60코 | 146단 : 58코 | | |
| 77단 : 72코 | 87단 : 70코 | 97단 : 68코 | 107단 : 66코 | 117단 : 64코 | 127단 : 62코 | 137단 : 60코 | 147단 : 58코 | | |
| 78단 : 72코 | 88단 : 70코 | 98단 : 68코 | 108단 : 66코 | 118단 : 64코 | 128단 : 62코 | 138단 : 60코 | 148단 : 58코 | | |

10-2-8
(10단에 2코씩 2번 줄이기)

**M 사이즈**

| 배색 | | | | | | | | | |
|---|---|---|---|---|---|---|---|---|---|
| 71단 : 78코 (-2) | 81단 : 76코 (-2) | 91단 : 74코 (-2) | 101단 : 72코 (-2) | 111단 : 70코 (-2) | 121단 : 68코 (-2) | 131단 : 66코 (-2) | 141단 : 64코 (-2) | 151단 : 62코 | |
| 72단 : 76코 | 82단 : 74코 | 92단 : 72코 | 102단 : 70코 | 112단 : 68코 | 122단 : 66코 | 132단 : 64코 | 142단 : 62코 | 152단 : 62코 | |
| 73단 : 76코 | 83단 : 74코 | 93단 : 72코 | 103단 : 70코 | 113단 : 68코 | 123단 : 66코 | 133단 : 64코 | 143단 : 62코 | 153단 : 62코 | |
| 74단 : 76코 | 84단 : 74코 | 94단 : 72코 | 104단 : 70코 | 114단 : 68코 | 124단 : 66코 | 134단 : 64코 | 144단 : 62코 | 154단 : 62코 | |
| 75단 : 76코 | 85단 : 74코 | 95단 : 72코 | 105단 : 70코 | 115단 : 68코 | 125단 : 66코 | 135단 : 64코 | 145단 : 62코 | | |
| 76단 : 76코 | 86단 : 74코 | 96단 : 72코 | 106단 : 70코 | 116단 : 68코 | 126단 : 66코 | 136단 : 64코 | 146단 : 62코 | | |
| 77단 : 76코 | 87단 : 74코 | 97단 : 72코 | 107단 : 70코 | 117단 : 68코 | 127단 : 66코 | 137단 : 64코 | 147단 : 62코 | | |
| 78단 : 76코 | 88단 : 74코 | 98단 : 72코 | 108단 : 70코 | 118단 : 68코 | 128단 : 66코 | 138단 : 64코 | 148단 : 62코 | | |
| 79단 : 76코 | 89단 : 74코 | 99단 : 72코 | 109단 : 70코 | 119단 : 68코 | 129단 : 66코 | 139단 : 64코 | 149단 : 62코 | | |
| 80단 : 76코 | 90단 : 74코 | 100단 : 72코 | 110단 : 70코 | 120단 : 68코 | 130단 : 66코 | 140단 : 64코 | 150단 : 62코 | | |

10-2-8
(10단에 2코씩 2번 줄이기)

**L 사이즈**

| 배색 | | | | | | | | | |
|---|---|---|---|---|---|---|---|---|---|
| 73단 : 82코 (-2) | 83단 : 80코 (-2) | 93단 : 78코 (-2) | 103단 : 76코 (-2) | 113단 : 74코 (-2) | 123단 : 72코 (-2) | 133단 : 70코 (-2) | 143단 : 68코 (-2) | 153단 : 66코 | |
| 74단 : 80코 | 84단 : 78코 | 94단 : 76코 | 104단 : 74코 | 114단 : 72코 | 124단 : 70코 | 134단 : 68코 | 144단 : 66코 | 154단 : 66코 | |
| 75단 : 80코 | 85단 : 78코 | 95단 : 76코 | 105단 : 74코 | 115단 : 72코 | 125단 : 70코 | 135단 : 68코 | 145단 : 66코 | 155단 : 66코 | |
| 76단 : 80코 | 86단 : 78코 | 96단 : 76코 | 106단 : 74코 | 116단 : 72코 | 126단 : 70코 | 136단 : 68코 | 146단 : 66코 | 156단 : 66코 | |
| 77단 : 80코 | 87단 : 78코 | 97단 : 76코 | 107단 : 74코 | 117단 : 72코 | 127단 : 70코 | 137단 : 68코 | 147단 : 66코 | | |
| 78단 : 80코 | 88단 : 78코 | 98단 : 76코 | 108단 : 74코 | 118단 : 72코 | 128단 : 70코 | 138단 : 68코 | 148단 : 66코 | | |
| 79단 : 80코 | 89단 : 78코 | 99단 : 76코 | 109단 : 74코 | 119단 : 72코 | 129단 : 70코 | 139단 : 68코 | 149단 : 66코 | | |
| 80단 : 80코 | 90단 : 78코 | 100단 : 76코 | 110단 : 74코 | 120단 : 72코 | 130단 : 70코 | 140단 : 68코 | 150단 : 66코 | | |
| 81단 : 80코 | 91단 : 78코 | 101단 : 76코 | 111단 : 74코 | 121단 : 72코 | 131단 : 70코 | 141단 : 68코 | 151단 : 66코 | | |
| 82단 : 80코 | 92단 : 78코 | 102단 : 76코 | 112단 : 74코 | 122단 : 72코 | 132단 : 70코 | 142단 : 68코 | 152단 : 66코 | | |

10-2-8
(10단에 2코씩 2번 줄이기)

## 22. 소매 밑단 뜨기

밑단 고무단을 뜨기 전에 겉뜨기(메인 색상)로 한 단 떠 주어야 고무단이 예쁘게 완성됩니다.

한 단을 겉뜨기로 뜬 후 3.5mm 바늘로 바꿔 고무단을 떠 주세요.

고무단은 배색 없이 메인 색상으로 떠 주세요.

밑단은 1코 고무뜨기로 16단 뜬 후 돗바늘 마무리, 혹은 엎어 코막음으로 마무리해 주세요.

- S 사이즈 : [153단] 겉뜨기 58코
  [154단]~[168단] 겉뜨기 + 안뜨기 + 겉뜨기 + 안뜨기 … 안뜨기

- M 사이즈 : [155단] 겉뜨기 62코
  [156단]~[170단] 겉뜨기 + 안뜨기 + 겉뜨기 + 안뜨기 … 안뜨기
- L 사이즈 : [157단] 겉뜨기 66코
  [158단]~[172단] 겉뜨기 + 안뜨기 + 겉뜨기 + 안뜨기 … 안뜨기

소매 밑단 뜨기

## 23. '18~22'를 참고하여 반대편 소매 뜨기

18~22를 참고하여 반대편 소매도 완성해 주세요.

## 24. 마무리

옷이 완성되었습니다. 옷 안쪽에 있는 실들을 돗바늘을 사용해 숨겨 주세요. 겨드랑이 부분이 늘어나서 구멍이 보인다면 돗바늘을 사용해 구멍을 조여 주세요.

## 06
# 커팅 칼라 카디건

넓은 고무단의 느낌을 전체적으로 살린 디자인입니다.
네크라인에서 꺾이는 사선 부분 늘림단에 주의해 주세요.
일자로 떨어지는 넉넉한 핏으로 완성하기 위해 모든 마무리를 엎어 코막음으로 해 주었습니다.
돗바늘 마무리가 어려운 초보자분들에게 부담이 없는 방법이에요.

| | |
|---|---|
| **전체 사이즈** | **사이즈** S, M, L |
| | **가슴** S : 47cm, M : 50cm, L : 55cm |
| | **목-소매끝** S : 67cm, M : 68cm, L : 70cm |
| | **암홀** S : 20cm, M : 21cm, L : 23cm |
| | **소매너비** S : 16cm, M : 17cm, L : 20cm |
| | **총 길이** S : 53cm, M : 55cm, L : 58cm |
| **게이지** | 10cm×10cm 16코, 22단 / 1cm=1.6코 1cm=2.2단 |
| **사용한 바늘** | 조립식 대바늘 4.5mm, 4mm(시작, 소매 40cm 케이블, 몸통 60~120cm 케이블) |
| **실 소요량** | S, M, L 모두 멜로우얀 100g×6볼 |
| **난이도** | ●●○○○ |

**디자인 코멘트**

스웨터는 다양한 네크라인 디자인이 가능하지만 카디건은 라운드 네크라인 아니면 브이 네크라인뿐이더라고요. 문득 2코 고무단만의 느낌에 꽂혀 만들게 된 카디건이에요. 2코 고무단 느낌이 잘 보이게 오픈형 카디건으로 완성해 주었어요. 넉넉한 핏으로 편하게 입기 좋아요.

## 1. 기초코 잡기

**1단**

멜로우얀 2겹으로 떠 주세요. 40cm 케이블을 연결한 4.5mm 대바늘에 기초코(S 50코, M 50코, L 56코)를 잡아 주세요. 원통 뜨기가 아닌 평면 뜨기로 떠 주세요.

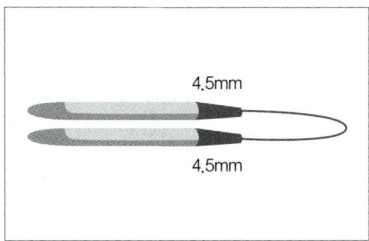

## 2. 앞판, 소매, 뒤판, 소매를 마커로 나누기

2단부터 뜨기 시작입니다. 2단에서는 안뜨기로 뜨면서 마커로 섹션을 나누어 줍니다. 홀수단에서는 겉뜨기, 짝수단에서는 안뜨기로 떠 주세요.

**2단**

**앞판**　안뜨기(S 2코, M 2코, L 2코)
**소매** ◯ 안뜨기(S 8코, M 8코, L 10코)
**뒤판** ◯ 안뜨기(S 30코, M 30코, L 32코)
**소매** ◯ 안뜨기(S 8코, M 8코, L 10코)
**앞판** ◯ 안뜨기(S 2코, M 2코, L 2코)

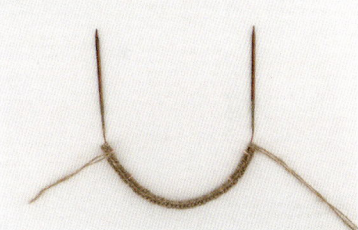

## 3. 홀수단 : 코 늘리기

코늘림은 홀수단에서 들어갑니다.

### 3단
**앞판** 겉뜨기(S 1코, M 1코, L 1코) + 오른코 늘리기 + 겉뜨기 1코
**소매** ○겉뜨기(S 8코, M 8코, L 10코)
**뒤판** ○겉뜨기(S 30코, M 30코, L 32코)
**소매** ○겉뜨기(S 8코, M 8코, L 10코)
**앞판** ○겉뜨기(S 1코, M 1코, L 1코) + 왼코 늘리기 + 겉뜨기 1코

**TIP** • 마커 기준으로 양옆 겉뜨기 2코는 래글런 선(목에서 겨드랑이까지 내려오는 대각선)이 됩니다.

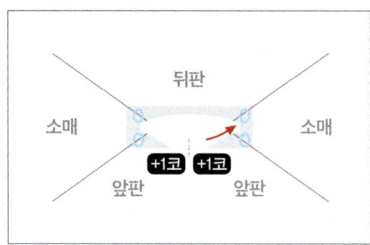

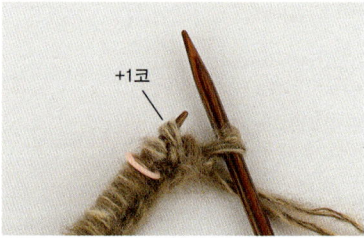

[시작-앞판 부분]

[끝-앞판 부분]

## 4. 짝수단 : 코늘림 확인하면서 뜨기

홀수단에서 맞게 늘어났는지 짝수단을 뜨면서 확인해 주세요.

### 4단
**앞판** 안뜨기(S 3코, M 3코, L 3코)
**소매** ○안뜨기(S 8코, M 8코, L 10코)
**뒤판** ○안뜨기(S 30코, M 30코, L 32코)
**소매** ○안뜨기(S 8코, M 8코, L 10코)
**앞판** ○안뜨기(S 3코, M 3코, L 3코)

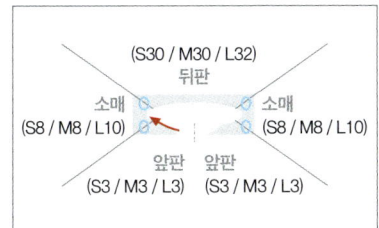

## 5. '3~4'를 반복해서 겨드랑이 지점까지 뜨기

3~4를 참고하여 브이 네크라인이 합쳐지는 지점까지 반복해서 떠 주세요.
★에서는 10코가 늘어납니다. 매 홀수단 늘림 콧수가 다르기 때문에 주의해서 떠 주세요.
홀수단 : 늘림단, 짝수단 : 늘림 없는 단, 마커는 /로 표시

> **TIP** • 코가 점점 늘어나기 때문에 짧은 케이블로 뜨기 시작했다면 긴 케이블로 바꾸어 떠 주세요.

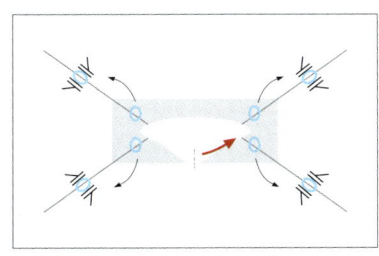

= 왼코 늘리기    = 오른코 늘리기

### ★5단
겉뜨기 1코 + 왼코 늘리기 + 겉뜨기(S 1코, M 1코, L 1코) + 오른코 늘리기 + 겉뜨기 1코
/ 겉뜨기 1코 + 왼코 늘리기 + 겉뜨기(S 6코, M 6코, L 8코) + 오른코 늘리기 + 겉뜨기 1코
/ 겉뜨기 1코 + 왼코 늘리기 + 겉뜨기(S 28코, M 28코, L 30코) + 오른코 늘리기 + 겉뜨기 1코
/ 겉뜨기 1코 + 왼코 늘리기 + 겉뜨기(S 6코, M 6코, L 8코) + 오른코 늘리기 + 겉뜨기 1코
/ 겉뜨기 1코 + 왼코 늘리기 + 겉뜨기(S 1코, M 1코, L 1코) + 오른코 늘리기 + 겉뜨기 1코

### 6단
안뜨기 5코 / 안뜨기(S 10코, M 10코, L 12코) / 안뜨기(S 32코, M 32코, L 34코) / 안뜨기(S 10코, L 10코, L 12코) / 안뜨기 5코

### 7단
겉뜨기 2코 + 오른코 늘리기 + 겉뜨기 3코
/ 겉뜨기(S 10코, M 10코, L 12코) / 겉뜨기(S 32코, M 32코, L 34코) / 겉뜨기(S 10코, M 10코, L 12코)
/ 겉뜨기 3코 + 왼코 늘리기 + 겉뜨기 2코

### 8단
안뜨기 6코 / 안뜨기(S 10코, M 10코, L 12코) / 안뜨기(S 32코, M 32코, L 34코) / 안뜨기(S

10코, M 10코, L 12코)
/ 안뜨기 6코

★9단

겉뜨기 2코 + 왼코 늘리기 + 겉뜨기 3코 + 오른코 늘리기 + 겉뜨기 1코
/ 겉뜨기 1코 + 왼코 늘리기 + 겉뜨기(S 8코, M 8코, L 10코) + 오른코 늘리기 + 겉뜨기 1코
/ 겉뜨기 1코 + 왼코 늘리기 + 겉뜨기(S 30코, M 30코, L 32코) + 오른코 늘리기 + 겉뜨기 1코
/ 겉뜨기 1코 + 왼코 늘리기 + 겉뜨기(S 8코, M 8코, L 10코) + 오른코 늘리기 + 겉뜨기 1코
겉뜨기 1코 + 왼코 늘리기 + 겉뜨기 3코 + 오른코 늘리기 + 겉뜨기 2코

10단

안뜨기 8코 / 안뜨기(S 12코, M 12코, L 14코) / 안뜨기(S 34코, M 34코, L 36코) / 안뜨기(S 12코, M 12코, L 14코)
/ 안뜨기 8코

11단

겉뜨기 2코 + 왼코 늘리기 + 겉뜨기 6코
/ 겉뜨기(S 12코, M 12코, L 14코) / 겉뜨기(S 34코, M 34코, L 36코) / 겉뜨기(S 12코, M 12코, L 14코)
겉뜨기 6코 + 왼코 늘리기 + 겉뜨기 2코

12단

안뜨기 9코 / 안뜨기(S 12코, M 12코, L 14코) / 안뜨기(S 34코, M 34코, L 36코) / 안뜨기(S 12코, M 12코, L 14코)
/ 안뜨기 9코

★13단

겉뜨기 2코 + 왼코 늘리기 + 겉뜨기 6코 + 오른코 늘리기 + 겉뜨기 1코
/ 겉뜨기 1코 + 왼코 늘리기 + 겉뜨기(S 10코, M 10코, L 12코) + 오른코 늘리기 + 겉뜨기 1코
/ 겉뜨기 1코 + 왼코 늘리기 + 겉뜨기(S 32코, M 32코, L 34코) + 오른코 늘리기 + 겉뜨기 1코
/ 겉뜨기 1코 + 왼코 늘리기 + 겉뜨기(S 10코, M 10코, L 12코) + 오른코 늘리기 + 겉뜨기 1코
겉뜨기 1코 + 왼코 늘리기 + 겉뜨기 6코 + 오른코 늘리기 + 겉뜨기 2코

14단

안뜨기 11코 / 안뜨기(S 14코, M 14코, L 16코) / 안뜨기(S 36코, M 36코, L 38코) / 안뜨기(S 14코, M 14코, L 16코)
/ 안뜨기 11코

15단

겉뜨기 2코 + 왼코 늘리기 + 겉뜨기 9코
/ 겉뜨기(S 14코, M 14코, L 16코) / 겉뜨기(S 36코, M 36코, L 38코) / 겉뜨기(S 14코, M 14코, L 16코)
겉뜨기 9코 + 왼코 늘리기 + 겉뜨기 2코

16단

안뜨기 12코 / 안뜨기(S 14코, M 14코, L 16코) / 안뜨기(S 36코, M 36코, L 38코) / 안뜨기(S 14코, M 14코, L 16코)
/ 안뜨기 12코

**★17단**

겉뜨기 2코 + 왼코 늘리기 + 겉뜨기 9코 + 오른코 늘리기 + 겉뜨기 1코
/ 겉뜨기 1코 + 왼코 늘리기 + 겉뜨기(S 12코, M 12코, L 14코) + 오른코 늘리기 + 겉뜨기 1코
/ 겉뜨기 1코 + 왼코 늘리기 + 겉뜨기(S 34코, M 34코, L 36코) + 오른코 늘리기 + 겉뜨기 1코
/ 겉뜨기 1코 + 왼코 늘리기 + 겉뜨기(S 12코, M 12코, L 14코) + 오른코 늘리기 + 겉뜨기 1코
겉뜨기 1코 + 왼코 늘리기 + 겉뜨기 9코 + 오른코 늘리기 + 겉뜨기 2코

**18단**

안뜨기 14코 / 안뜨기(S 16코, M 16코, L 18코) / 안뜨기(S 38코, M 38코, L 40코) / 안뜨기 (S 16코, M 16코, L 18코)
/ 안뜨기 14코

**19단**

겉뜨기 2코 + 왼코 늘리기 + 겉뜨기 12코
/ 겉뜨기(S 16코, M 16코, L 18코) / 겉뜨기(S 38코, M 38코, L 40코) / 겉뜨기(S 16코, M 16코, L 18코)
겉뜨기 12코 + 왼코 늘리기 + 겉뜨기 2코

**20단**

안뜨기 15코 / 안뜨기(S 16코, M 16코, L 18코) / 안뜨기(S 38코, M 38코, L 40코) / 안뜨기 (S 16코, M 16코, L 18코)
/ 안뜨기 15코

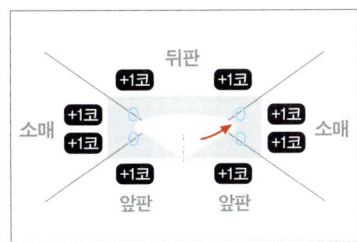

**21단**

겉뜨기 14코 + 오른코 늘리기 + 겉뜨기 1코
/ 겉뜨기 1코 + 왼코 늘리기 + 겉뜨기(S 14코, M 14코, L 16코) + 오른코 늘리기 + 겉뜨기 1코
/ 겉뜨기 1코 + 왼코 늘리기 + 겉뜨기(S 36코, M 36코, L 38코) + 오른코 늘리기 + 겉뜨기 1코
/ 겉뜨기 1코 + 왼코 늘리기 + 겉뜨기(S 14코, M 14코, L 16코) + 오른코 늘리기 + 겉뜨기 1코
겉뜨기 1코 + 왼코 늘리기 + 겉뜨기 14코

**22단**

안뜨기 16코 / 안뜨기(S 18코, M 18코, L 20코) / 안뜨기(S 40코, M 40코, L 42코) / 안뜨기 (S 18코, M 18코, L 20코)
/ 안뜨기 16코

**23단**

겉뜨기 16코 / 겉뜨기(S 18코, M 18코, L 20코) / 겉뜨기(S 40코, M 40코, L 42코) / 겉뜨기 (S 18코, M 18코, L 20코)
/ 겉뜨기 16코

**24단**

안뜨기 16코 / 안뜨기(S 18코, M 18코, L 20코) / 안뜨기(S 40코, M 40코, L 42코) / 안뜨기(S 18코, M 18코, L 20코)
/ 안뜨기 16코

**25단부터**
매 홀수단 (앞판/소매/뒤판/소매/앞판) 각 섹션에서 2코씩 늘어납니다. 2단에 8코씩 늘어납니다.

**25단**

겉뜨기 15코 + 오른코 늘리기 + 겉뜨기 1코
/ 겉뜨기 1코 + 왼코 늘리기 + 겉뜨기(S 16코, M 16코, L 18코) + 오른코 늘리기 + 겉뜨기 1코
/ 겉뜨기 1코 + 왼코 늘리기 + 겉뜨기(S 38코, M 38코, L 40코) + 오른코 늘리기 + 겉뜨기 1코
/ 겉뜨기 1코 + 왼코 늘리기 + 겉뜨기(S 16코, M 16코, L 18코) + 오른코 늘리기 + 겉뜨기 1코
겉뜨기 1코 + 왼코 늘리기 + 겉뜨기 15코

**26단**

안뜨기 17코 / 안뜨기(S 20코, M 20코, L 22코) / 안뜨기(S 42코, M 42코, L 44코) / 안뜨기(S 20코, M 20코, L 22코)
/ 안뜨기 17코

**27단**

겉뜨기 16코 + 오른코 늘리기 + 겉뜨기 1코
/ 겉뜨기 1코 + 왼코 늘리기 + 겉뜨기(S 18코, M 18코, L 20코) + 오른코 늘리기 + 겉뜨기 1코
/ 겉뜨기 1코 + 왼코 늘리기 + 겉뜨기(S 40코, M 40코, L 42코) + 오른코 늘리기 + 겉뜨기 1코
/ 겉뜨기 1코 + 왼코 늘리기 + 겉뜨기(S 18코, M 18코, L 20코) + 오른코 늘리기 + 겉뜨기 1코
겉뜨기 1코 + 왼코 늘리기 + 겉뜨기 16코

**28단**

안뜨기 18코 / 안뜨기(S 22코, M 22코, L 24코) / 안뜨기(S 44코, M 44코, L 46코) / 안뜨기(S 22코, M 22코, L 24코)
/ 안뜨기 18코

**29단**

겉뜨기 17코 + 오른코 늘리기 + 겉뜨기 1코
/ 겉뜨기 1코 + 왼코 늘리기 + 겉뜨기(S 20코, M 20코, L 22코) + 오른코 늘리기 + 겉뜨기 1코
/ 겉뜨기 1코 + 왼코 늘리기 + 겉뜨기(S 42코, M 42코, L 44코) + 오른코 늘리기 + 겉뜨기 1코
/ 겉뜨기 1코 + 왼코 늘리기 + 겉뜨기(S 20코, M 20코, L 22코) + 오른코 늘리기 + 겉뜨기 1코
겉뜨기 1코 + 왼코 늘리기 + 겉뜨기 17코

**30단**

안뜨기 19코 / 안뜨기(S 24코, M 24코, L 26코) / 안뜨기(S 46코, M 46코, L 48코) / 안뜨기(S 24코, M 24코, L 26코)
/ 안뜨기 19코

**31단**

겉뜨기 18코 + 오른코 늘리기 + 겉뜨기 1코
/ 겉뜨기 1코 + 왼코 늘리기 + 겉뜨기(S 22코, M 22코, L 24코) + 오른코 늘리기 + 겉뜨기 1코
/ 겉뜨기 1코 + 왼코 늘리기 + 겉뜨기(S 44코, M 44코, L 46코) + 오른코 늘리기 + 겉뜨기 1코
/ 겉뜨기 1코 + 왼코 늘리기 + 겉뜨기(S 22코, M 22코, L 24코) + 오른코 늘리기 + 겉뜨기 1코
겉뜨기 1코 + 왼코 늘리기 + 겉뜨기 18코

### 32단
안뜨기 20코 / 안뜨기(S 26코, M 26코, L 28코) / 안뜨기(S 48코, M 48코, L 50코) / 안뜨기(S 26코, M 26코, L 28코)
/ 안뜨기 20코

### 33단
겉뜨기 19코 + 오른코 늘리기 + 겉뜨기 1코
/ 겉뜨기 1코 + 왼코 늘리기 + 겉뜨기(S 24코, M 24코, L 26코) + 오른코 늘리기 + 겉뜨기 1코
/ 겉뜨기 1코 + 왼코 늘리기 + 겉뜨기(S 46코, M 46코, L 48코) + 오른코 늘리기 + 겉뜨기 1코
/ 겉뜨기 1코 + 왼코 늘리기 + 겉뜨기(S 24코, M 24코, L 26코) + 오른코 늘리기 + 겉뜨기 1코
겉뜨기 1코 + 왼코 늘리기 + 겉뜨기 19코

### 34단
안뜨기 21코 / 안뜨기(S 28코, M 28코, L 30코) / 안뜨기(S 50코, M 50코, L 52코) / 안뜨기(S 28코, M 28코, L 30코)
/ 안뜨기 21코

### 35단
겉뜨기 20코 + 오른코 늘리기 + 겉뜨기 1코
/ 겉뜨기 1코 + 왼코 늘리기 + 겉뜨기(S 26코, M 26코, L 28코) + 오른코 늘리기 + 겉뜨기 1코
/ 겉뜨기 1코 + 왼코 늘리기 + 겉뜨기(S 48코, M 48코, L 50코) + 오른코 늘리기 + 겉뜨기 1코
/ 겉뜨기 1코 + 왼코 늘리기 + 겉뜨기(S 26코, M 26코, L 28코) + 오른코 늘리기 + 겉뜨기 1코
겉뜨기 1코 + 왼코 늘리기 + 겉뜨기 20코

### 36단
안뜨기 22코 / 안뜨기(S 30코, M 30코, L 32코) / 안뜨기(S 52코, M 52코, L 54코) / 안뜨기(S 30코, M 30코, L 32코)
/ 안뜨기 22코

### 37단
겉뜨기 21코 + 오른코 늘리기 + 겉뜨기 1코
/ 겉뜨기 1코 + 왼코 늘리기 + 겉뜨기(S 28코, M 28코, L 30코) + 오른코 늘리기 + 겉뜨기 1코
/ 겉뜨기 1코 + 왼코 늘리기 + 겉뜨기(S 50코, M 50코, L 52코) + 오른코 늘리기 + 겉뜨기 1코
/ 겉뜨기 1코 + 왼코 늘리기 + 겉뜨기(S 28코, M 28코, L 30코) + 오른코 늘리기 + 겉뜨기 1코
겉뜨기 1코 + 왼코 늘리기 + 겉뜨기 21코

### 38단
안뜨기 23코 / 안뜨기(S 32코, M 32코, L 34코) / 안뜨기(S 54코, M 54코, L 56코) / 안뜨기(S 32코, M 32코, L 34코)
/ 안뜨기 23코

### 39단
겉뜨기 22코 + 오른코 늘리기 + 겉뜨기 1코

/ 겉뜨기 1코 + 왼코 늘리기 + 겉뜨기(S 30코, M 30코, L 32코) + 오른코 늘리기 + 겉뜨기 1코
/ 겉뜨기 1코 + 왼코 늘리기 + 겉뜨기(S 52코, M 52코, L 54코) + 오른코 늘리기 + 겉뜨기 1코
/ 겉뜨기 1코 + 왼코 늘리기 + 겉뜨기(S 30코, M 30코, L 32코) + 오른코 늘리기 + 겉뜨기 1코
겉뜨기 1코 + 왼코 늘리기 + 겉뜨기 22코

**40단**

안뜨기 24코 / 안뜨기(S 34코, M 34코, L 36코) / 안뜨기(S 56코, M 56코, L 58코) / 안뜨기(S 34코, M 34코, L 36코)
/ 안뜨기 24코

**41단**

겉뜨기 23코 + 오른코 늘리기 + 겉뜨기 1코
/ 겉뜨기 1코 + 왼코 늘리기 + 겉뜨기(S 32코, M 32코, L 34코) + 오른코 늘리기 + 겉뜨기 1코
/ 겉뜨기 1코 + 왼코 늘리기 + 겉뜨기(S 54코, M 54코, L 56코) + 오른코 늘리기 + 겉뜨기 1코
/ 겉뜨기 1코 + 왼코 늘리기 + 겉뜨기(S 32코, M 32코, L 34코) + 오른코 늘리기 + 겉뜨기 1코
겉뜨기 1코 + 왼코 늘리기 + 겉뜨기 23코

**42단**

안뜨기 25코 / 안뜨기(S 36코, M 36코, L 38코) / 안뜨기(S 58코, M 58코, L 60코) / 안뜨기(S 36코, M 36코, L 38코)
/ 안뜨기 25코

**43단**

겉뜨기 24코 + 오른코 늘리기 + 겉뜨기 1코
/ 겉뜨기 1코 + 왼코 늘리기 + 겉뜨기(S 34코, M 34코, L 36코) + 오른코 늘리기 + 겉뜨기 1코
/ 겉뜨기 1코 + 왼코 늘리기 + 겉뜨기(S 56코, M 56코, L 58코) + 오른코 늘리기 + 겉뜨기 1코
/ 겉뜨기 1코 + 왼코 늘리기 + 겉뜨기(S 34코, M 34코, L 36코) + 오른코 늘리기 + 겉뜨기 1코
겉뜨기 1코 + 왼코 늘리기 + 겉뜨기 24코

**44단**

안뜨기 26코 / 안뜨기(S 38코, M 38코, L 40코) / 안뜨기(S 60코, M 60코, L 62코) / 안뜨기(S 38코, M 38코, L 40코)
/ 안뜨기 26코

**45단**

겉뜨기 25코 + 오른코 늘리기 + 겉뜨기 1코
/ 겉뜨기 1코 + 왼코 늘리기 + 겉뜨기(S 36코, M 36코, L 38코) + 오른코 늘리기 + 겉뜨기 1코
/ 겉뜨기 1코 + 왼코 늘리기 + 겉뜨기(S 58코, M 58코, L 60코) + 오른코 늘리기 + 겉뜨기 1코
/ 겉뜨기 1코 + 왼코 늘리기 + 겉뜨기(S 36코, M 36코, L 38코) + 오른코 늘리기 + 겉뜨기 1코
겉뜨기 1코 + 왼코 늘리기 + 겉뜨기 25코

**46단**

안뜨기 27코 / 안뜨기(S 40코, M 40코, L 42코) / 안뜨기(S 62코, M 62코, L 64코) / 안뜨기(S 40코, M 40코, L 42코)
/ 안뜨기 27코

**47단**

겉뜨기 26코 + 오른코 늘리기 + 겉뜨기 1코
/ 겉뜨기 1코 + 왼코 늘리기 + 겉뜨기(S 38코, M 38코, L 40코) + 오른코 늘리기 + 겉뜨기 1코

/ 겉뜨기 1코 + 왼코 늘리기 + 겉뜨기(S 60코, M 60코, L 62코) + 오른코 늘리기 + 겉뜨기 1코
/ 겉뜨기 1코 + 왼코 늘리기 + 겉뜨기(S 38코, M 38코, L 40코) + 오른코 늘리기 + 겉뜨기 1코
겉뜨기 1코 + 왼코 늘리기 + 겉뜨기 26코

**48단**
안뜨기 28코 / 안뜨기(S 42코, M 42코, L 44코) / 안뜨기(S 64코, M 64코, L 66코) / 안뜨기(S 42코, M 42코, L 44코)
/ 안뜨기 28코

**49단**
겉뜨기 27코 + 오른코 늘리기 + 겉뜨기 1코
/ 겉뜨기 1코 + 왼코 늘리기 + 겉뜨기(S 40코, M 40코, L 42코) + 오른코 늘리기 + 겉뜨기 1코
/ 겉뜨기 1코 + 왼코 늘리기 + 겉뜨기(S 62코, M 62코, L 64코) + 오른코 늘리기 + 겉뜨기 1코
/ 겉뜨기 1코 + 왼코 늘리기 + 겉뜨기(S 40코, M 40코, L 42코) + 오른코 늘리기 + 겉뜨기 1코
겉뜨기 1코 + 왼코 늘리기 + 겉뜨기 27코

**50단**  S 사이즈는 50단까지 뜬 후 '6. 단수와 콧수 확인' 단계로 넘어가 이어서 떠 주세요.
안뜨기 29코 / 안뜨기(S 44코, M 44코, L 46코) / 안뜨기(S 66코, M 66코, L 68코) / 안뜨기(S 44코, M 44코, L 46코)
/ 안뜨기 29코

**51단**
겉뜨기 28코 + 오른코 늘리기 + 겉뜨기 1코
/ 겉뜨기 1코 + 왼코 늘리기 + 겉뜨기(M 42코, L 44코) + 오른코 늘리기 + 겉뜨기 1코
/ 겉뜨기 1코 + 왼코 늘리기 + 겉뜨기(M 64코, L 66코) + 오른코 늘리기 + 겉뜨기 1코
/ 겉뜨기 1코 + 왼코 늘리기 + 겉뜨기(M 42코, L 44코) + 오른코 늘리기 + 겉뜨기 1코
겉뜨기 1코 + 왼코 늘리기 + 겉뜨기 28코

**52단**  M 사이즈는 52단까지 뜬 후 '6. 단수와 콧수 확인' 단계로 넘어가 이어서 떠 주세요.
안뜨기 30코 / 안뜨기(M 46코, L 48코) / 안뜨기(M 68코, L 70코) / 안뜨기(M 46코, L 48코)
/ 안뜨기 30코

**53단**
겉뜨기 29코 + 오른코 늘리기 + 겉뜨기 1코
/ 겉뜨기 1코 + 왼코 늘리기 + 겉뜨기(L 46코) + 오른코 늘리기 + 겉뜨기 1코
/ 겉뜨기 1코 + 왼코 늘리기 + 겉뜨기(L 68코) + 오른코 늘리기 + 겉뜨기 1코
/ 겉뜨기 1코 + 왼코 늘리기 + 겉뜨기(L 46코) + 오른코 늘리기 + 겉뜨기 1코
겉뜨기 1코 + 왼코 늘리기 + 겉뜨기 29코

**54단**
안뜨기 31코 / 안뜨기(L 50코) / 안뜨기(L 72코) / 안뜨기(L 50코) / 안뜨기 31코

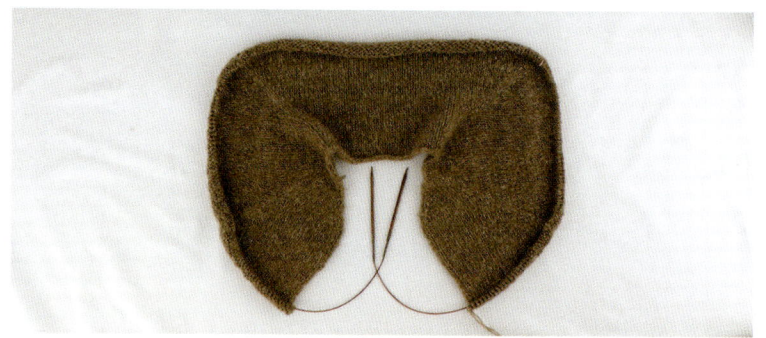

## 6. 단수와 콧수 확인

각 사이즈별로 단수와 콧수를 확인해 주세요. (마커는 /로 표시)

- S 사이즈 : 50단의 전체 콧수 (앞판)29 / (소매)44 / (뒤판)66 / (소매)44 / (앞판)29
- M 사이즈 : 52단의 전체 콧수 (앞판)30 / (소매)46 / (뒤판)68 / (소매)46 / (앞판)30
- L 사이즈 : 54단의 전체 콧수 (앞판)31 / (소매)50 / (뒤판)72 / (소매)50 / (앞판)31

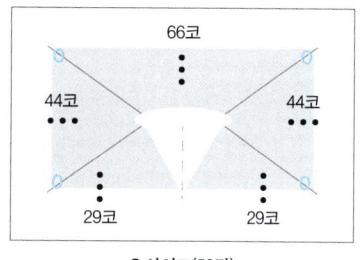

S 사이즈(50단)

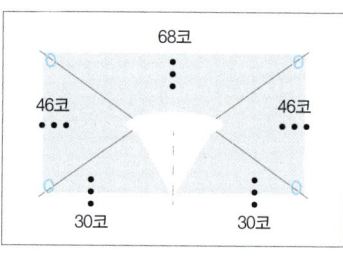

M 사이즈(52단)

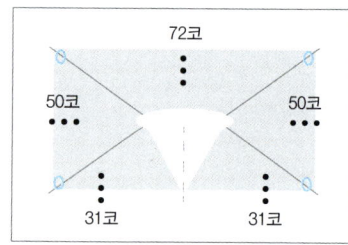

L 사이즈(54단)

## 7. 양쪽 소매 코 케이블에 걸어 두기

양쪽 소매를 케이블에 걸고 케이블 마개로 막아 주세요.

**TIP**
- 여분의 케이블이 없다면 자투리 실과 돗바늘을 준비해 주세요.
- 자투리 실을 돗바늘에 끼워 케이블을 대신해 코를 걸어 주세요. 풀리지 않도록 살살 묶은 후 몸통을 먼저 뜨고 소매를 떠 주세요.

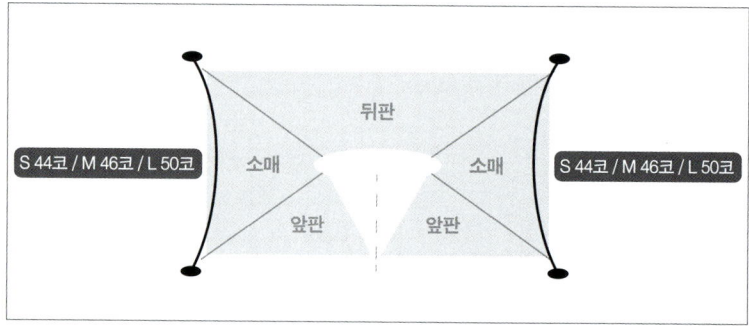

### 8. 별도 사슬 2개 만들어 주기

비슷한 굵기의 실을 준비해 주세요. 코바늘 8/0호로 사슬뜨기 코를 잡아 2개 완성해 주세요.
콧등에서 코를 주워야 하기 때문에 코를 느슨하게 잡아 주는 게 좋습니다.

- S 사이즈 : 사슬뜨기 10코로 2개 완성
- M 사이즈 : 사슬뜨기 12코로 2개 완성
- L 사이즈 : 사슬뜨기 14코로 2개 완성

**TIP** • 별도 사슬코는 뜨고 있는 실과 다른 색상으로 떠 주는 게 좋습니다.

[예시]

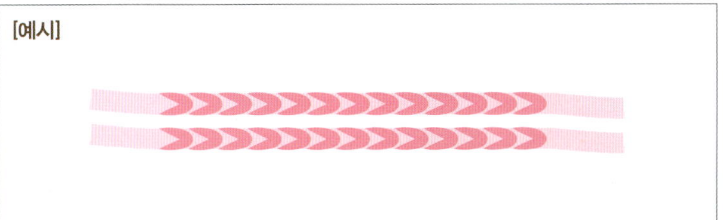

### 9. '앞판-겨드랑이-뒤판' 연결하기

앞판과 뒤판, 겨드랑이를 합쳐 줄 차례입니다. 뒤판에 있는 실을 잘라 시작 지점을 앞판으로 바꿔 주세요.
이때 80cm의 긴 케이블로 바꿔 주면 좋습니다.
홀수단을 뜨면서 하나의 바늘에 앞판, 뒤판, 겨드랑이 코가 모두 걸려 있도록 코를 합쳐 주세요.

**뜨개 순서**
앞판 → 별도 사슬 콧등에서 코줍기 → 뒤판 → 별도 사슬 콧등에서 코줍기 → 앞판

- S 사이즈
  [51단] : (앞판)겉뜨기 29코 + (소매)별도 사슬 콧등에서 10코 줍기 + (뒤판)66코 + (소매)별도 사슬 콧등에서 10코 줍기
  + (앞판)겉뜨기 29코 = 총 144코
- M 사이즈
  [53단] : (앞판)겉뜨기 30코 + (소매)별도 사슬 콧등에서 12코 줍기 + (뒤판)68코 + (소매)별도 사슬 콧등에서 12코 줍기
  + (앞판)겉뜨기 30코 = 총 152코
- L 사이즈
  [55단] : (앞판)겉뜨기 31코 + (소매)별도 사슬 콧등에서 14코 줍기 + (뒤판)72코 + (소매)별도 사슬 콧등에서 14코 줍기
  + (앞판)겉뜨기 31코 = 총 162코

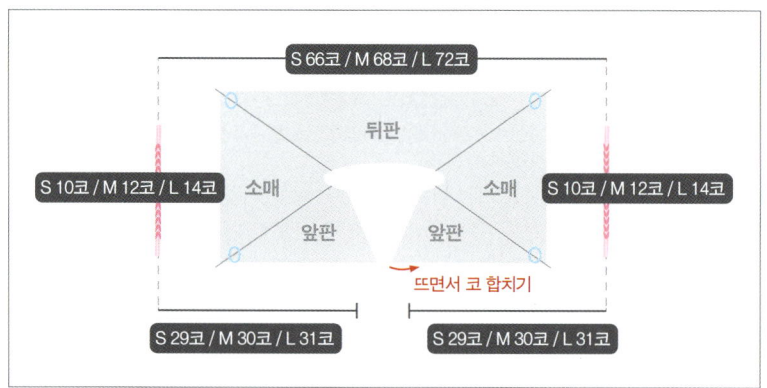

## 10. 몸통 뜨기

케이블에 앞판 + 겨드랑이 + 뒤판 + 겨드랑이 + 앞판이 합쳐졌습니다.
이어서 늘림코 없이 몸통을 떠 주세요

- S 사이즈
  51~120단 : 144코
- M 사이즈
  53~122단 : 152코
- L 사이즈
  55~124단 : 162코

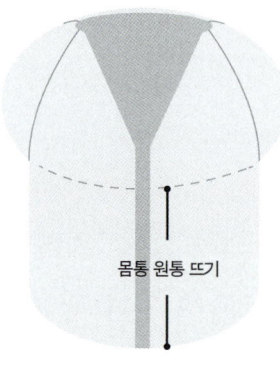

## 11. 몸통 밑단 뜨기

4mm 바늘로 바꿔 주세요.

밑단은 2코 고무뜨기로 16단을 떠 주세요. 이때 처음과 끝만 3코로 떠 주세요. 고무단을 뜬 후 엎어 코막음으로 마무리해 주세요.

- S 사이즈
 121~136단 : 겉뜨기 3코 + 안뜨기 2코 + [(겉뜨기 2코 + 안뜨기 2코) × 34] + 겉뜨기 3코
- M 사이즈
 123~138단 : 겉뜨기 3코 + 안뜨기 2코 + [(겉뜨기 2코 + 안뜨기 2코) × 36] + 겉뜨기 3코
- L 사이즈 125단에서 -2코 줄여 주세요.
 125단 : 왼코 중심 2코 모아뜨기 + 겉뜨기 2코 + 안뜨기 2코
 + [(겉뜨기 2코 + 안뜨기 2코) × 38] + 겉뜨기 2코 + 왼코 중심 2코 모아뜨기
 126~140단 : 겉뜨기 3코 + 안뜨기 2코 + [(겉뜨기 2코 + 안뜨기 2코) × 38] + 겉뜨기 3코

(TIP) • 일자로 떨어지는 핏을 위해 돗바늘 마무리가 아닌 엎어 코막음으로 마무리해 주세요.

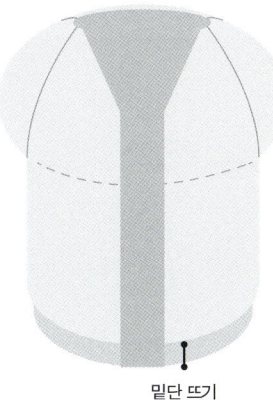

밑단 뜨기

**엎어 코막음 후 실 정리하는 방법**

1. 실을 잘라 주세요.

2. 바늘이 걸려 있던 구멍으로 끝 실을 통과시켜 주세요.

3. 끝 실을 당겨 구멍을 조여 주고 편물 안쪽으로 실을 정리해 주세요.

## 12. 소매 코줍기

케이블에 걸려 있는 소매 코를 4.5mm 바늘에 옮겨 주세요.
소매 코와 별도 사슬코 콧등에서 코를 잡아 주세요.
이때 별도 사슬코 콧등에서는 늘어짐 코까지 잡혀 1코가 더 많아집니다.

**TIP**
- 소매를 뜰 때는 쇼트 팁에 짧은 케이블을 연결해 떠 주면 좋습니다. (조립식 대바늘이 아닌 짧은 나무 줄 대바늘도 좋습니다.)
- 케이블 대신 자투리 실에 걸어 놓았을 경우 코의 방향을 잘 확인해 바늘에 옮겨 주세요.

- S 사이즈 : 소매 44코 + 콧등에서 11코 = 총 55코
- M 사이즈 : 소매 46코 + 콧등에서 13코 = 총 59코
- L 사이즈 : 소매 50코 + 콧등에서 15코 = 총 65코

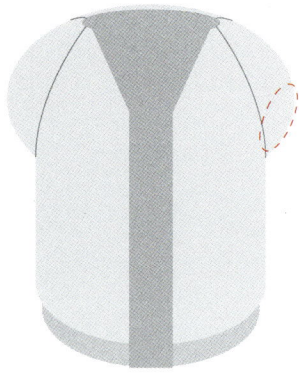

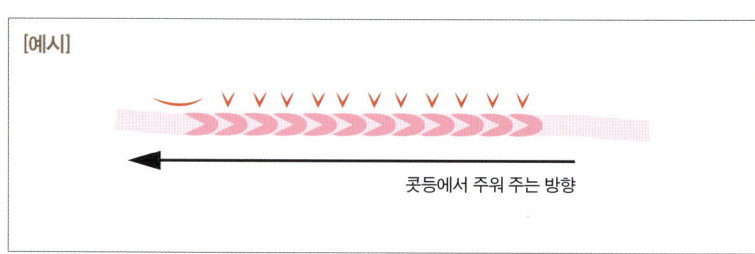

[예시]

콧등에서 주워 주는 방향

바늘을 같은 방향으로 찔러 코를 주워 주세요.

### 13. 소매 중심에서 뜨기 시작하기

별도 사슬에서 코를 주운 다음 시작 위치를 중간 지점으로 옮겨 주세요.

> **TIP**
> - 별도 사슬코에서 홀수코로 코가 주워집니다. 똑같이 반으로 나눌 수 없기 때문에 많은 콧수가 뒤판으로 갈 수 있도록 해 주세요.
> - 뜨개 방향은 겉뜨기로 뜰 수 있도록 정해 줍니다.

- S 사이즈 : 11코를 5코 (시작 위치) 6코로 나누어 시작
- M 사이즈 : 13코를 6코 (시작 위치) 7코로 나누어 시작
- L 사이즈 : 15코를 7코 (시작 위치) 8코로 나누어 시작

### 14. 소매 뜨기 전

소매 코와 별도 사슬코가 만나는 지점이 떨어져 있기 때문에 첫 번째 단을 뜨면서 2코가 만나는 지점을 모아뜨기로 줄여 줍니다.

소매 코와 별도 사슬코가 만나는 지점에서 2코를 한 번에 찔러 겉뜨기로 떠 주세요. 앞판에서 1코, 뒤판에서 1코가 줄어 총 2코가 줄어듭니다.

> **TIP**
> - 벌어져 있는 코를 붙이기 위해 모아뜨기로 떠 주는 것이기 때문에 왼코 줄이기로 모두 떠 주어도 완성 모양에는 전혀 지장을 주지 않습니다. 위치에 맞게 왼코 줄이기, 오른코 줄이기로 줄여 주어도 괜찮습니다. (다만 오른코 줄이기로 떠 주면 벌어진 구멍이 왼코 줄이기보다 큽니다.)

- S 사이즈 : (51단) 전체 콧수 55코 → 53코
- M 사이즈 : (53단) 전체 콧수 59코 → 57코
- L 사이즈 : (55단) 전체 콧수 65코 → 63코

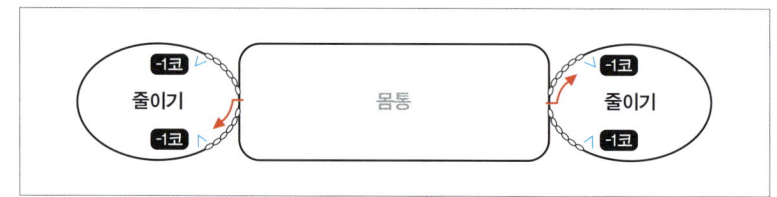

[별도 사슬코 기준 왼쪽 코]

[별도 사슬코 기준 오른쪽 코]

## 15. 소매 뜨기

소매 밑단 전까지 겉뜨기 원통 뜨기로 쭉 떠 주세요.
체형에 맞게 단수를 조절해도 됩니다.

- S 사이즈 : 총 53코. 겉뜨기로 단 뜨기(51~136단)
- M 사이즈 : 총 57코. 겉뜨기로 단 뜨기(53~138단)
- L 사이즈 : 총 63코. 겉뜨기로 단 뜨기(55~140단)

## 16. 소매단 코 줄이기

손목을 자연스럽게 감싸기 위해 소매 밑단 뜨기 전 코를 줄여 주세요.

- S 사이즈
  137단 : 왼코 줄이기 +겉뜨기 51코 = 총 52코(1코가 줄어듭니다.)
- M 사이즈
  139단 : 왼코 줄이기 +겉뜨기 55코 = 총 56코(1코가 줄어듭니다.)
- L 사이즈
  141단 : 겉뜨기 19코 + 왼코 줄이기 + 겉뜨기 19코 + 왼코 줄이기 + 겉뜨기 19코 + 왼코 줄이기 = 총 60코(3코가 줄어듭니다.)

## 17. 소매 밑단 뜨기

4mm 바늘로 바꿔 주세요. 밑단은 2코 고무뜨기로 16단을 뜬 후 엎어 코막음으로 마무리해 주세요.

> **TIP** • 일자로 떨어지는 핏을 위해 돗바늘 마무리가 아닌 엎어 코막음으로 마무리해 주세요.

- S 사이즈 : (겉뜨기 2코 + 안뜨기 2코) × 13 반복하여 16단 뜨기(~152단까지)
- M 사이즈 : (겉뜨기 2코 + 안뜨기 2코) × 14 반복하여 16단 뜨기(~154단까지)
- L 사이즈 : (겉뜨기 2코 + 안뜨기 2코) × 15 반복하여 16단 뜨기(~156단까지)

소매 밑단 뜨기

### 18. '12~17'을 참고하여 반대편 소매 뜨기

12~17을 참고하여 반대편 소매도 완성해 주세요.

### 19. 앞섶 코 잡아 뜨기

4mm 바늘로 코줍기 방향에 주의하여 앞섶 코를 잡아 주세요.

- S 사이즈 : 114코 잡기
- M 사이즈 : 114코 잡기
- L 사이즈 : 118코 잡기

앞섶 코를 잡은 후 2코 코무뜨기로 뜬 후 엎어 코막음으로 마무리해 주세요.

- S 사이즈, M 사이즈 : 12단 뜨기
  홀수단 : (겉뜨기 2코 + 안뜨기 2코) × 28 + 겉뜨기 2코
  짝수단 : (안뜨기 2코 + 겉뜨기 2코) × 28 + 안뜨기 2코
- L 사이즈 : 14단 뜨기
  홀수단 : (겉뜨기 2코 + 안뜨기 2코) × 29 + 겉뜨기 2코
  짝수단 : (안뜨기 2코 + 겉뜨기 2코) × 29 + 안뜨기 2코

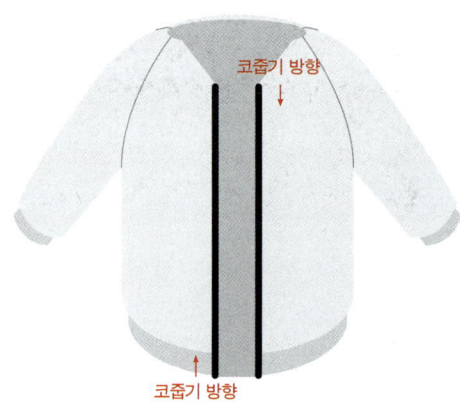

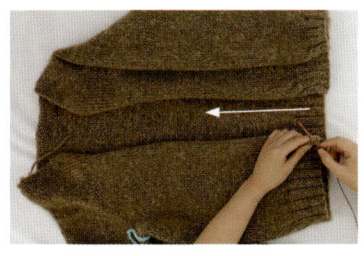

[왼쪽 앞섶(바라보는 방향 기준)]

[오른쪽 앞섶(바라보는 방향 기준)]

## 20. 네크라인 코 잡아 뜨기

4mm 바늘로 코줍기 방향에 주의하여 네크라인 코를 잡아 주세요.

- S 사이즈 : 74코 잡기
- M 사이즈 : 74코 잡기
- L 사이즈 : 82코 잡기

앞섶 코를 잡은 후 2코 코무뜨기로 뜬 후 엎어 코막음으로 마무리해 주세요.

- S 사이즈, M 사이즈 : 12단 뜨기
  (겉뜨기 2코 + 안뜨기 2코) × 18 + 겉뜨기 2코
- L 사이즈 : 14단 뜨기
  (겉뜨기 2코 + 안뜨기 2코) × 20 + 겉뜨기 2코

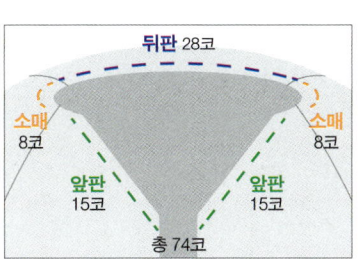
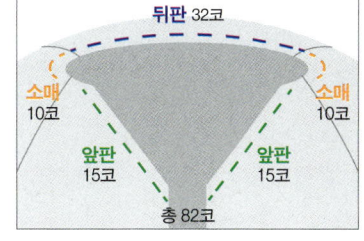

S, M 사이즈     L 사이즈

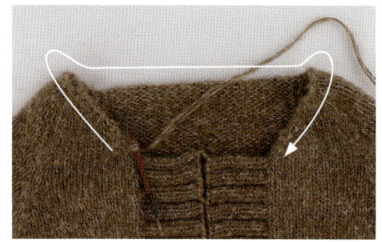 

## 21. 마무리

옷이 완성되었습니다. 옷 안쪽에 있는 실들을 돗바늘을 사용해 숨겨 주세요. 겨드랑이 부분이 늘어나서 구멍이 보인다면 돗바늘을 사용해 구멍을 조여 주세요.

## 07
# 보트 네크라인 카디건

앞섶을 가터 뜨기로 뜨면서 완성한 카디건입니다.
일정한 규칙으로 늘림단이 들어가며 앞섶을 따로 뜨지 않아 난이도가 높지 않습니다.
단추를 달아 주어 오픈 클로징 형태로 입어도 좋고 단추 없이 그대로 입어도
자연스러운 느낌을 주는 카디건입니다.

| | |
|---|---|
| **전체 사이즈** | **사이즈**  S, M, L |
| | **가슴**  S : 52cm, M : 55cm, L : 60cm |
| | **목-소매끝**  S : 60cm, M : 62cm, L : 64cm |
| | **암홀**  S : 19cm, M : 21cm, L : 23cm |
| | **소매너비**  S : 18cm, M : 19cm, L : 20cm |
| | **총 길이**  S : 60cm, M : 60cm, L : 60cm |
| **게이지** | 10cm×10cm 18코, 23단 / 1cm=1.8코 1cm=2.3단 |
| **사용한 바늘** | 조립식 대바늘 4.5mm, 4mm(시작, 소매 40cm 케이블, 몸통 60~120cm 케이블) |
| **실 소요량** | S, M, L 모두 슈퍼메리노 100g×5볼 / 컬러플로우 100g×2볼 |
| **난이도** | ●●○○○ |

**디자인 코멘트**

기존 베이직 탑다운 니트에서 크게 벗어나지 않은 카디건이에요. 일정한 패턴이지만 단춧구멍단에 주의해야 해요. 깜빡 잊고 단춧구멍단을 지나치면 나중에 실을 푸는 일이 생길 수도 있답니다.

## 1. 기초코 잡기

**1단**

40cm 케이블을 연결한 4.5mm 대바늘에 기초코(S 95코, M 95코, L 103코)를 잡아 주세요.

원통 뜨기가 아닌 평면 뜨기로 떠 주세요.

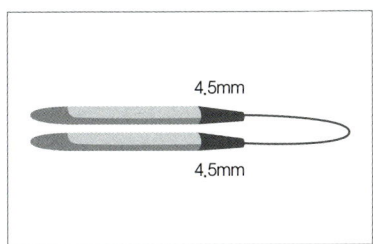
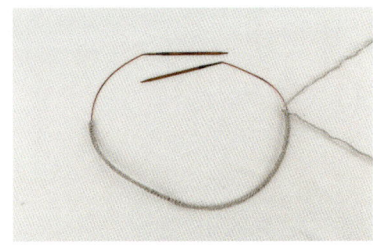

## 2. 앞판, 소매, 뒤판, 소매를 마커로 나누기

2단부터 뜨기 시작입니다. 2단에서는 안뜨기로 뜨면서 마커로 섹션을 나누어 줍니다. 이때 시작 7코, 끝 7코는 가터 뜨기로 떠 주세요.

**2단**

**앞판** 겉뜨기 7코 + 안뜨기(S 13코, M 13코, L 14코)
**소매** ○ 마커 끼우고 안뜨기(S 10코, M 10코, L 12코)
**뒤판** ○ 마커 끼우고 안뜨기(S 35코, M 35코, L 37코)
**소매** ○ 마커 끼우고 안뜨기(S 10코, M 10코, L 12코)
**앞판** ○ 안뜨기(S 13코, M 13코, L 14코) + 겉뜨기 7코

**가터 뜨기란?**
홀수단, 짝수단에서 모두 겉뜨기로 뜨는 방법

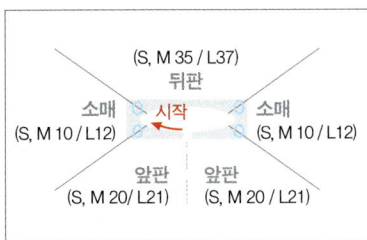
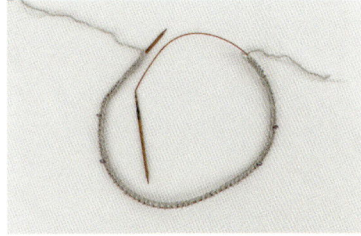

## 3. 홀수단 : 코 늘리기

홀수단에서는 코늘림이 들어갑니다. 매 홀수단에서 8코씩 코가 늘어납니다.

**3단**

**앞판** 겉뜨기(S 19코, M 19코, L 20코) + 오른코 늘리기 + 겉뜨기 1코

**소매** 겉뜨기 1코 + 왼코 늘리기 + 겉뜨기(S 8코, M 8코, L 10코) + 오른코 늘리기 + 겉뜨기 1코

**뒤판** 겉뜨기 1코 + 왼코 늘리기 + 겉뜨기(S 33코, M 33코, L 35코) + 오른코 늘리기 + 겉뜨기 1코

**소매** 겉뜨기 1코 + 왼코 늘리기 + 겉뜨기(S 8코, M 8코, L 10코) + 오른코 늘리기 + 겉뜨기 1코

**앞판** 겉뜨기 1코 + 왼코 늘리기 + 겉뜨기(S 19코, M 19코, L 20코)

> **TIP** • 마커 기준으로 양옆 겉뜨기 2코는 래글런 선(목에서 겨드랑이까지 내려오는 대각선)이 됩니다.

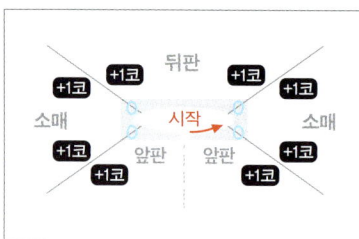

## 4. 짝수단 : 코늘림 확인하면서 뜨기

홀수단에서 8코가 늘어났는지 짝수단을 뜨면서 확인해 주세요.

**4단**

**앞판** 겉뜨기 7코 + 안뜨기(S 14코, M 14코, L 15코)

**소매** ○안뜨기(S 12코, M 12코, L 14코)

**뒤판** ○안뜨기(S 37코, M 37코, L 39코)

**소매** ○안뜨기(S 12코, M 12코, L 14코)

**앞판** ○안뜨기(S 14코, M 14코, L 15코) + 겉뜨기 7코

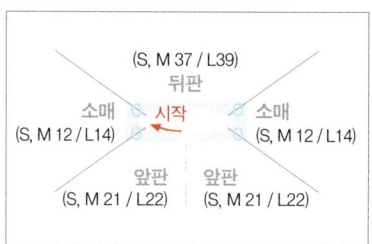

## 5. '3~4'를 반복해서 겨드랑이 지점까지 뜨기

3~4를 참고하여 겨드랑이 지점까지 반복해서 떠 주세요.
홀수단 : 8코 늘리기 / 짝수단 : 늘림 없이 겉뜨기
11단부터는 26단마다 단춧구멍을 만들어 주세요.

**5단**
겉뜨기(S 20코, M 20코, L 21코) + 오른코 늘리기 + 겉뜨기 1코
/ 겉뜨기 1코 + 왼코 늘리기 + 겉뜨기(S 10코, M 10코, L 12코) + 오른코 늘리기 + 겉뜨기 1코
/ 겉뜨기 1코 + 왼코 늘리기 + 겉뜨기(S 35코, M 35코, L 37코) + 오른코 늘리기 + 겉뜨기 1코
/ 겉뜨기 1코 + 왼코 늘리기 + 겉뜨기(S 10코, M 10코, L 12코) + 오른코 늘리기 + 겉뜨기 1코
/ 겉뜨기 1코 + 왼코 늘리기 + 겉뜨기(S 20코, M 20코, L 21코)

**6단**
겉뜨기 7코 + 안뜨기(S 15코, M 15코, L 16코) / 안뜨기(S 14코, M 14코, L 16코) / 안뜨기(S 39코, M 39코, L 41코)
/ 안뜨기(S 14코, M 14코, L 16코) / 안뜨기(S 15코, M 15코, L 16코) + 겉뜨기 7코

**7단**
겉뜨기(S 21코, M 21코, L 22코) + 오른코 늘리기 + 겉뜨기 1코
/ 겉뜨기 1코 + 왼코 늘리기 + 겉뜨기(S 12코, M 12코, L 14코) + 오른코 늘리기 + 겉뜨기 1코
/ 겉뜨기 1코 + 왼코 늘리기 + 겉뜨기(S 37코, M 37코, L 39코) + 오른코 늘리기 + 겉뜨기 1코
/ 겉뜨기 1코 + 왼코 늘리기 + 겉뜨기(S 12코, M 12코, L 14코) + 오른코 늘리기 + 겉뜨기 1코
/ 겉뜨기 1코 + 왼코 늘리기 + 겉뜨기(S 21코, M 21코, L 22코)

**8단**
겉뜨기 7코 + 안뜨기(S 16코, M 16코, L 17코) / 안뜨기(S 16코, M 16코, L 18코) / 안뜨기(S 41코, M 41코, L 43코)
/ 안뜨기(S 16코, M 16코, L 18코) / 안뜨기(S 16코, M 16코, L 17코) + 겉뜨기 7코

**9단**
겉뜨기(S 22코, M 22코, L 23코) + 오른코 늘리기 + 겉뜨기 1코
/ 겉뜨기 1코 + 왼코 늘리기 + 겉뜨기(S 14코, M 14코, L 16코) + 오른코 늘리기 + 겉뜨기 1코
/ 겉뜨기 1코 + 왼코 늘리기 + 겉뜨기(S 39코, M 39코, L 41코) + 오른코 늘리기 + 겉뜨기 1코
/ 겉뜨기 1코 + 왼코 늘리기 + 겉뜨기(S 14코, M 14코, L 16코) + 오른코 늘리기 + 겉뜨기 1코
/ 겉뜨기 1코 + 왼코 늘리기 + 겉뜨기(S 22코, M 22코, L 23코)

**10단**
겉뜨기 7코 + 안뜨기(S 17코, M 17코, L 18코) / 안뜨기(S 18코, M 18코, L 20코) / 안뜨기(S 43코, M 43코, L 45코)
/ 안뜨기(S 18코, M 18코, L 20코) / 안뜨기(S 17코, M 17코, L 18코) + 겉뜨기 7코

### 🔘 단춧구멍
11단, 37단, 63단, 89단, 115단

11단부터 26단마다 단춧구멍을 만들어 주세요. 가터 뜨기 7코 부분의 중심에서 바늘비우기와 2코 모아뜨기로 구멍을 만들어 주세요.

| | | ∧ ○ | | |
| | | |    | | |  ← [겉뜨기 3코 + 바늘비우기 + 2코 모아뜨기 + 겉뜨기 2코]

※바늘비우기 = (겉뜨기를 할 때) 실을 뒤에서 앞으로 두고 다음 코를 뜨는 것
※2코 모아뜨기 = 2코를 한 번에 바늘로 찔러 뜨는 것(예 : 5번째, 6번째 코를 한 번에 찔러 겉뜨기로 떠 주세요.)

### 🔴 11단
단춧구멍(겉뜨기 3코 + 바늘비우기 + 2코 모아뜨기 + 겉뜨기 2코) + 겉뜨기(S 16코, M 16코, L 17코) + 오른코 늘리기 + 겉뜨기 1코
/ 겉뜨기 1코 + 왼코 늘리기 + 겉뜨기(S 16코, M 16코, L 18코) + 오른코 늘리기 + 겉뜨기 1코
/ 겉뜨기 1코 + 왼코 늘리기 + 겉뜨기(S 41코, M 41코, L 43코) + 오른코 늘리기 + 겉뜨기 1코
/ 겉뜨기 1코 + 왼코 늘리기 + 겉뜨기(S 16코, M 16코, L 18코) + 오른코 늘리기 + 겉뜨기 1코
/ 겉뜨기 1코 + 왼코 늘리기 + 겉뜨기(S 23코, M 23코, L 24코)

### 12단
겉뜨기 7코 + 안뜨기(S 18코, M 18코, L 19코) / 안뜨기(S 20코, M 20코, L 22코) / 안뜨기(S 45코, M 45코, L 47코)
/ 안뜨기(S 20코, M 20코, L 22코) / 안뜨기(S 18코, M 18코, L 19코) + 겉뜨기 7코

### 13단
겉뜨기(S 24코, M 24코, L 25코) + 오른코 늘리기 + 겉뜨기 1코
/ 겉뜨기 1코 + 왼코 늘리기 + 겉뜨기(S 18코, M 18코, L 20코) + 오른코 늘리기 + 겉뜨기 1코
/ 겉뜨기 1코 + 왼코 늘리기 + 겉뜨기(S 43코, M 43코, L 45코) + 오른코 늘리기 + 겉뜨기 1코
/ 겉뜨기 1코 + 왼코 늘리기 + 겉뜨기(S 18코, M 18코, L 20코) + 오른코 늘리기 + 겉뜨기 1코
/ 겉뜨기 1코 + 왼코 늘리기 + 겉뜨기(S 24코, M 24코, L 25코)

### 14단
겉뜨기 7코 + 안뜨기(S 19코, M 19코, L 20코) / 안뜨기(S 22코, M 22코, L 24코) / 안뜨기(S 47코, M 47코, L 49코)
/ 안뜨기(S 22코, M 22코, L 24코) / 안뜨기(S 19코, M 19코, L 20코) + 겉뜨기 7코

### 15단
겉뜨기(S 25코, M 25코, L 26코) + 오른코 늘리기 + 겉뜨기 1코
/ 겉뜨기 1코 + 왼코 늘리기 + 겉뜨기(S 20코, M 20코, L 22코) + 오른코 늘리기 + 겉뜨기 1코
/ 겉뜨기 1코 + 왼코 늘리기 + 겉뜨기(S 45코, M 45코, L 47코) + 오른코 늘리기 + 겉뜨기 1코
/ 겉뜨기 1코 + 왼코 늘리기 + 겉뜨기(S 20코, M 20코, L 22코) + 오른코 늘리기 + 겉뜨기 1코
/ 겉뜨기 1코 + 왼코 늘리기 + 겉뜨기(S 25코, M 25코, L 26코)

### 16단
겉뜨기 7코 + 안뜨기(S 20코, M 20코, L 21코) / 안뜨기(S 24코, M 24코, L 26코) / 안뜨기(S 49코, M 49코, L 51코)
/ 안뜨기(S 24코, M 24코, L 26코) / 안뜨기(S 20코, M 20코, L 21코) + 겉뜨기 7코

**17단**

겉뜨기(S 26코, M 26코, L 27코) + 오른코 늘리기 + 겉뜨기 1코
/ 겉뜨기 1코 + 왼코 늘리기 + 겉뜨기(S 22코, M 22코, L 24코) + 오른코 늘리기 + 겉뜨기 1코
/ 겉뜨기 1코 + 왼코 늘리기 + 겉뜨기(S 47코, M 47코, L 49코) + 오른코 늘리기 + 겉뜨기 1코
/ 겉뜨기 1코 + 왼코 늘리기 + 겉뜨기(S 22코, M 22코, L 24코) + 오른코 늘리기 + 겉뜨기 1코
/ 겉뜨기 1코 + 왼코 늘리기 + 겉뜨기(S 26코, M 26코, L 27코)

**18단**

겉뜨기 7코 + 안뜨기(S 21코, M 21코, L 22코) / 안뜨기(S 26코, M 26코, L 28코) / 안뜨기(S 51코, M 51코, L 53코)
/ 안뜨기(S 26코, M 26코, L 28코) / 안뜨기(S 21코, M 21코, L 22코) + 겉뜨기 7코

**19단**

겉뜨기(S 27코, M 27코, L 28코) + 오른코 늘리기 + 겉뜨기 1코
/ 겉뜨기 1코 + 왼코 늘리기 + 겉뜨기(S 24코, M 24코, L 26코) + 오른코 늘리기 + 겉뜨기 1코
/ 겉뜨기 1코 + 왼코 늘리기 + 겉뜨기(S 49코, M 49코, L 51코) + 오른코 늘리기 + 겉뜨기 1코
/ 겉뜨기 1코 + 왼코 늘리기 + 겉뜨기(S 24코, M 24코, L 26코) + 오른코 늘리기 + 겉뜨기 1코
/ 겉뜨기 1코 + 왼코 늘리기 + 겉뜨기(S 27코, M 27코, L 28코)

**20단**

겉뜨기 7코 + 안뜨기(S 22코, M 22코, L 23코) / 안뜨기(S 28코, M 28코, L 30코) / 안뜨기(S 53코, M 53코, L 55코)
/ 안뜨기(S 28코, M 28코, L 30코) / 안뜨기(S 22코, M 22코, L 23코) + 겉뜨기 7코

**21단**

겉뜨기(S 28코, M 28코, L 29코) + 오른코 늘리기 + 겉뜨기 1코
/ 겉뜨기 1코 + 왼코 늘리기 + 겉뜨기(S 26코, M 26코, L 28코) + 오른코 늘리기 + 겉뜨기 1코
/ 겉뜨기 1코 + 왼코 늘리기 + 겉뜨기(S 51코, M 51코, L 53코) + 오른코 늘리기 + 겉뜨기 1코
/ 겉뜨기 1코 + 왼코 늘리기 + 겉뜨기(S 26코, M 26코, L 28코) + 오른코 늘리기 + 겉뜨기 1코
/ 겉뜨기 1코 + 왼코 늘리기 + 겉뜨기(S 28코, M 28코, L 29코)

**22단**

겉뜨기 7코 + 안뜨기(S 23코, M 23코, L 24코) / 안뜨기(S 30코, M 30코, L 32코) / 안뜨기(S 55코, M 55코, L 57코)
/ 안뜨기(S 30코, M 30코, L 32코) / 안뜨기(S 23코, M 23코, L 24코) + 겉뜨기 7코

**23단]**

겉뜨기(S 29코, M 29코, L 30코) + 오른코 늘리기 + 겉뜨기 1코
/ 겉뜨기 1코 + 왼코 늘리기 + 겉뜨기(S 28코, M 28코, L 30코) + 오른코 늘리기 + 겉뜨기 1코
/ 겉뜨기 1코 + 왼코 늘리기 + 겉뜨기(S 53코, M 53코, L 55코) + 오른코 늘리기 + 겉뜨기 1코
/ 겉뜨기 1코 + 왼코 늘리기 + 겉뜨기(S 28코, M 28코, L 30코) + 오른코 늘리기 + 겉뜨기 1코
/ 겉뜨기 1코 + 왼코 늘리기 + 겉뜨기(S 29코, M 29코, L 30코)

**24단**

겉뜨기 7코 + 안뜨기(S 24코, M 24코, L 25코) / 안뜨기(S 32코, M 32코, L 34코) / 안뜨기(S 57코, M 57코, L 59코)
/ 안뜨기(S 32코, M 32코, L 34코) / 안뜨기(S 24코, M 24코, L 25코) + 겉뜨기 7코

**25단**

겉뜨기(S 30코, M 30코, L 31코) + 오른코 늘리기 + 겉뜨기 1코
/ 겉뜨기 1코 + 왼코 늘리기 + 겉뜨기(S 30코, M 30코, L 32코) + 오른코 늘리기 + 겉뜨기 1코
/ 겉뜨기 1코 + 왼코 늘리기 + 겉뜨기(S 55코, M 55코, L 57코) + 오른코 늘리기 + 겉뜨기 1코
/ 겉뜨기 1코 + 왼코 늘리기 + 겉뜨기(S 30코, M 30코, L 32코) + 오른코 늘리기 + 겉뜨기 1코
/ 겉뜨기 1코 + 왼코 늘리기 + 겉뜨기(S 30코, M 30코, L 31코)

**26단**

겉뜨기 7코 + 안뜨기(S 25코, M 25코, L 26코) / 안뜨기(S 34코, M 34코, L 36코) / 안뜨기(S 59코, M 59코, L 61코)
/ 안뜨기(S 34코, M 34코, L 36코) / 안뜨기(S 25코, M 25코, L 26코) + 겉뜨기 7코

**27단**

겉뜨기(S 31코, M 31코, L 32코) + 오른코 늘리기 + 겉뜨기 1코
/ 겉뜨기 1코 + 왼코 늘리기 + 겉뜨기(S 32코, M 32코, L 34코) + 오른코 늘리기 + 겉뜨기 1코
/ 겉뜨기 1코 + 왼코 늘리기 + 겉뜨기(S 57코, M 57코, L 59코) + 오른코 늘리기 + 겉뜨기 1코
/ 겉뜨기 1코 + 왼코 늘리기 + 겉뜨기(S 32코, M 32코, L 34코) + 오른코 늘리기 + 겉뜨기 1코
/ 겉뜨기 1코 + 왼코 늘리기 + 겉뜨기(S 31코, M 31코, L 32코)

**28단**

겉뜨기 7코 + 안뜨기(S 26코, M 26코, L 27코) / 안뜨기(S 36코, M 36코, L 38코) / 안뜨기(S 61코, M 61코, L 63코)
/ 안뜨기(S 36코, M 36코, L 38코) / 안뜨기(S 26코, M 26코, L 27코) + 겉뜨기 7코

**29단**

겉뜨기(S 32코, M 32코, L 33코) + 오른코 늘리기 + 겉뜨기 1코
/ 겉뜨기 1코 + 왼코 늘리기 + 겉뜨기(S 34코, M 34코, L 36코) + 오른코 늘리기 + 겉뜨기 1코
/ 겉뜨기 1코 + 왼코 늘리기 + 겉뜨기(S 59코, M 59코, L 61코) + 오른코 늘리기 + 겉뜨기 1코
/ 겉뜨기 1코 + 왼코 늘리기 + 겉뜨기(S 34코, M 34코, L 36코) + 오른코 늘리기 + 겉뜨기 1코
/ 겉뜨기 1코 + 왼코 늘리기 + 겉뜨기(S 32코, M 32코, L 33코)

**30단**

겉뜨기 7코 + 안뜨기(S 27코, M 27코, L 28코) / 안뜨기(S 38코, M 38코, L 40코) / 안뜨기(S 63코, M 63코, L 65코)
/ 안뜨기(S 38코, M 38코, L 40코) / 안뜨기(S 27코, M 27코, L 28코) + 겉뜨기 7코

**31단**

겉뜨기(S 33코, M 33코, L 34코) + 오른코 늘리기 + 겉뜨기 1코
/ 겉뜨기 1코 + 왼코 늘리기 + 겉뜨기(S 36코, M 36코, L 38코) + 오른코 늘리기 + 겉뜨기 1코
/ 겉뜨기 1코 + 왼코 늘리기 + 겉뜨기(S 61코, M 61코, L 63코) + 오른코 늘리기 + 겉뜨기 1코
/ 겉뜨기 1코 + 왼코 늘리기 + 겉뜨기(S 36코, M 36코, L 38코) + 오른코 늘리기 + 겉뜨기 1코
/ 겉뜨기 1코 + 왼코 늘리기 + 겉뜨기(S 33코, M 33코, L 34코)

**32단**

겉뜨기 7코 + 안뜨기(S 28코, M 28코, L 29코) / 안뜨기(S 40코, M 40코, L 42코) / 안뜨기(S 65코, M 65코, L 67코)
/ 안뜨기(S 40코, M 40코, L 42코) / 안뜨기(S 28코, M 28코, L 29코) + 겉뜨기 7코

**33단**

겉뜨기(S 34코, M 34코, L 35코) + 오른코 늘리기 + 겉뜨기 1코

/ 겉뜨기 1코 + 왼코 늘리기 + 겉뜨기(S 38코, M 38코, L 40코) + 오른코 늘리기 + 겉뜨기 1코
/ 겉뜨기 1코 + 왼코 늘리기 + 겉뜨기(S 63코, M 63코, L 65코) + 오른코 늘리기 + 겉뜨기 1코
/ 겉뜨기 1코 + 왼코 늘리기 + 겉뜨기(S 38코, M 38코, L 40코) + 오른코 늘리기 + 겉뜨기 1코
/ 겉뜨기 1코 + 왼코 늘리기 + 겉뜨기(S 34코, M 34코, L 35코)

### 34단
겉뜨기 7코 + 안뜨기(S 29코, M 29코, L 30코) / 안뜨기(S 42코, M 42코, L 44코) / 안뜨기(S 67코, M 67코, L 69코)
/ 안뜨기(S 42코, M 42코, L 44코) / 안뜨기(S 29코, M 29코, L 30코) + 겉뜨기 7코

### 35단
겉뜨기(S 35코, M 35코, L 36코) + 오른코 늘리기 + 겉뜨기 1코
/ 겉뜨기 1코 + 왼코 늘리기 + 겉뜨기(S 40코, M 40코, L 42코) + 오른코 늘리기 + 겉뜨기 1코
/ 겉뜨기 1코 + 왼코 늘리기 + 겉뜨기(S 65코, M 65코, L 67코) + 오른코 늘리기 + 겉뜨기 1코
/ 겉뜨기 1코 + 왼코 늘리기 + 겉뜨기(S 40코, M 40코, L 42코) + 오른코 늘리기 + 겉뜨기 1코
/ 겉뜨기 1코 + 왼코 늘리기 + 겉뜨기(S 35코, M 35코, L 36코)

### 36단
겉뜨기 7코 + 안뜨기(S 30코, M 30코, L 31코) / 안뜨기(S 44코, M 44코, L 46코) / 안뜨기(S 69코, M 69코, L 71코)
/ 안뜨기(S 44코, M 44코, L 46코) / 안뜨기(S 30코, M 30코, L 31코) + 겉뜨기 7코

### ●● 37단
단춧구멍(겉뜨기 3코 + 바늘비우기 + 2코 모 아뜨기 + 겉뜨기 2코) + (S 29코, M 29코, L 30코) + 오른코 늘리기 + 겉뜨기 1코
/ 겉뜨기 1코 + 왼코 늘리기 + 겉뜨기(S 42코, M 42코, L 44코) + 오른코 늘리기 + 겉뜨기 1코
/ 겉뜨기 1코 + 왼코 늘리기 + 겉뜨기(S 67코, M 67코, L 69코) + 오른코 늘리기 + 겉뜨기 1코
/ 겉뜨기 1코 + 왼코 늘리기 + 겉뜨기(S 42코, M 42코, L 44코) + 오른코 늘리기 + 겉뜨기 1코
/ 겉뜨기 1코 + 왼코 늘리기 + 겉뜨기(S 36코, M 36코, L 37코)

### 38단
겉뜨기 7코 + 안뜨기(S 31코, M 31코, L 32코) / 안뜨기(S 46코, M 46코, L 48코) / 안뜨기(S 71코, M 71코, L 73코)
/ 안뜨기(S 46코, M 46코, L 48코) / 안뜨기(S 31코, M 31코, L 32코) + 겉뜨기 7코

### 39단
겉뜨기(S 37코, M 37코, L 38코) + 오른코 늘리기 + 겉뜨기 1코
/ 겉뜨기 1코 + 왼코 늘리기 + 겉뜨기(S 44코, M 44코, L 46코) + 오른코 늘리기 + 겉뜨기 1코
/ 겉뜨기 1코 + 왼코 늘리기 + 겉뜨기(S 69코, M 69코, L 71코) + 오른코 늘리기 + 겉뜨기 1코
/ 겉뜨기 1코 + 왼코 늘리기 + 겉뜨기(S 44코, M 44코, L 46코) + 오른코 늘리기 + 겉뜨기 1코
/ 겉뜨기 1코 + 왼코 늘리기 + 겉뜨기(S 37코, M 37코, L 38코)

### 40단
겉뜨기 7코 + 안뜨기(S 32코, M 32코, L 33코) / 안뜨기(S 48코, M 48코, L 50코) / 안뜨기(S 73코, M 73코, L 75코)
/ 안뜨기(S 48코, M 48코, L 50코) / 안뜨기(S 32코, M 32코, L 33코) + 겉뜨기 7코

### 41단
겉뜨기(S 38코, M 38코, L 39코) + 오른코 늘리기 + 겉뜨기 1코

/ 겉뜨기 1코 + 왼코 늘리기 + 겉뜨기(S 46코, M 46코, L 48코) + 오른코 늘리기 + 겉뜨기 1코
/ 겉뜨기 1코 + 왼코 늘리기 + 겉뜨기(S 71코, M 71코, L 73코) + 오른코 늘리기 + 겉뜨기 1코
/ 겉뜨기 1코 + 왼코 늘리기 + 겉뜨기(S 46코, M 46코, L 48코) + 오른코 늘리기 + 겉뜨기 1코
/ 겉뜨기 1코 + 왼코 늘리기 + 겉뜨기(S 38코, M 38코, L 39코)

### 42단

겉뜨기 7코 + 안뜨기(S 33코, M 33코, L 34코) / 안뜨기(S 50코, M 50코, L 52코) / 안뜨기(S 75코, M 75코, L 77코)
/ 안뜨기(S 50코, M 50코, L 52코) / 안뜨기(S 33코, M 33코, L 34코) + 겉뜨기 7코

### 43단

겉뜨기(S 39코, M 39코, L 40코) + 오른코 늘리기 + 겉뜨기 1코
/ 겉뜨기 1코 + 왼코 늘리기 + 겉뜨기(S 48코, M 48코, L 50코) + 오른코 늘리기 + 겉뜨기 1코
/ 겉뜨기 1코 + 왼코 늘리기 + 겉뜨기(S 73코, M 73코, L 75코) + 오른코 늘리기 + 겉뜨기 1코
/ 겉뜨기 1코 + 왼코 늘리기 + 겉뜨기(S 48코, M 48코, L 50코) + 오른코 늘리기 + 겉뜨기 1코
/ 겉뜨기 1코 + 왼코 늘리기 + 겉뜨기(S 39코, M 39코, L 40코)

### 44단

겉뜨기 7코 + 안뜨기(S 34코, M 34코, L 35코) / 안뜨기(S 52코, M 52코, L 54코) / 안뜨기(S 77코, M 77코, L 79코)
/ 안뜨기(S 52코, M 52코, L 54코) / 안뜨기(S 34코, M 34코, L 35코) + 겉뜨기 7코

### 45단

겉뜨기(S 40코, M 40코, L 41코) + 오른코 늘리기 + 겉뜨기 1코
/ 겉뜨기 1코 + 왼코 늘리기 + 겉뜨기(S 50코, M 50코, L 52코) + 오른코 늘리기 + 겉뜨기 1코
/ 겉뜨기 1코 + 왼코 늘리기 + 겉뜨기(S 75코, M 75코, L 77코) + 오른코 늘리기 + 겉뜨기 1코
/ 겉뜨기 1코 + 왼코 늘리기 + 겉뜨기(S 50코, M 50코, L 52코) + 오른코 늘리기 + 겉뜨기 1코
/ 겉뜨기 1코 + 왼코 늘리기 + 겉뜨기(S 40코, M 40코, L 41코)

### 46단

겉뜨기 7코 + 안뜨기(S 35코, M 35코, L 36코) / 안뜨기(S 54코, M 54코, L 56코) / 안뜨기(S 79코, M 79코, L 81코)
/ 안뜨기(S 54코, M 54코, L 56코) / 안뜨기(S 35코, M 35코, L 36코) + 겉뜨기 7코

### 47단

겉뜨기(S 41코, M 41코, L 42코) + 오른코 늘리기 + 겉뜨기 1코
/ 겉뜨기 1코 + 왼코 늘리기 + 겉뜨기(S 52코, M 52코, L 54코) + 오른코 늘리기 + 겉뜨기 1코
/ 겉뜨기 1코 + 왼코 늘리기 + 겉뜨기(S 77코, M 77코, L 79코) + 오른코 늘리기 + 겉뜨기 1코
/ 겉뜨기 1코 + 왼코 늘리기 + 겉뜨기(S 52코, M 52코, L 54코) + 오른코 늘리기 + 겉뜨기 1코
/ 겉뜨기 1코 + 왼코 늘리기 + 겉뜨기(S 41코, M 41코, L 42코)

### 48단

겉뜨기 7코 + 안뜨기(S 36코, M 36코, L 37코) / 안뜨기(S 56코, M 56코, L 58코) / 안뜨기(S 81코, M 81코, L 83코)
/ 안뜨기(S 56코, M 56코, L 58코) / 안뜨기(S 36코, M 36코, L 37코) + 겉뜨기 7코

### 49단

겉뜨기(S 42코, M 42코, L 43코) + 오른코 늘리기 + 겉뜨기 1코
/ 겉뜨기 1코 + 왼코 늘리기 + 겉뜨기(S 54코, M 54코, L 56코) + 오른코 늘리기 + 겉뜨기 1코

/ 겉뜨기 1코 + 왼코 늘리기 + 겉뜨기(S 79코, M 79코, L 81코) + 오른코 늘리기 + 겉뜨기 1코
/ 겉뜨기 1코 + 왼코 늘리기 + 겉뜨기(S 54코, M 54코, L 56코) + 오른코 늘리기 + 겉뜨기 1코
/ 겉뜨기 1코 + 왼코 늘리기 + 겉뜨기(S 42코, M 42코, L 43코)

### 50단

겉뜨기 7코 + 안뜨기(S 37코, M 37코, L 38코) / 안뜨기(S 58코, M 58코, L 60코) / 안뜨기(S 83코, M 83코, L 85코)
/ 안뜨기(S 58코, M 58코, L 60코) / 안뜨기(S 37코, M 37코, L 38코) + 겉뜨기 7코

※ S 사이즈는 50단까지 뜬 후 '6. 단수와 콧수 확인' 단계로 넘어가 이어서 떠 주세요.

### 51단

겉뜨기(M 43코, L 44코) + 오른코 늘리기 + 겉뜨기 1코
/ 겉뜨기 1코 + 왼코 늘리기 + 겉뜨기(M 56코, L 58코) + 오른코 늘리기 + 겉뜨기 1코
/ 겉뜨기 1코 + 왼코 늘리기 + 겉뜨기(M 81코, L 83코) + 오른코 늘리기 + 겉뜨기 1코
/ 겉뜨기 1코 + 왼코 늘리기 + 겉뜨기(M 56코, L 58코) + 오른코 늘리기 + 겉뜨기 1코
/ 겉뜨기 1코 + 왼코 늘리기 + 겉뜨기(M 43코, L 44코)

### 52단

겉뜨기 7코 + 안뜨기(M 38코, L 39코) / 안뜨기(M 60코, L 62코) / 안뜨기(M 85코, L 87코)
/ 안뜨기(M 60코, L 62코) / 안뜨기(M 38코, L 39코) + 겉뜨기 7코

### 53단

겉뜨기(M 44코, L 45코) + 오른코 늘리기 + 겉뜨기 1코
/ 겉뜨기 1코 + 왼코 늘리기 + 겉뜨기(M 58코, L 60코) + 오른코 늘리기 + 겉뜨기 1코
/ 겉뜨기 1코 + 왼코 늘리기 + 겉뜨기(M 83코, L 85코) + 오른코 늘리기 + 겉뜨기 1코
/ 겉뜨기 1코 + 왼코 늘리기 + 겉뜨기(M 58코, L 60코) + 오른코 늘리기 + 겉뜨기 1코
/ 겉뜨기 1코 + 왼코 늘리기 + 겉뜨기(M 44코, L 45코)

### 54단

겉뜨기 7코 + 안뜨기(M 39코, L 40코) / 안뜨기(M 62코, L 64코) / 안뜨기(M 87코, L 89코)
/ 안뜨기(M 62코, L 64코) / 안뜨기(M 39코, L 40코) + 겉뜨기 7코

※ M 사이즈는 54단까지 뜬 후 '6. 단수와 콧수 확인' 단계로 넘어가 이어서 떠 주세요.

### 55단

겉뜨기(L 46코) + 오른코 늘리기 + 겉뜨기 1코
/ 겉뜨기 1코 + 왼코 늘리기 + 겉뜨기(L 62코) + 오른코 늘리기 + 겉뜨기 1코
/ 겉뜨기 1코 + 왼코 늘리기 + 겉뜨기(L 87코) + 오른코 늘리기 + 겉뜨기 1코
/ 겉뜨기 1코 + 왼코 늘리기 + 겉뜨기(L 62코) + 오른코 늘리기 + 겉뜨기 1코
/ 겉뜨기 1코 + 왼코 늘리기 + 겉뜨기(L 46코)

### 56단

겉뜨기 7코 + 안뜨기(L 41코) / 안뜨기(L 66코) / 안뜨기(L 91코)
/ 안뜨기(L 66코) / 안뜨기(L 41코) + 겉뜨기 7코

### 57단

겉뜨기(L 47코) + 오른코 늘리기 + 겉뜨기 1코
/ 겉뜨기 1코 + 왼코 늘리기 + 겉뜨기(L 64코) + 오른코 늘리기 + 겉뜨기 1코
/ 겉뜨기 1코 + 왼코 늘리기 + 겉뜨기(L 89코) + 오른코 늘리기 + 겉뜨기 1코
/ 겉뜨기 1코 + 왼코 늘리기 + 겉뜨기(L 64코) + 오른코 늘리기 + 겉뜨기 1코

/ 겉뜨기 1코 + 왼코 늘리기 + 겉뜨기(L 47코)

**58단**
겉뜨기 7코 + 안뜨기(L 42코) / 안뜨기(L 68코) / 안뜨기(L 93코)
/ 안뜨기(L 68코) / 안뜨기(L 42코) + 겉뜨기 7코

**TIP**
- 코가 점점 늘어나기 때문에 짧은 케이블로 뜨기 시작했다면 긴 케이블로 바꾸어 떠 주세요.
- 마커는 /로 표시

단춧구멍 | | | | ㅅ O | | | | | |

1. 겉뜨기 3코를 떠 준 상태입니다.

2. 실을 안뜨기 하듯이 놓아 주세요.

3. 2코를 한 번에 찔러 떠 주는 왼코 중심 2코 모아뜨기를 떠 주세요.

4. 겉뜨기 3코 + 바늘비우기 + 2코 모아뜨기가 떠진 상태입니다. 이어서 겉뜨기 2코를 떠 주세요.

## 6. 단수와 콧수 확인

각 사이즈별로 단수와 콧수를 확인해 주세요. (마커는 /로 표시)

- S 사이즈 : 50단까지 뜨기. 전체 콧수 7+37 / 58 / 83 / 58 / 37+7
- M 사이즈 : 54단까지 뜨기. 전체 콧수 7+39 / 62 / 87 / 62 / 39+7
- L 사이즈 : 58단까지 뜨기. 전체 콧수 7+42 / 68 / 93 / 68 / 42+7

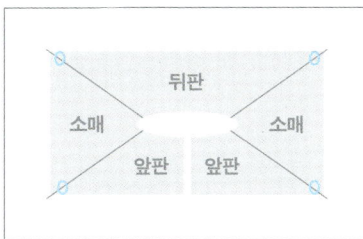 

S : 50단까지 / M : 54단까지 / L : 58단까지

## 7. 양쪽 소매 코 케이블에 걸어 두기

양쪽 소매를 케이블에 걸고 케이블 마개로 막아 주세요.

**TIP**
- 여분의 케이블이 없다면 자투리 실과 돗바늘을 준비해 주세요.
- 자투리 실을 돗바늘에 끼워 케이블을 대신해 코를 걸어 주세요. 풀리지 않도록 살살 묶은 후 몸통을 먼저 뜨고 소매를 떠 주세요.

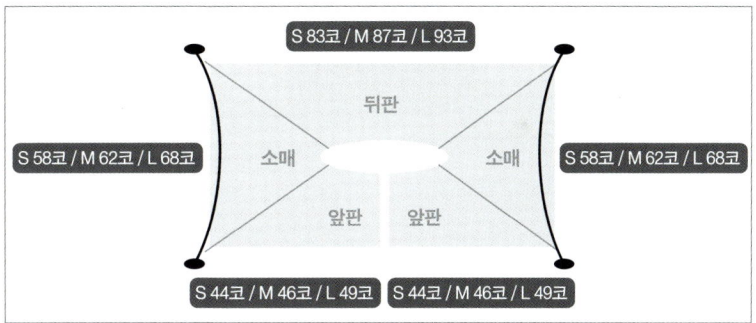

## 8. 별도 사슬 2개 만들어 주기

비슷한 굵기의 실을 준비해 주세요. 코바늘 8/0호로 사슬뜨기 코를 잡아 2개 완성해 주세요.

콧등에서 코를 주워야 하기 때문에 코를 느슨하게 잡아 주는 게 좋습니다.

- S 사이즈 : 사슬뜨기 10코로 2개 완성
- M 사이즈 : 사슬뜨기 10코로 2개 완성
- L 사이즈 : 사슬뜨기 10코로 2개 완성

**TIP** • 별도 사슬코는 뜨고 있는 실과 다른 색상으로 떠 주는 게 좋습니다.

[예시]

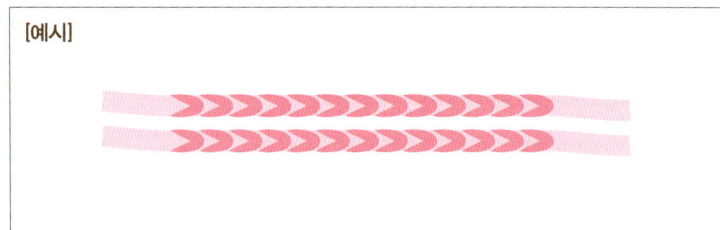

## 9. '앞판-겨드랑이-뒤판' 연결하기

앞판과 뒤판, 겨드랑이를 합쳐 줄 차례입니다. 뒤판에 있는 실을 잘라 시작 지점을 앞판으로 바꿔 주세요.
이때 80cm의 긴 케이블로 바꿔 주면 좋습니다.
홀수단을 뜨면서 하나의 바늘에 앞판, 뒤판, 겨드랑이 코가 모두 걸려 있도록 코를 합쳐 주세요.

**뜨개 순서**
앞판 → 별도 사슬 콧등에서 코줍기 → 뒤판 → 별도 사슬 콧등에서 코줍기 → 앞판

- S 사이즈
  [51단] : (앞판)겉뜨기 44코 + (소매)별도 사슬 콧등에서 10코 줍기 + (뒤판)83 + (소매)별도 사슬 콧등에서 10코 줍기
  + (앞판)겉뜨기 44코 = 총 191코
- M 사이즈
  [55단] : (앞판)겉뜨기 46코 + (소매)별도 사슬 콧등에서 10코 줍기 + (뒤판)87코 + (소매)별도 사슬 콧등에서 10코 줍기
  + (앞판)겉뜨기 46코 = 총 199코
- L 사이즈
  [59단] : (앞판)겉뜨기 49코 + (소매)별도 사슬 콧등에서 10코 줍기 + (뒤판)93코 + (소매)별도 사슬 콧등에서 10코 줍기
  + (앞판)겉뜨기 49코 = 총 211코

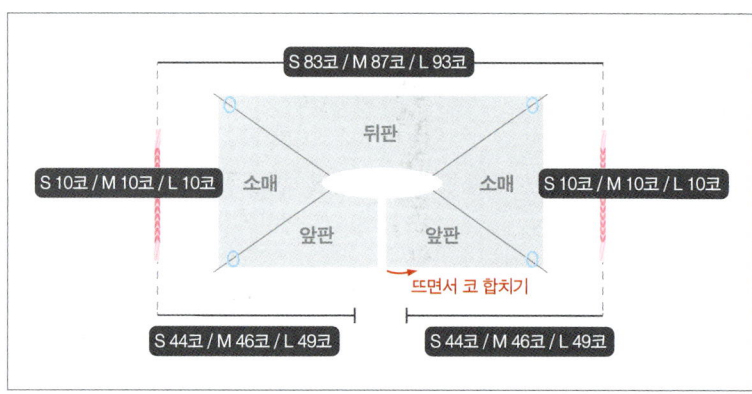

## 10. 몸통 뜨기

케이블에 앞판+겨드랑이+뒤판+겨드랑이+앞판이 합쳐졌습니다.
이어서 늘림코 없이 몸통을 떠 주세요. 단춧구멍단을 건너뛰지 않게 주의해서 떠 주세요.

- S 사이즈
  [홀수단] 51~121단까지, 겉뜨기 191코
  [짝수단] 52~122단까지, 겉뜨기 7코 + 안뜨기 177코 + 겉뜨기 7코
  🔴 [단춧구멍단] 63단, 89단, 115단(겉뜨기 3코 + 바늘비우기 + 2코 모아뜨기 + 겉뜨기 2코) + 겉뜨기 184코
- M 사이즈
  [홀수단] 55~121단까지, 겉뜨기 199코
  [짝수단] 56~122단까지, 겉뜨기 7코 + 안뜨기 185코 + 겉뜨기 7코
  🔴 [단춧구멍단] 63단, 89단, 115단(겉뜨기 3코 + 바늘비우기 + 2코 모아뜨기 + 겉뜨기 2코) + 겉뜨기 192코
- L 사이즈
  [홀수단] 59~121단까지, 겉뜨기 211코
  [짝수단] 60~122단까지, 겉뜨기 7코 + 안뜨기 197코 + 겉뜨기 7코
  🔴 [단춧구멍단] 63단, 89단, 115단(겉뜨기 3코 + 바늘비우기 + 2코 모아뜨기 + 겉뜨기 2코) + 겉뜨기 204코

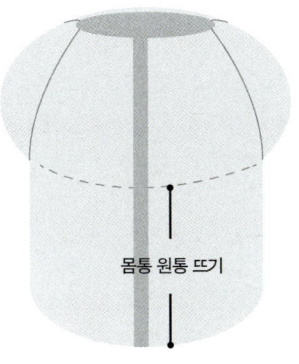 

몸통 원통 뜨기

## 11. 몸통 밑단 뜨기

4mm 바늘로 바꿔 주세요.

밑단은 1코 고무뜨기로 12단 뜬 후 돗바늘 마무리, 혹은 엎어 코막음으로 마무리해 주세요.

- S 사이즈 : 123~134단까지 (겉뜨기 + 안뜨기 + 겉뜨기 + 안뜨기 … 겉뜨기)
- M 사이즈 : 123~134단까지 (겉뜨기 + 안뜨기 + 겉뜨기 + 안뜨기 … 겉뜨기)
- L 사이즈 : 123~134단까지 (겉뜨기 + 안뜨기 + 겉뜨기 + 안뜨기 … 겉뜨기)

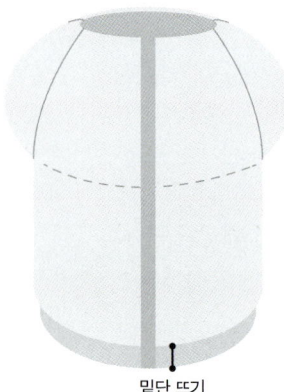

밑단 뜨기

## 12. 소매 코줍기

케이블에 걸려 있는 소매 코를 4.5mm 바늘에 옮겨 주세요.

소매 코와 별도 사슬코 콧등에서 코를 잡아 주세요.

이때 별도 사슬코 콧등에서는 늘어짐 코까지 잡혀 1코가 더 많아집니다.

(TIP) • 소매를 뜰 때는 쇼트 팁에 짧은 케이블을 연결해 떠 주면 좋습니다. (조립식 대바늘이 아닌 짧은 나무 줄 대바늘도 좋습니다.)
• 케이블 대신 자투리 실에 걸어 놓았을 경우 코의 방향을 잘 확인해 바늘에 옮겨 주세요.

- S 사이즈 : 소매 58코 + 콧등에서 11코 = 총 69코
- M 사이즈 : 소매 62코 + 콧등에서 11코 = 총 73코
- L 사이즈 : 소매 68코 + 콧등에서 11코 = 총 79코

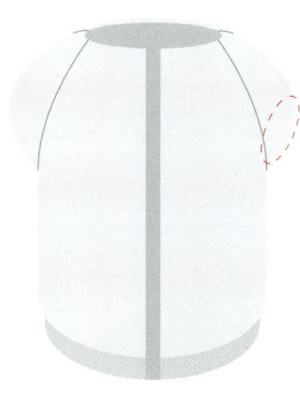

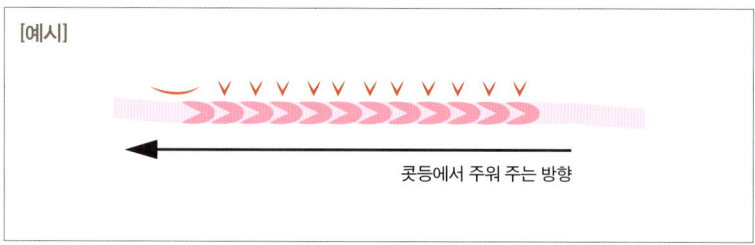

[예시]

콧등에서 주워 주는 방향

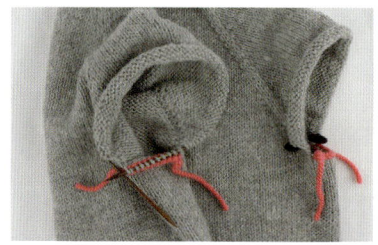

## 13. 소매 중심에서 뜨기 시작하기

별도 사슬에서 코를 주운 다음 시작 위치를 중간 지점으로 옮겨 주세요.

**TIP**
- 별도 사슬코에서 홀수코로 코가 주워집니다. 똑같이 반으로 나눌 수 없기 때문에 많은 콧수가 뒤판으로 갈 수 있도록 해 주세요.
- 뜨개 방향은 겉뜨기로 뜰 수 있도록 정해 줍니다.

- S 사이즈 : 11코를 5코 (시작 위치) 6코로 나누어 시작
- M 사이즈 : 11코를 5코 (시작 위치) 6코로 나누어 시작
- L 사이즈 : 11코를 5코 (시작 위치) 6코로 나누어 시작

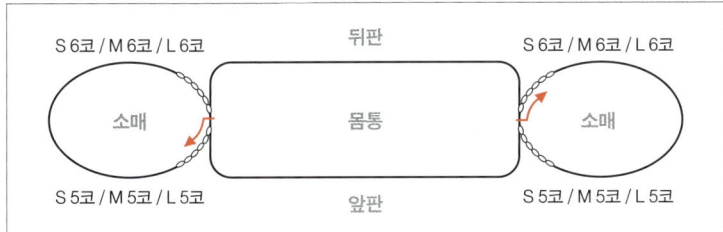

## 14. 소매 뜨기 전

소매 코와 별도 사슬코가 만나는 지점이 떨어져 있기 때문에 홀수단을 뜨면서 2코가 만나는 지점을 모아뜨기로 줄여 줍니다.

소매 코와 별도 사슬코가 만나는 지점에서 2코를 한 번에 찔러 겉뜨기로 떠 주세요. 앞판에서 1코, 뒤판에서 1코가 줄어 총 2코가 줄어듭니다.

**TIP**
- 벌어져 있는 코를 붙이기 위해 모아뜨기로 떠 주는 것이기 때문에 왼코 줄이기로 모두 떠 주어도 완성 모양에는 전혀 지장을 주지 않습니다. 위치에 맞게 왼코 줄이기, 오른코 줄이기로 줄여 주어도 괜찮습니다. (다만 오른코 줄이기로 떠 주면 벌어진 구멍이 왼코 줄이기보다 큽니다.)

- S 사이즈 : (51단) 전체 콧수 69코 → 67코
- M 사이즈 : (55단) 전체 콧수 73코 → 71코
- L 사이즈 : (59단) 전체 콧수 79코 → 77코

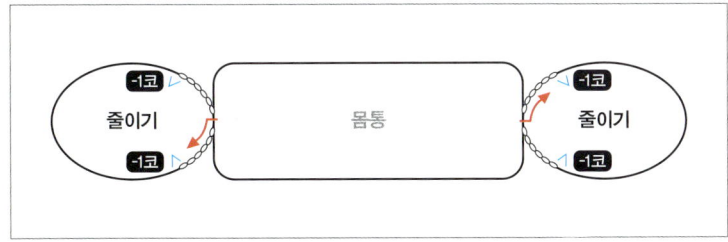

## 15. 소매 뜨기

소매 밑단까지 겉뜨기 원통 뜨기로 쭉 떠 주세요.
체형에 맞게 단수를 조절해도 됩니다.

- S 사이즈 : 총 67코. 겉뜨기로 85단 뜨기(51~135단)
- M 사이즈 : 총 71코. 겉뜨기로 85단 뜨기(55~139단)
- L 사이즈 : 총 77코. 겉뜨기로 85단 뜨기(59~143단)

[별도 사슬코 기준 왼쪽 코]

[별도 사슬코 기준 오른쪽 코]

## 16. 소매단 코 줄이기

손목을 자연스럽게 감싸기 위해 소매 밑단을 뜨기 전에 코를 줄여 주세요.
1 : 겉뜨기 1코 / 2 : 겉뜨기 2코 / ╱ : 왼코 줄이기 / ╲ : 오른코 줄이기

S 사이즈

136단 : 21코 줄여 주세요. 67코 → 46코

M 사이즈

140단 : 23코 줄여 주세요. 71코 → 48코

L 사이즈

144단 : 23코 줄여 주세요. 77코 → 54코

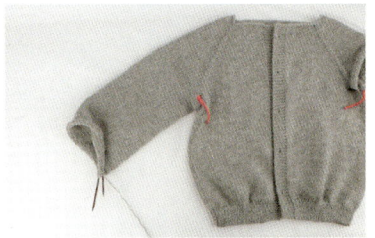

## 17. 소매 밑단 뜨기

4mm 바늘로 바꿔 주세요. 밑단은 1코 고무뜨기로 8단 뜬 후 돗바늘 마무리, 혹은 엎어 코막음으로 마무리해 주세요.

- S 사이즈 : (겉뜨기 + 안뜨기) × 23 반복하여 8단 뜨기(137~144단)
- M 사이즈 : (겉뜨기 + 안뜨기) × 24 반복하여 8단 뜨기(141~148단)
- L 사이즈 : (겉뜨기 + 안뜨기) × 27 반복하여 8단 뜨기(145~152단)

소매 밑단 뜨기

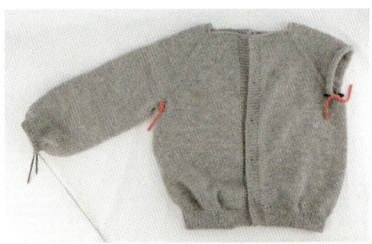

## 18. '12~17'을 참고하여 반대편 소매 뜨기

12~17을 참고하여 반대편 소매도 완성해 주세요.

## 19. 목에서 코줍기

4mm 바늘로 네크라인 코를 주워 주세요.

코를 주울 때 각 섹션에 표시된 콧수만큼 주워 주세요.

시작 기초코 콧수보다 6코 줄어듭니다.

- S 사이즈 : 95코 → 89코 줍기 / 1~5단 : (겉뜨기 + 안뜨기) × 반복
- M 사이즈 : 95코 → 89코 줍기 / 1~5단 : (겉뜨기 + 안뜨기) × 반복
- L 사이즈 : 103코 → 97코 줍기 / 1~5단 : (겉뜨기 + 안뜨기) × 반복

**TIP**
- 1코 고무뜨기로 뜰 때 너무 촘촘하게 뜨면 목이 답답할 수 있으니 손땀을 느슨하게 떠 주는 게 좋습니다.
- 각 섹션의 콧수에 맞게 1코씩 건너 뛰어 코를 주워 주세요.

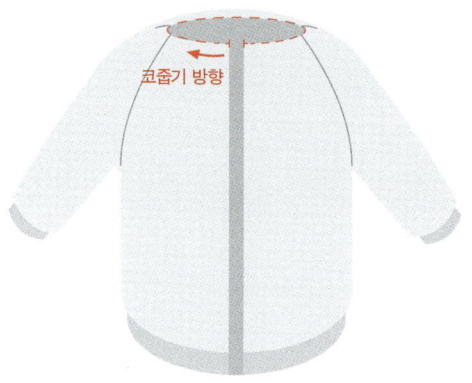

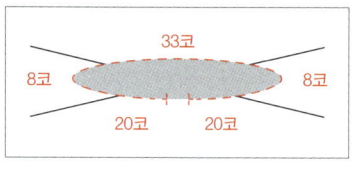
S 사이즈

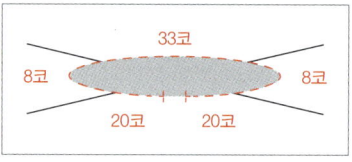
M 사이즈

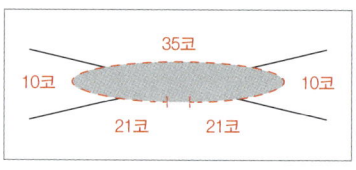
L 사이즈

## 20. 목 고무단 뜨기

원통 뜨기가 아닌 평면 뜨기입니다. 뜨개 방향에 주의하여 1코 고무단 6단을 뜬 후 돗바늘 마무리, 혹은 엎어 코막음으로 마무리해 주세요.

[1단] 코줍기
[2단] (안뜨기 + 겉뜨기 + 안뜨기 + 겉뜨기 … 안뜨기)
[3단] (겉뜨기 + 안뜨기 + 겉뜨기 + 안뜨기 … 겉뜨기)
[4단] (안뜨기 + 겉뜨기 + 안뜨기 + 겉뜨기 … 안뜨기)
[5단] (겉뜨기 + 안뜨기 + 겉뜨기 + 안뜨기 … 겉뜨기)
[6단] (안뜨기 + 겉뜨기 + 안뜨기 + 겉뜨기 … 안뜨기)
6단까지 뜬 후 돗바늘 마무리, 혹은 엎어 코막음으로 마무리

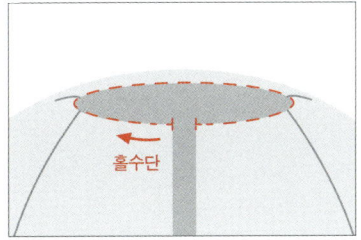
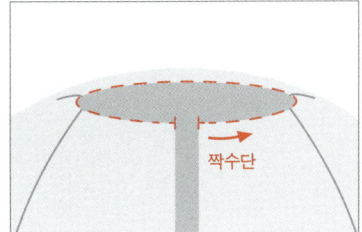

[돗바늘 1코 고무단 마무리]

## 21. 단추 달기

7코 가터 뜨기 부분의 중심에 단추를 달아 주세요.
S, M, L 사이즈 모두 단추의 단은 동일합니다.

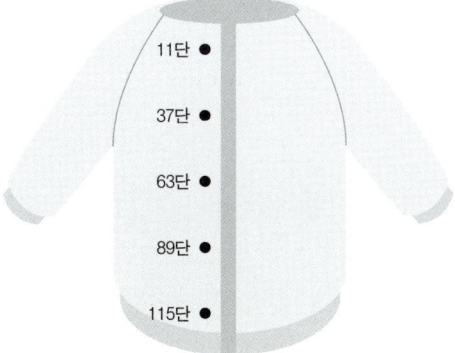

옷을 뜰 때 사용한 실로 단추를 꿰매 주면 좋습니다.

**22. 마무리**

옷이 완성되었습니다. 옷 안쪽에 있는 실들을 돗바늘을 사용해 숨겨 주세요. 겨드랑이 부분이 늘어나서 구멍이 보인다면 돗바늘을 사용해 구멍을 조여 주세요.

## 08
# 멜로우 브이 네크라인 롱 카디건

넉넉한 사이즈의 브이 네크라인 오픈형 카디건입니다.
메리야스 뜨기로 떴기 때문에 앞섶이 말릴 수 있어 앞섶을 따로 떠서 돗바늘로 이어 주었습니다.
카디건의 길이가 길어서 앞섶을 한 번에 이어 주면 옷이 틀어질 수 있기 때문에
뒷목 중심 기준으로 반씩 떠서 오른쪽, 왼쪽을 따로 이어 주었습니다.

| | |
|---|---|
| **전체 사이즈** | **사이즈** Free<br>**가슴** 62cm<br>**목-소매끝** 65cm<br>**암홀** 28cm<br>**소매너비** 25.5cm<br>**총 길이** 100cm |
| **게이지** | 10cm×10cm 10코, 13단 / 1cm=1코 1cm=1.3단 |
| **사용한 바늘** | 조립식 대바늘 9mm, 7mm(시작, 소매 40cm 케이블, 몸통 60~120cm 케이블) |
| **실 소요량** | 멜로우얀 100g×12볼 |
| **난이도** | ●●○○○ |

**디자인 코멘트**

한 번쯤 꼭 만들고 싶었던 기장이 긴 카디건이에요. 시간에 쫓겨 다음에 떠야지 하고 미루다가 드디어 완성했어요. 여러 겹으로 해도 가벼운 멜로우얀으로 숭덩숭덩 비교적 빠른 시간에 완성할 수 있어요. 이른 봄, 초겨울까지 코디 걱정 없이 입기 좋답니다.

## 1. 기초코 잡기

**1단**

멜로우얀 3겹으로 떠 주세요. 40cm~60cm 케이블을 연결한 9mm 대바늘에 기초코 36코를 잡아 주세요.
원통 뜨기가 아닌 평면 뜨기로 떠 주세요.

> **TIP** • 44~77까지 입기 좋은 FREE 사이즈입니다.

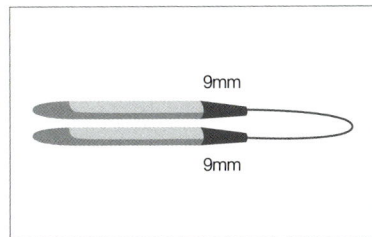 

## 2. 앞판, 소매, 뒤판, 소매를 마커로 나누기

2단부터 뜨기 시작입니다. 2단에서는 안뜨기로 뜨면서 마커로 섹션을 나누어 줍니다. 아래의 2단 설명을 보고 평면 뜨기로 떠 주세요.

**2단**

**앞판** 안뜨기 2코)
**소매** ◯ (마커 끼우고) 안뜨기 8코
**뒤판** ◯ (마커 끼우고) 안뜨기 16코
**소매** ◯ (마커 끼우고) 안뜨기 8코
**앞판** ◯ (마커 끼우고) 안뜨기 2코

> **TIP** • 카디건이기 때문에 원통 뜨기가 아닌 평면 뜨기로 떠 주세요.

**가터 뜨기란?**
홀수단, 짝수단에서 모두 겉뜨기로 뜨는 방법

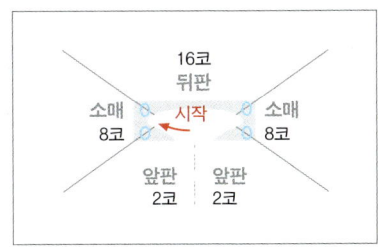 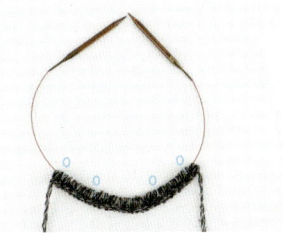

## 3. 홀수단 : 코 늘리기

홀수단에서는 코늘림이 들어갑니다.

**3단**

- **앞판** 겉뜨기 1코 + 오른코 늘리기 + 겉뜨기 1코
- **소매** ○겉뜨기 1코 + 왼코 늘리기 + 겉뜨기 6코 + 오른코 늘리기 + 겉뜨기 1코
- **뒤판** ○겉뜨기 1코 + 왼코 늘리기 + 겉뜨기 14코 + 오른코 늘리기 + 겉뜨기 1코
- **소매** ○겉뜨기 1코 + 왼코 늘리기 + 겉뜨기 6코 + 오른코 늘리기 + 겉뜨기 1코
- **앞판** ○겉뜨기 1코 + 왼코 늘리기 + 겉뜨기 1코

**TIP** • 마커 기준으로 양옆 겉뜨기 2코는 래글런 선(목에서 겨드랑이까지 내려오는 대각선)이 됩니다.

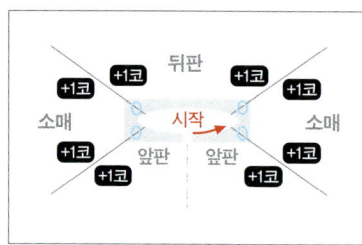

## 4. 짝수단 : 코늘림 확인하면서 뜨기

홀수단에서 8코가 늘어났는지 짝수단을 뜨면서 확인해 주세요.

**4단**

- **앞판** 안뜨기 3코
- **소매** ○안뜨기 10코
- **뒤판** ○안뜨기 18코
- **소매** ○안뜨기 10코
- **앞판** ○안뜨기 3코

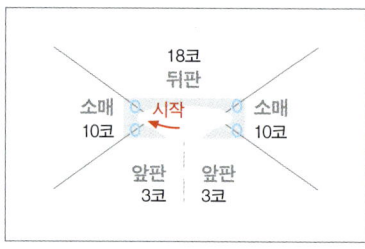

## 5. '3~4'를 반복해서 겨드랑이 지점까지 뜨기

3~4를 참고하여 브이 네크라인이 합쳐지는 지점까지 반복해서 떠 주세요.
홀수단 : 8코 늘리기(★단 : 10코 늘리기), 짝수단 : 늘림 없이 안뜨기, 마커는 /로 표시

**TIP** • 코가 점점 늘어나기 때문에 짧은 케이블로 뜨기 시작했다면 긴 케이블로 바꾸어 떠 주세요.

★ 단에서는 10코가 늘어납니다.
그 외 홀수단에서는 8코씩 늘어납니다.

### 5단
겉뜨기 2코 + 오른코 늘리기 + 겉뜨기 1코
/ 겉뜨기 1코 + 왼코 늘리기 + 겉뜨기 8코 + 오른코 늘리기 + 겉뜨기 1코
/ 겉뜨기 1코 + 왼코 늘리기 + 겉뜨기 16코 + 오른코 늘리기 + 겉뜨기 1코
/ 겉뜨기 1코 + 왼코 늘리기 + 겉뜨기 8코 + 오른코 늘리기 + 겉뜨기 1코
/ 겉뜨기 1코 + 왼코 늘리기 + 겉뜨기 2코

### 6단
안뜨기 4코 / 안뜨기 12코 / 안뜨기 20코 / 안뜨기 12코 / 안뜨기 4코

### ★7단
겉뜨기 1코 + 왼코 늘리기 + 겉뜨기 2코 + 오른코 늘리기 + 겉뜨기 1코
/ 겉뜨기 1코 + 왼코 늘리기 + 겉뜨기 10코 + 오른코 늘리기 + 겉뜨기 1코
/ 겉뜨기 1코 + 왼코 늘리기 + 겉뜨기 18코 + 오른코 늘리기 + 겉뜨기 1코
/ 겉뜨기 1코 + 왼코 늘리기 + 겉뜨기 10코 + 오른코 늘리기 + 겉뜨기 1코
/ 겉뜨기 1코 + 왼코 늘리기 + 겉뜨기 2코 + 오른코 늘리기 + 겉뜨기 1코

### 8단
안뜨기 6코 / 안뜨기 14코 / 안뜨기 22코 / 안뜨기 14코 / 안뜨기 6코

### 9단
겉뜨기 5코 + 오른코 늘리기 + 겉뜨기 1코
/ 겉뜨기 1코 + 왼코 늘리기 + 겉뜨기 12코 + 오른코 늘리기 + 겉뜨기 1코
/ 겉뜨기 1코 + 왼코 늘리기 + 겉뜨기 20코 + 오른코 늘리기 + 겉뜨기 1코
/ 겉뜨기 1코 + 왼코 늘리기 + 겉뜨기 12코 + 오른코 늘리기 + 겉뜨기 1코
/ 겉뜨기 1코 + 왼코 늘리기 + 겉뜨기 5코

### 10단
안뜨기 7코 / 안뜨기 16코 / 안뜨기 24코 / 안뜨기 16코 / 안뜨기 7코

### 11단
겉뜨기 6코 + 오른코 늘리기 + 겉뜨기 1코
/ 겉뜨기 1코 + 왼코 늘리기 + 겉뜨기 14코 + 오른코 늘리기 + 겉뜨기 1코
/ 겉뜨기 1코 + 왼코 늘리기 + 겉뜨기 22코 + 오른코 늘리기 + 겉뜨기 1코
/ 겉뜨기 1코 + 왼코 늘리기 + 겉뜨기 14코 + 오른코 늘리기 + 겉뜨기 1코
/ 겉뜨기 1코 + 왼코 늘리기 + 겉뜨기 6코

**12단**

안뜨기 8코 / 안뜨기 18코 / 안뜨기 26코 / 안뜨기 18코 / 안뜨기 8코

**★13단**

겉뜨기 1코 + 왼코 늘리기 + 겉뜨기 6코 + 오른코 늘리기 + 겉뜨기 1코
/ 겉뜨기 1코 + 왼코 늘리기 + 겉뜨기 16코 + 오른코 늘리기 + 겉뜨기 1코
/ 겉뜨기 1코 + 왼코 늘리기 + 겉뜨기 24코 + 오른코 늘리기 + 겉뜨기 1코
/ 겉뜨기 1코 + 왼코 늘리기 + 겉뜨기 16코 + 오른코 늘리기 + 겉뜨기 1코
/ 겉뜨기 1코 + 왼코 늘리기 + 겉뜨기 6코 + 오른코 늘리기 + 겉뜨기 1코

**14단**

안뜨기 10코 / 안뜨기 20코 / 안뜨기 28코 / 안뜨기 20코 / 안뜨기 10코

**15단**

겉뜨기 9코 + 오른코 늘리기 + 겉뜨기 1코
/ 겉뜨기 1코 + 왼코 늘리기 + 겉뜨기 18코 + 오른코 늘리기 + 겉뜨기 1코
/ 겉뜨기 1코 + 왼코 늘리기 + 겉뜨기 26코 + 오른코 늘리기 + 겉뜨기 1코
/ 겉뜨기 1코 + 왼코 늘리기 + 겉뜨기 18코 + 오른코 늘리기 + 겉뜨기 1코
/ 겉뜨기 1코 + 왼코 늘리기 + 겉뜨기 9코

**16단**

안뜨기 11코 / 안뜨기 22코 / 안뜨기 30코 / 안뜨기 22코 / 안뜨기 11코

**17단**

겉뜨기 10코 + 오른코 늘리기 + 겉뜨기 1코
/ 겉뜨기 1코 + 왼코 늘리기 + 겉뜨기 20코 + 오른코 늘리기 + 겉뜨기 1코
/ 겉뜨기 1코 + 왼코 늘리기 + 겉뜨기 28코 + 오른코 늘리기 + 겉뜨기 1코
/ 겉뜨기 1코 + 왼코 늘리기 + 겉뜨기 20코 + 오른코 늘리기 + 겉뜨기 1코
/ 겉뜨기 1코 + 왼코 늘리기 + 겉뜨기 10코

**18단**

안뜨기 12코 / 안뜨기 24코 / 안뜨기 32코 / 안뜨기 24코 / 안뜨기 12코

**★19단**

겉뜨기 1코 + 왼코 늘리기 + 겉뜨기 10코 + 오른코 늘리기 + 겉뜨기 1코
/ 겉뜨기 1코 + 왼코 늘리기 + 겉뜨기 22코 + 오른코 늘리기 + 겉뜨기 1코
/ 겉뜨기 1코 + 왼코 늘리기 + 겉뜨기 30코 + 오른코 늘리기 + 겉뜨기 1코
/ 겉뜨기 1코 + 왼코 늘리기 + 겉뜨기 22코 + 오른코 늘리기 + 겉뜨기 1코
/ 겉뜨기 1코 + 왼코 늘리기 + 겉뜨기 10코 + 오른코 늘리기 + 겉뜨기 1코

**20단**

안뜨기 14코 / 안뜨기 26코 / 안뜨기 34코 / 안뜨기 26코 / 안뜨기 14코

**21단**

겉뜨기 13코 + 오른코 늘리기 + 겉뜨기 1코
/ 겉뜨기 1코 + 왼코 늘리기 + 겉뜨기 24코 + 오른코 늘리기 + 겉뜨기 1코
/ 겉뜨기 1코 + 왼코 늘리기 + 겉뜨기 32코 + 오른코 늘리기 + 겉뜨기 1코
/ 겉뜨기 1코 + 왼코 늘리기 + 겉뜨기 24코 + 오른코 늘리기 + 겉뜨기 1코
/ 겉뜨기 1코 + 왼코 늘리기 + 겉뜨기 13코

**22단**

안뜨기 15코 / 안뜨기 28코 / 안뜨기 36코 / 안뜨기 28코 / 안뜨기 15코

**23단**

겉뜨기 14코 + 오른코 늘리기 + 겉뜨기 1코
/ 겉뜨기 1코 + 왼코 늘리기 + 겉뜨기 26코 + 오른코 늘리기 + 겉뜨기 1코
/ 겉뜨기 1코 + 왼코 늘리기 + 겉뜨기 34코 + 오른코 늘리기 + 겉뜨기 1코
/ 겉뜨기 1코 + 왼코 늘리기 + 겉뜨기 26코 + 오른코 늘리기 + 겉뜨기 1코
/ 겉뜨기 1코 + 왼코 늘리기 + 겉뜨기 14코

**24단**

안뜨기 16코 / 안뜨기 30코 / 안뜨기 38코 / 안뜨기 30코 / 안뜨기 16코

**★25단**

겉뜨기 1코 + 왼코 늘리기 + 겉뜨기 14코 + 오른코 늘리기 + 겉뜨기 1코
/ 겉뜨기 1코 + 왼코 늘리기 + 겉뜨기 28코 + 오른코 늘리기 + 겉뜨기 1코
/ 겉뜨기 1코 + 왼코 늘리기 + 겉뜨기 36코 + 오른코 늘리기 + 겉뜨기 1코
/ 겉뜨기 1코 + 왼코 늘리기 + 겉뜨기 28코 + 오른코 늘리기 + 겉뜨기 1코
/ 겉뜨기 1코 + 왼코 늘리기 + 겉뜨기 14코 + 오른코 늘리기 + 겉뜨기 1코

**26단**

안뜨기 18코 / 안뜨기 32코 / 안뜨기 40코 / 안뜨기 32코 / 안뜨기 18코

**27단**

겉뜨기 17코 + 오른코 늘리기 + 겉뜨기 1코
/ 겉뜨기 1코 + 왼코 늘리기 + 겉뜨기 30코 + 오른코 늘리기 + 겉뜨기 1코
/ 겉뜨기 1코 + 왼코 늘리기 + 겉뜨기 38코 + 오른코 늘리기 + 겉뜨기 1코
/ 겉뜨기 1코 + 왼코 늘리기 + 겉뜨기 30코 + 오른코 늘리기 + 겉뜨기 1코
/ 겉뜨기 1코 + 왼코 늘리기 + 겉뜨기 17코

**28단**

안뜨기 19코 / 안뜨기 34코 / 안뜨기 42코 / 안뜨기 34코 / 안뜨기 19코

**29단**

겉뜨기 18코 + 오른코 늘리기 + 겉뜨기 1코
/ 겉뜨기 1코 + 왼코 늘리기 + 겉뜨기 32코 + 오른코 늘리기 + 겉뜨기 1코
/ 겉뜨기 1코 + 왼코 늘리기 + 겉뜨기 40코 + 오른코 늘리기 + 겉뜨기 1코
/ 겉뜨기 1코 + 왼코 늘리기 + 겉뜨기 32코 + 오른코 늘리기 + 겉뜨기 1코
/ 겉뜨기 1코 + 왼코 늘리기 + 겉뜨기 18코

**30단**

안뜨기 20코 / 안뜨기 36코 / 안뜨기 44코 / 안뜨기 36코 / 안뜨기 20코

**★31단**

겉뜨기 1코 + 왼코 늘리기 + 겉뜨기 18코 + 오른코 늘리기 + 겉뜨기 1코
/ 겉뜨기 1코 + 왼코 늘리기 + 겉뜨기 34코 + 오른코 늘리기 + 겉뜨기 1코
/ 겉뜨기 1코 + 왼코 늘리기 + 겉뜨기 42코 + 오른코 늘리기 + 겉뜨기 1코
/ 겉뜨기 1코 + 왼코 늘리기 + 겉뜨기 34코 + 오른코 늘리기 + 겉뜨기 1코
/ 겉뜨기 1코 + 왼코 늘리기 + 겉뜨기 18코 + 오른코 늘리기 + 겉뜨기 1코

### 32단
안뜨기 22코 / 안뜨기 38코 / 안뜨기 46코 / 안뜨기 38코 / 안뜨기 22코

### 33단
겉뜨기 21코 + 오른코 늘리기 + 겉뜨기 1코
/ 겉뜨기 1코 + 왼코 늘리기 + 겉뜨기 36코 + 오른코 늘리기 + 겉뜨기 1코
/ 겉뜨기 1코 + 왼코 늘리기 + 겉뜨기 44코 + 오른코 늘리기 + 겉뜨기 1코
/ 겉뜨기 1코 + 왼코 늘리기 + 겉뜨기 36코 + 오른코 늘리기 + 겉뜨기 1코
/ 겉뜨기 1코 + 왼코 늘리기 + 겉뜨기 21코

### 34단
안뜨기 23코 / 안뜨기 40코 / 안뜨기 48코 / 안뜨기 40코 / 안뜨기 23코

### 35단
겉뜨기 22코 + 오른코 늘리기 + 겉뜨기 1코
/ 겉뜨기 1코 + 왼코 늘리기 + 겉뜨기 38코 + 오른코 늘리기 + 겉뜨기 1코
/ 겉뜨기 1코 + 왼코 늘리기 + 겉뜨기 46코 + 오른코 늘리기 + 겉뜨기 1코
/ 겉뜨기 1코 + 왼코 늘리기 + 겉뜨기 38코 + 오른코 늘리기 + 겉뜨기 1코
/ 겉뜨기 1코 + 왼코 늘리기 + 겉뜨기 22코

### 36단
안뜨기 24코 / 안뜨기 42코 / 안뜨기 50코 / 안뜨기 42코 / 안뜨기 24코

### ★37단
겉뜨기 1코 + 왼코 늘리기 + 겉뜨기 22코 + 오른코 늘리기 + 겉뜨기 1코
/ 겉뜨기 1코 + 왼코 늘리기 + 겉뜨기 40코 + 오른코 늘리기 + 겉뜨기 1코
/ 겉뜨기 1코 + 왼코 늘리기 + 겉뜨기 48코 + 오른코 늘리기 + 겉뜨기 1코
/ 겉뜨기 1코 + 왼코 늘리기 + 겉뜨기 40코 + 오른코 늘리기 + 겉뜨기 1코
/ 겉뜨기 1코 + 왼코 늘리기 + 겉뜨기 22코 + 오른코 늘리기 + 겉뜨기 1코

### 38단
안뜨기 26코 / 안뜨기 44코 / 안뜨기 52코 / 안뜨기 44코 / 안뜨기 26코

### 39단
겉뜨기 25코 + 오른코 늘리기 + 겉뜨기 1코
/ 겉뜨기 1코 + 왼코 늘리기 + 겉뜨기 42코 + 오른코 늘리기 + 겉뜨기 1코
/ 겉뜨기 1코 + 왼코 늘리기 + 겉뜨기 50코 + 오른코 늘리기 + 겉뜨기 1코
/ 겉뜨기 1코 + 왼코 늘리기 + 겉뜨기 42코 + 오른코 늘리기 + 겉뜨기 1코
/ 겉뜨기 1코 + 왼코 늘리기 + 겉뜨기 25코

### 40단
안뜨기 27코 / 안뜨기 46코 / 안뜨기 54코 / 안뜨기 46코 / 안뜨기 27코

## 6. 단수와 콧수 확인

단수와 콧수를 확인해 주세요. (마커는 /로 표시)

27 / 46 / 54 / 46 / 27

총 200코가 됩니다.

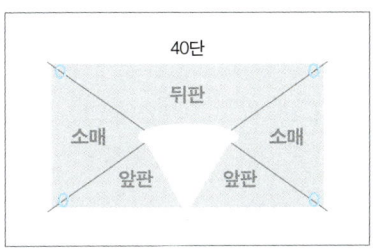

## 7. 양쪽 소매 코 케이블에 걸어 두기

양쪽 소매를 케이블에 걸고 케이블 마개로 막아 주세요.

**TIP**
- 여분의 케이블이 없다면 자투리 실과 돗바늘을 준비해 주세요.
- 자투리 실을 돗바늘에 끼워 케이블을 대신해 코를 걸어 주세요. 풀리지 않도록 살살 묶은 후 몸통을 먼저 뜨고 소매를 떠 주세요.

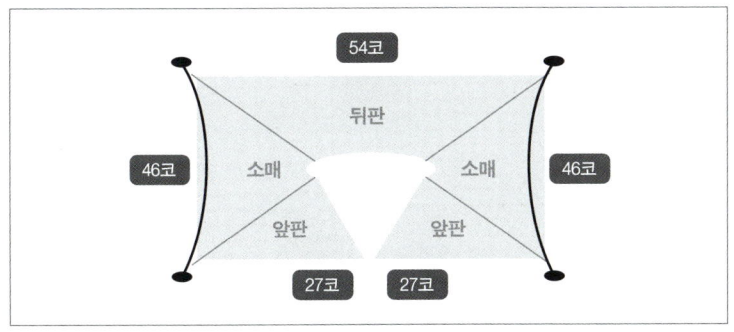

## 8. 별도 사슬 2개 만들어 주기

비슷한 굵기의 실을 준비해 주세요. 코바늘 10/0호로 사슬뜨기 6코를 잡아 2개 완성해 주세요.

콧등에서 코를 주워야 하기 때문에 코를 느슨하게 잡아 주는 게 좋습니다.

**TIP**
- 별도 사슬코는 뜨고 있는 실과 다른 색상으로 떠 주는 게 좋습니다.

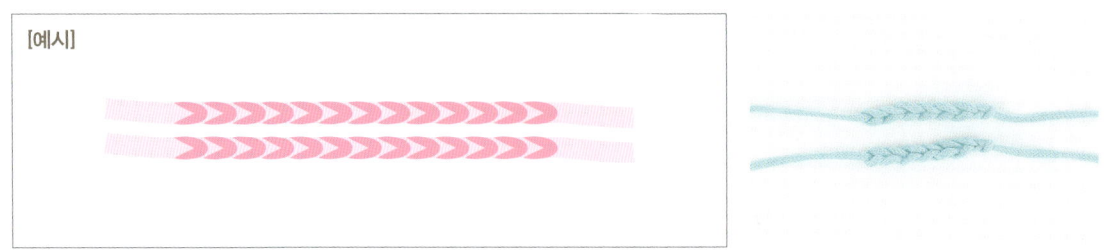

[예시]

## 9. '앞판-겨드랑이-뒤판' 연결하기

앞판과 뒤판, 겨드랑이를 합쳐 줄 차례입니다. 뒤판에 있는 실을 잘라 시작 지점을 앞판으로 바꿔 주세요. 이때 80cm의 긴 케이블로 바꿔 주면 좋습니다.

홀수단을 뜨면서 하나의 바늘에 앞판, 뒤판, 겨드랑이 코가 모두 걸려 있도록 코를 합쳐 주세요.

**뜨개 순서**
앞판 → 별도 사슬 콧등에서 코줍기 → 뒤판 → 별도 사슬 콧등에서 코줍기 → 앞판

[41단] : (앞판)겉뜨기 27코 + (소매)별도 사슬 콧등에서 6코 줍기 + (뒤판)54코 + (소매)별도 사슬 콧등에서 6코 줍기 + (앞판)겉뜨기 27코 = 총 120코

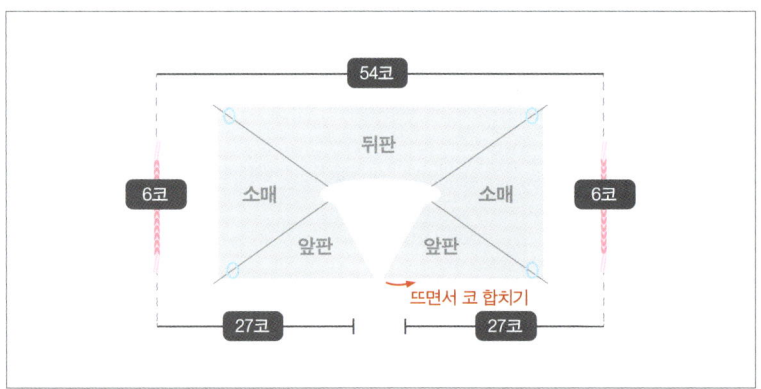

같은 방향으로 바늘을 찔러 코를 주워 주세요.

## 10. 몸통 뜨기

케이블에 앞판+겨드랑이+뒤판+겨드랑이+앞판이 합쳐졌습니다.
이어서 늘림코 없이 몸통을 떠 주세요.

[홀수단]
41~119단까지: 겉뜨기 120코
[짝수단]
42~120단까지: 안뜨기 120코

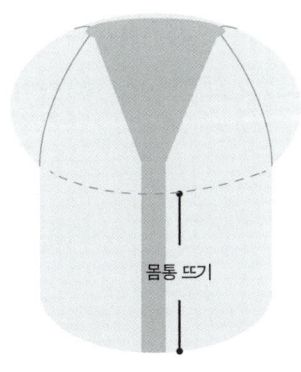

## 11. 몸통 밑단 뜨기

7mm 바늘로 바꿔 주세요. 밑단은 1코 고무뜨기로 6단 뜬 후 돗바늘 마무리, 혹은 엎어 코막음으로 마무리해 주세요.
이때 겉뜨기로 시작해서 겉뜨기로 끝내야 하기 때문에 전체 콧수를 홀수로 맞춰 주세요.
처음 시작 코에서 2코를 모아 겉뜨기로 떠 주고(=왼코 줄이기) 안뜨기 1코, 겉뜨기 1코 반복하여 완성해 주세요.

121~126단까지 (겉뜨기 + 안뜨기 + 겉뜨기 + 안뜨기 … 겉뜨기)

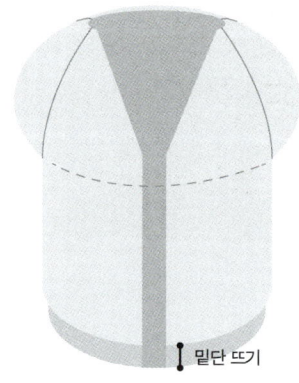

밑단 뜨기

## 12. 소매 코줍기

케이블에 걸려 있는 소매 코를 9mm 바늘에 옮겨 주세요.
소매 코와 별도 사슬코 콧등에서 코를 잡아 주세요.
이때 별도 사슬코 콧등에서는 늘어짐 코까지 잡혀 1코가 더 많아집니다.

> **TIP**
> - 소매를 뜰 때는 쇼트 팁에 짧은 케이블을 연결해 떠 주면 좋습니다. (조립식 대바늘이 아닌 짧은 나무 줄 대바늘도 좋습니다.)
> - 케이블 대신 자투리 실에 걸어 놓았을 경우 코의 방향을 잘 확인해 바늘에 옮겨 주세요.

소매 46코 + 콧등에서 7코 = 총 53코

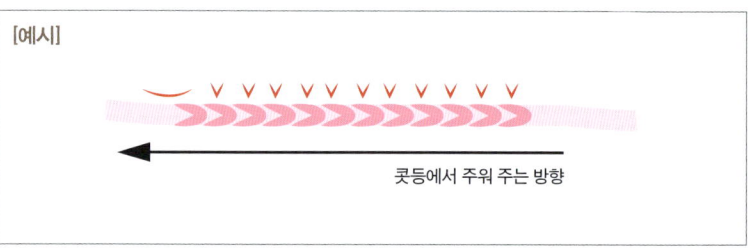

### 13. 소매 중심에서 뜨기 시작하기

별도 사슬에서 코를 주운 다음 시작 위치를 중간 지점으로 옮겨 주세요.
많은 콧수가 뒤판으로 가도록 잡아 주세요.

> **TIP**
> - 별도 사슬코에서 홀수코로 코가 주워집니다. 똑같이 반으로 나눌 수 없기 때문에 많은 콧수가 뒤판으로 갈 수 있도록 해 주세요.
> - 뜨개 방향은 겉뜨기로 뜰 수 있도록 정해 줍니다.

7코를 4코 (시작 위치) 3코로 나누어 시작

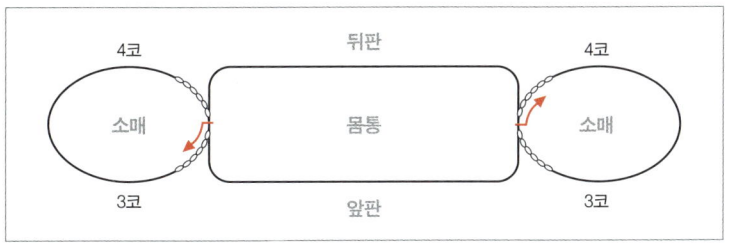 

### 14. 소매 뜨기 전

소매 코와 별도 사슬코가 만나는 지점이 떨어져 있기 때문에 홀수단을 뜨면서 2코가 만나는 지점을 모아뜨기로 줄여 줍니다.

소매 코와 별도 사슬코가 만나는 지점에서 2코를 한 번에 찔러 겉뜨기로 떠주세요. 앞판에서 1코, 뒤판에서 1코가 줄어 총 2코가 줄어듭니다.

> **TIP**
> - 벌어져 있는 코를 붙이기 위해 모아뜨기로 떠 주는 것이기 때문에 왼코 줄이기로 모두 떠 주어도 완성 모양에는 전혀 지장을 주지 않습니다. 위치에 맞게 왼코 줄이기, 오른코 줄이기로 줄여 주어도 괜찮습니다. (다만 오른코 줄이기로 떠 주면 벌어진 구멍이 왼코 줄이기보다 큽니다.)

(41단) 전체 콧수 53코 → 51코

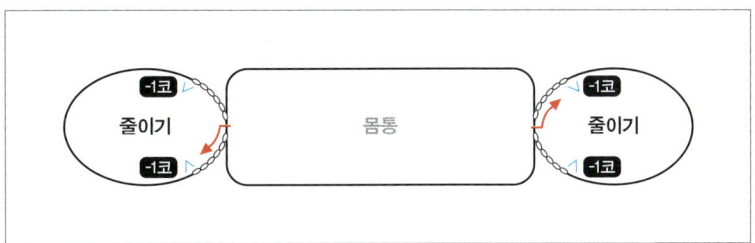

## 15. 소매 뜨기

겉뜨기 원통 뜨기로 떠 주세요. 취향에 맞게 단수를 조절해도 됩니다.

총 51코. 겉뜨기로 48단 뜨기(41~88단)

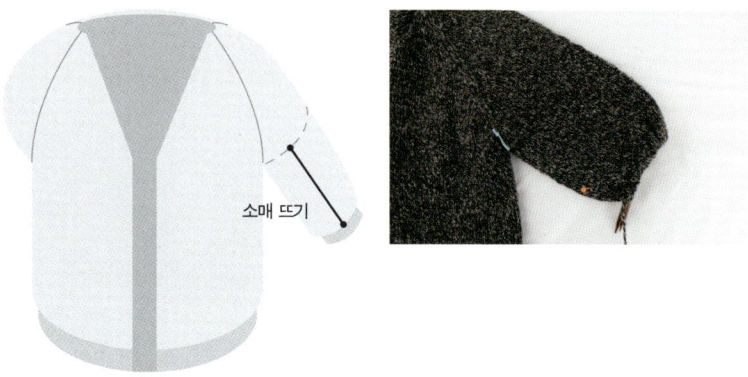

## 16. 소매 밑단 뜨기

7mm 바늘로 바꿔 주세요. 고무단을 뜨기 위해서 전체 코수를 짝수로 맞춰야 하기 때문에 처음 시작 코에서 2코를 모아 겉뜨기로 떠 주고(=왼코 줄이기) 1코 고무단 8단을 떠 주세요.

밑단은 1코 고무뜨기로 8단 뜬 후 돗바늘 마무리, 혹은 엎어 코막음으로 마무리해 주세요.

- 89단 : 겉뜨기 2코 모아뜨기 + (안뜨기 + 겉뜨기 + 안뜨기 … 안뜨기)
- 90~96단 : (겉뜨기 + 안뜨기 + 겉뜨기 + 안뜨기 … 안뜨기)

### 17. '12~16'을 참고하여 반대편 소매 뜨기

12~16을 참고하여 반대편 소매도 완성해 주세요.

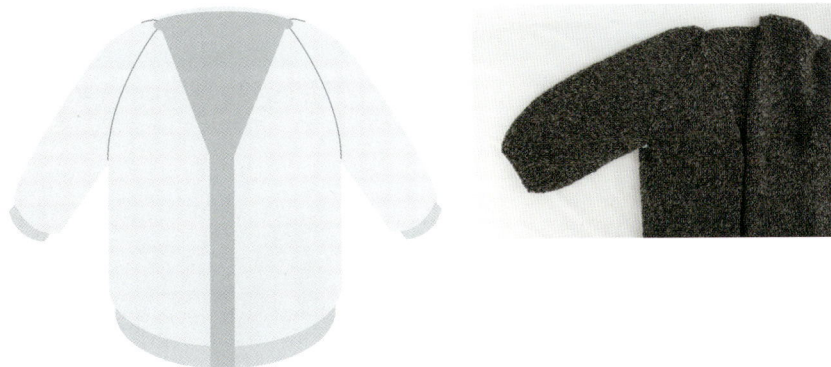

### 18. 테두리 고무단 뜨기

테두리 고무단을 따로 떠서 이어 주세요. 한 번에 떠서 이어 주면 고무단이 기울어지고 연결할 때 엉킬 수 있으니 뒷목 기준으로 반씩 떠서 이어 주세요.

7mm 바늘로 기초코 7코를 잡은 후 138단 떠 주세요. 2장 떠 주세요.

> **TIP**
> - 꿰매지 않는 바깥 테두리 부분은 2단에 한 번씩 걸러뜨기(=뜨지 않고 오른쪽 바늘에 옮기기)해 주세요. 왼쪽 고무단은 홀수단 첫코 걸러뜨기, 오른쪽 고무단은 짝수단 첫코 걸러뜨기

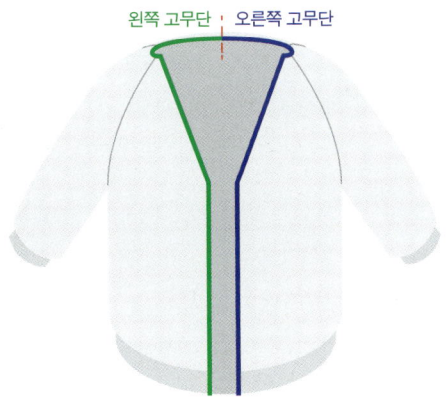

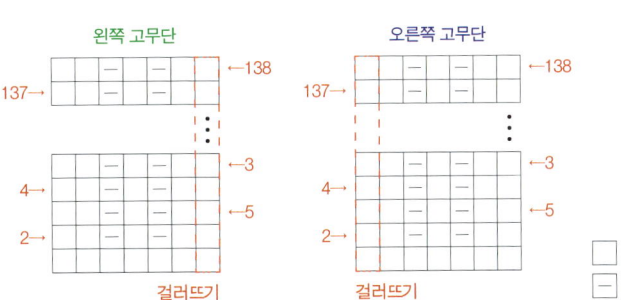

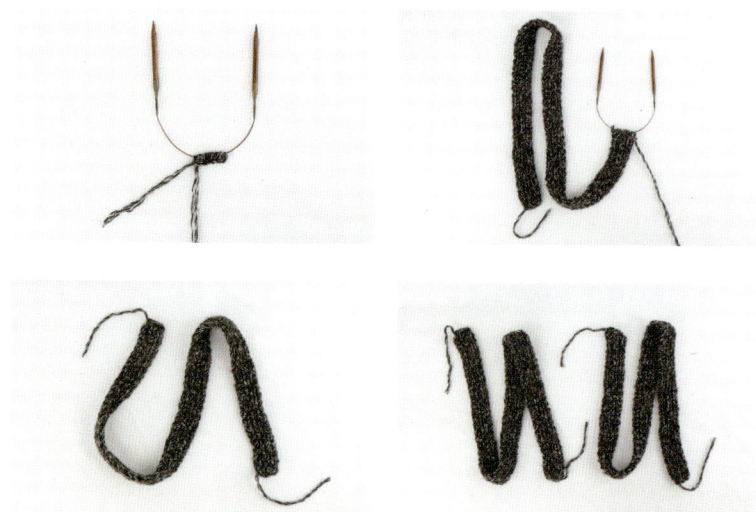

### 19. 테두리 고무단 연결

돗바늘에 실을 끼워 연결 방향에 맞게 연결해 주세요.
뒷목에서 왼쪽 고무단, 오른쪽 고무단이 만나게 됩니다. 만나는 부분을 돗바늘로 연결해 주세요.

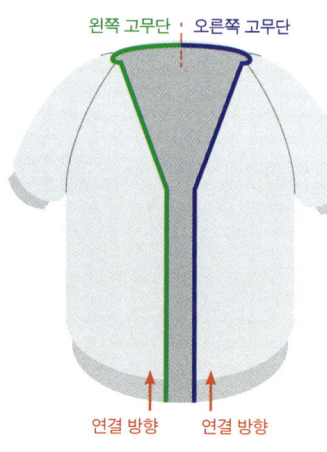

연결 위치에 10단마다 마커를 끼워 표시해 주면 연결하기 쉽습니다.

### 20. 마무리

옷이 완성되었습니다. 옷 안쪽에 있는 실들을 돗바늘을 사용해 숨겨 주세요. 겨드랑이 부분이 늘어나서 구멍이 보인다면 돗바늘을 사용해 구멍을 조여 주세요.

## 09
# 스트링 랩 카디건

늘림단 패턴이 구간별로 다르게 완성되었습니다.
규칙이 다르기 때문에 단수와 코수를 확인하면서 떠 주세요.
앞섶은 고무뜨기로 길게 뜬 후 돗바늘로 이어서 완성했습니다.

| | |
|---|---|
| **전체 사이즈** | **사이즈** S, M, L |
| | **가슴** S : 45cm, M : 50cm, L : 55cm |
| | **목-소매끝** S : 65cm, M : 66cm, L : 67cm |
| | **암홀** S : 17cm, M : 18cm, L : 19cm |
| | **소매너비** S : 62cm, M : 63cm, L : 64cm |
| | **총 길이** S : 52cm, M : 53cm, L : 56cm |
| **게이지** | 10cm×10cm 18코, 23단 / 1cm=1.8코 1cm=2.3단 |
| **사용한 바늘** | 조립식 대바늘 4mm, 3.5mm(시작, 소매 40cm 케이블, 몸통 60~120cm 케이블) |
| **실 소요량** | S, M, L 모두 컬러플로우 100g×5볼 |
| **난이도** | ●●●○○ |

**디자인 코멘트**

만들면서 손이 많이 간 카디건이에요. 반복되는 수정 작업에 지쳐 끈 대신 단추로 변경할 뻔했지만 그 유혹을 이겨 내고 끝끝내 완성했어요. 도안을 완성하고 저도 모르게 "와! 끝났다!" 탄성을 질렀답니다.

**TIP**
- 실이 꼬일 수 있으니 겉에서 1겹씩 잡아 2볼씩 사용해 주세요.
- 1볼이 남았을 때는 겉과 속에서 1겹씩 잡아 주세요.

## 1. 기초코 잡기

**1단**

컬러플로우 2겹으로 떠 주세요. 케이블을 연결한 4mm 대바늘에 기초코(S 82코, M 82코, L 90코)를 잡아 주세요. 원통 뜨기가 아닌 평면 뜨기로 떠 주세요.

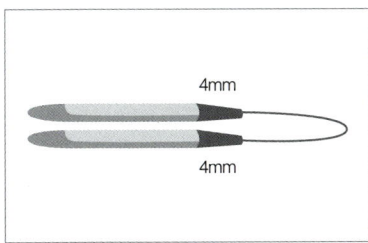
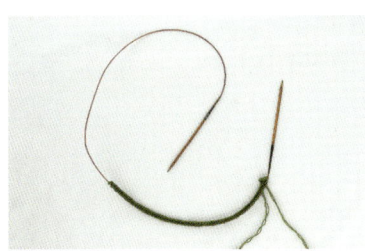

## 2. 앞판, 소매, 뒤판, 소매를 마커로 나누기

2단부터 뜨기 시작입니다. 2단에서는 안뜨기로 뜨면서 마커로 섹션을 나누어 줍니다. 홀수단에서는 겉뜨기, 짝수단에서는 안뜨기로 떠 주세요.

**2단**

**앞판** 안뜨기(S 3코, M 3코, L 3코)
**소매** ○ 안뜨기(S 16코, M 16코, L 18코)
**뒤판** ○ 안뜨기(S 44코, M 44코, L 48코)
**소매** ○ 안뜨기(S 16코, M 16코, L 18코)
**앞판** ○ 안뜨기(S 3코, M 3코, L 3코)

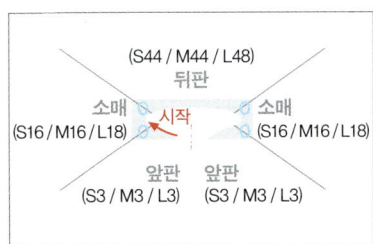

## 3. 홀수단 : 코 늘리기

코늘림은 홀수단에서 들어갑니다.

**3단**

**앞판** 겉뜨기 1코 + 왼코 늘리기 + 겉뜨기(S, M, L 1코) + 오른코 늘리기 + 겉뜨기 1코
**소매** 겉뜨기 1코 + 왼코 늘리기 + 겉뜨기(S 14코, M 14코, L 16코) + 오른코 늘리기 + 겉뜨기 1코
**뒤판** 겉뜨기 1코 + 왼코 늘리기 + 겉뜨기(S 42코, M 42코, L 46코) + 오른코 늘리기 + 겉뜨기 1코

**소매** 겉뜨기 1코 + 왼코 늘리기 + 겉뜨기(S 14코, M 14코, L 16코) + 오른코 늘리기 + 겉뜨기 1코

**앞판** 겉뜨기 1코 + 왼코 늘리기 + 겉뜨기(S, M, L 1코) + 오른코 늘리기 + 겉뜨기 1코

> **TIP** • 마커 기준으로 양옆 겉뜨기 2코는 래글런 선(목에서 겨드랑이까지 내려오는 대각선)이 됩니다.

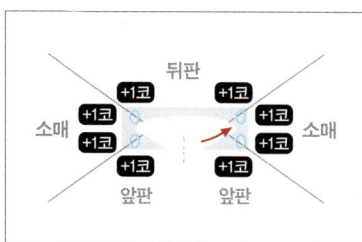

## 4. 짝수단 : 코늘림 확인하면서 뜨기

홀수단에서 8코가 늘어났는지 짝수단을 뜨면서 확인해 주세요.

**4단**

**앞판** 안뜨기(S 5코, M 5코, L 5코)
**소매** ○안뜨기(S 18코, M 18코, L 20코)
**뒤판** ○안뜨기(S 46코, M 46코, L 50코)
**소매** ○안뜨기(S 18코, M 18코, L 20코)
**앞판** ○안뜨기(S 5코, M 5코, L 5코)

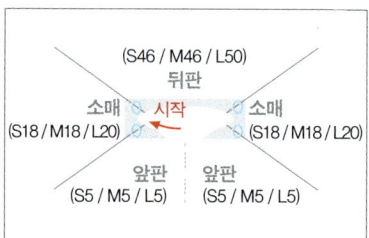

## 5. 늘림단에 주의하여 뜨기

3~4를 참고하여 늘림단에 주의하여 떠 주세요.

홀수단 : 겉뜨기, 짝수단 : 안뜨기, 마커는 /로 표시

> **TIP** • 코가 점점 늘어나기 때문에 짧은 케이블로 뜨기 시작했다면 긴 케이블로 바꾸어 떠 주세요.
> • 카디건 완성 후 앞섶을 따로 떠서 이어 주기 때문에 여유코를 잡아 처음과 끝은 겉뜨기 2코가 되도록 떠 줍니다.

**5단**

겉뜨기(S 5코, M 5코, L 5코) / 겉뜨기(S 18코, M 18코, L 20코) / 겉뜨기(S 46코, M 46코, L 50코)

겉뜨기(S 18코, M 18코, L 20코) / 겉뜨기(S 5코, M 5코, L 5코)

**6단**

안뜨기(S 5코, M 5코, L 5코) / 안뜨기(S 18코, M 18코, L 20코) / 안뜨기(S 46코, M 46코, L 50코)

안뜨기(S 18코, M 18코, L 20코) / 안뜨기(S 5코, M 5코, L 5코)

**7단**

겉뜨기 2코 + 왼코 늘리기 + 겉뜨기(S 2코, M 2코, L 2코) + 오른코 늘리기 + 겉뜨기 1코
/ 겉뜨기 1코 + 왼코 늘리기 + 겉뜨기(S 16코, M 16코, L 18코) + 오른코 늘리기 + 겉뜨기 1코
/ 겉뜨기 1코 + 왼코 늘리기 + 겉뜨기(S 44코, M 44코, L 48코) + 오른코 늘리기 + 겉뜨기 1코
/ 겉뜨기 1코 + 왼코 늘리기 + 겉뜨기(S 16코, M 16코, L 18코) + 오른코 늘리기 + 겉뜨기 1코
/ 겉뜨기 1코 + 왼코 늘리기 + 겉뜨기(S 2코, M 2코, L 2코) + 오른코 늘리기 + 겉뜨기 2코

**8단**

안뜨기(S 7코, M 7코, L 7코) / 안뜨기(S 20코, M 20코, L 22코) / 안뜨기(S 48코, M 48코, L 52코) /

안뜨기(S 20코, M 20코, L 22코) / 안뜨기(S 7코, M 7코, L 7코)

**9단**

겉뜨기(S 7코, M 7코, L 7코) / 겉뜨기(S 20코, M 20코, L 22코) / 겉뜨기(S 48코, M 48코, L 52코) /

겉뜨기(S 20코, M 20코, L 22코) / 겉뜨기(S 7코, M 7코, L 7코)

**10단**

안뜨기(S 7코, M 7코, L 7코) / 안뜨기(S 20코, M 20코, L 22코) / 안뜨기(S 48코, M 48코, L 52코) /

안뜨기(S 20코, M 20코, L 22코) / 안뜨기(S 7코, M 7코, L 7코)

**11단**

겉뜨기 2코 + 왼코 늘리기 + 겉뜨기(S 4코, M 4코, L 4코) + 오른코 늘리기 + 겉뜨기 1코
/ 겉뜨기 1코 + 왼코 늘리기 + 겉뜨기(S 18코, M 18코, L 20코) + 오른코 늘리기 + 겉뜨기 1코
/ 겉뜨기 1코 + 왼코 늘리기 + 겉뜨기(S 46코, M 46코, L 50코) + 오른코 늘리기 + 겉뜨기 1코
/ 겉뜨기 1코 + 왼코 늘리기 + 겉뜨기(S 18코, M 18코, L 20코) + 오른코 늘리기 + 겉뜨기 1코
/ 겉뜨기 1코 + 왼코 늘리기 + 겉뜨기(S 4코, M 4코, L 4코) + 오른코 늘리기 + 겉뜨기 2코

**12단**

안뜨기(S 9코, M 9코, L 9코) / 안뜨기(S 22코, M 22코, L 24코) / 안뜨기(S 50코, M 50코, L 54코) /

안뜨기(S 22코, M 22코, L 24코) / 안뜨기(S 9코, M 9코, L 9코)

**★13단**

겉뜨기 2코 + 왼코 늘리기 + 겉뜨기(S 7코, M 7코, L 7코)
/ 겉뜨기(S 22코, M 22코, L 24코) / 겉뜨기(S 50코, M 50코, L 54코)
/ 겉뜨기(S 22코, M 22코, L 24코)
/ 겉뜨기(S 7코, M 7코, L 7코) + 오른코 늘리기 + 겉뜨기 2코

※ 앞섶 부분(처음과 끝)에서만 1코씩 늘리기

**14단**
안뜨기(S 10코, M 10코, L 10코) / 안뜨기(S 22코, M 22코, L 24코) / 안뜨기(S 50코, M 50코, L 54코) /
안뜨기(S 22코, M 22코, L 24코) / 안뜨기(S 10코, M 10코, L 10코)

**15단**
겉뜨기 2코 + 왼코 늘리기 + 겉뜨기(S 7코, M 7코, L 7코) + 오른코 늘리기 + 겉뜨기 1코
/ 겉뜨기 1코 + 왼코 늘리기 + 겉뜨기(S 20코, M 20코, L 22코) + 오른코 늘리기 + 겉뜨기 1코
/ 겉뜨기 1코 + 왼코 늘리기 + 겉뜨기(S 48코, M 48코, L 52코) + 오른코 늘리기 + 겉뜨기 1코
/ 겉뜨기 1코 + 왼코 늘리기 + 겉뜨기(S 20코, M 20코, L 22코) + 오른코 늘리기 + 겉뜨기 1코
/ 겉뜨기 1코 + 왼코 늘리기 + 겉뜨기(S 7코, M 7코, L 7코) + 오른코 늘리기 + 겉뜨기 2코

**16단**
안뜨기(S 12코, M 12코, L 12코) / 안뜨기(S 24코, M 24코, L 26코) / 안뜨기(S 52코, M 52코, L 56코) /
안뜨기(S 24코, M 24코, L 26코) / 안뜨기(S 12코, M 12코, L 12코)

**★17단**
겉뜨기 2코 + 왼코 늘리기 + 겉뜨기(S 10코, M 10코, L 10코)
/ 겉뜨기(S 24코, M 24코, L 26코) / 겉뜨기(S 52코, M 52코, L 56코)
/ 겉뜨기(S 24코, M 24코, L 26코)
/ 겉뜨기(S 10코, M 10코, L 10코) + 오른코 늘리기 + 겉뜨기 2코

**18단**
안뜨기(S 13코, M 13코, L 13코) / 안뜨기(S 24코, M 24코, L 26코) / 안뜨기(S 52코, M 52코, L 56코) /
안뜨기(S 24코, M 24코, L 26코) / 안뜨기(S 13코, M 13코, L 13코)

**19단**
겉뜨기 2코 + 왼코 늘리기 + 겉뜨기(S 10코, M 10코, L 10코) + 오른코 늘리기 + 겉뜨기 1코
/ 겉뜨기 1코 + 왼코 늘리기 + 겉뜨기(S 22코, M 22코, L 24코) + 오른코 늘리기 + 겉뜨기 1코
/ 겉뜨기 1코 + 왼코 늘리기 + 겉뜨기(S 50코, M 50코, L 54코) + 오른코 늘리기 + 겉뜨기 1코
/ 겉뜨기 1코 + 왼코 늘리기 + 겉뜨기(S 22코, M 22코, L 24코) + 오른코 늘리기 + 겉뜨기 1코
/ 겉뜨기 1코 + 왼코 늘리기 + 겉뜨기(S 10코, M 10코, L 10코) + 오른코 늘리기 + 겉뜨기 2코

**20단**
안뜨기(S 15코, M 15코, L 15코) / 안뜨기(S 26코, M 26코, L 28코) / 안뜨기(S 54코, M 54코, L 58코) /
안뜨기(S 26코, M 26코, L 28코) / 안뜨기(S 15코, M 15코, L 15코)

**★21단**
겉뜨기 2코 + 왼코 늘리기 + 겉뜨기(S 13코, M 13코, L 13코)
/ 겉뜨기(S 26코, M 26코, L 28코) / 겉뜨기(S 54코, M 54코, L 58코)
/ 겉뜨기(S 26코, M 26코, L 28코)
/ 겉뜨기(S 13코, M 13코, L 13코) + 오른코 늘리기 + 겉뜨기 2코

**22단**

안뜨기(S 16코, M 16코, L 16코) / 안뜨기(S 26코, M 26코, L 28코) / 안뜨기(S 54코, M 54코, L 58코) /
안뜨기(S 26코, M 26코, L 28코) / 안뜨기(S 16코, M 16코, L 16코)

**23단**
겉뜨기 2코 + 왼코 늘리기 + 겉뜨기(S 13코, M 13코, L 13코) + 오른코 늘리기 + 겉뜨기 1코
/ 겉뜨기 1코 + 왼코 늘리기 + 겉뜨기(S 24코, M 24코, L 26코) + 오른코 늘리기 + 겉뜨기 1코
/ 겉뜨기 1코 + 왼코 늘리기 + 겉뜨기(S 52코, M 52코, L 56코) + 오른코 늘리기 + 겉뜨기 1코
/ 겉뜨기 1코 + 왼코 늘리기 + 겉뜨기(S 24코, M 24코, L 26코) + 오른코 늘리기 + 겉뜨기 1코
/ 겉뜨기 1코 + 왼코 늘리기 + 겉뜨기(S 13코, M 13코, L 13코) + 오른코 늘리기 + 겉뜨기 2코

**24단**
안뜨기(S 18코, M 18코, L 18코) / 안뜨기(S 28코, M 28코, L 30코) / 안뜨기(S 56코, M 56코, L 60코) /
안뜨기(S 28코, M 28코, L 30코) / 안뜨기(S 18코, M 18코, L 18코)

> **TIP** • 25단부터는 매 홀수단에서 10코씩 늘어납니다.

**25단**
겉뜨기 2코 + 왼코 늘리기 + 겉뜨기(S 15코, M 15코, L 15코) + 오른코 늘리기 + 겉뜨기 1코
/ 겉뜨기 1코 + 왼코 늘리기 + 겉뜨기(S 26코, M 26코, L 28코) + 오른코 늘리기 + 겉뜨기 1코
/ 겉뜨기 1코 + 왼코 늘리기 + 겉뜨기(S 54코, M 54코, L 58코) + 오른코 늘리기 + 겉뜨기 1코
/ 겉뜨기 1코 + 왼코 늘리기 + 겉뜨기(S 26코, M 26코, L 28코) + 오른코 늘리기 + 겉뜨기 1코
/ 겉뜨기 1코 + 왼코 늘리기 + 겉뜨기(S 15코, M 15코, L 15코) + 오른코 늘리기 + 겉뜨기 2코

**26단**
안뜨기(S 20코, M 20코, L 20코) / 안뜨기(S 30코, M 30코, L 32코) / 안뜨기(S 58코, M 58코, L 62코) /
안뜨기(S 30코, M 30코, L 32코) / 안뜨기(S 20코, M 20코, L 20코)

**27단**
겉뜨기 2코 + 왼코 늘리기 + 겉뜨기(S 17코, M 17코, L 17코) + 오른코 늘리기 + 겉뜨기 1코
/ 겉뜨기 1코 + 왼코 늘리기 + 겉뜨기(S 28코, M 28코, L 30코) + 오른코 늘리기 + 겉뜨기 1코
/ 겉뜨기 1코 + 왼코 늘리기 + 겉뜨기(S 56코, M 56코, L 60코) + 오른코 늘리기 + 겉뜨기 1코
/ 겉뜨기 1코 + 왼코 늘리기 + 겉뜨기(S 28코, M 28코, L 30코) + 오른코 늘리기 + 겉뜨기 1코
/ 겉뜨기 1코 + 왼코 늘리기 + 겉뜨기(S 17코, M 17코, L 17코) + 오른코 늘리기 + 겉뜨기 2코

**28단**
안뜨기(S 22코, M 22코, L 22코) / 안뜨기(S 32코, M 32코, L 34코) / 안뜨기(S 60코, M 60코, L 64코) /
안뜨기(S 32코, M 32코, L 34코) / 안뜨기(S 22코, M 22코, L 22코)

**29단**
겉뜨기 2코 + 왼코 늘리기 + 겉뜨기(S 19코, M 19코, L 19코) + 오른코 늘리기 + 겉뜨기 1코
/ 겉뜨기 1코 + 왼코 늘리기 + 겉뜨기(S 30코, M 30코, L 32코) + 오른코 늘리기 + 겉뜨기 1코
/ 겉뜨기 1코 + 왼코 늘리기 + 겉뜨기(S 58코, M 58코, L 62코) + 오른코 늘리기 + 겉뜨기 1코
/ 겉뜨기 1코 + 왼코 늘리기 + 겉뜨기(S 30코, M 30코, L 32코) + 오른코 늘리기 + 겉뜨기 1코

/ 겉뜨기 1코 + 왼코 늘리기 + 겉뜨기(S 19코, M 19코, L 19코) + 오른코 늘리기 + 겉뜨기 2코

### 30단

안뜨기(S 24코, M 24코, L 24코) / 안뜨기(S 34코, M 34코, L 36코) / 안뜨기(S 62코, M 62코, L 66코) /

안뜨기(S 34코, M 34코, L 36코) / 안뜨기(S 24코, M 24코, L 24코)

### 31단

겉뜨기 2코 + 왼코 늘리기 + 겉뜨기(S 21코, M 21코, L 21코) + 오른코 늘리기 + 겉뜨기 1코
/ 겉뜨기 1코 + 왼코 늘리기 + 겉뜨기(S 32코, M 32코, L 34코) + 오른코 늘리기 + 겉뜨기 1코
/ 겉뜨기 1코 + 왼코 늘리기 + 겉뜨기(S 60코, M 60코, L 64코) + 오른코 늘리기 + 겉뜨기 1코
/ 겉뜨기 1코 + 왼코 늘리기 + 겉뜨기(S 32코, M 32코, L 34코) + 오른코 늘리기 + 겉뜨기 1코
/ 겉뜨기 1코 + 왼코 늘리기 + 겉뜨기(S 21코, M 21코, L 21코) + 오른코 늘리기 + 겉뜨기 2코

### 32단

안뜨기(S 26코, M 26코, L 26코) / 안뜨기(S 36코, M 36코, L 38코) / 안뜨기(S 64코, M 64코, L 68코) /

안뜨기(S 36코, M 36코, L 38코) / 안뜨기(S 26코, M 26코, L 26코)

### 33단

겉뜨기 2코 + 왼코 늘리기 + 겉뜨기(S 23코, M 23코, L 23코) + 오른코 늘리기 + 겉뜨기 1코
/ 겉뜨기 1코 + 왼코 늘리기 + 겉뜨기(S 34코, M 34코, L 36코) + 오른코 늘리기 + 겉뜨기 1코
/ 겉뜨기 1코 + 왼코 늘리기 + 겉뜨기(S 62코, M 62코, L 66코) + 오른코 늘리기 + 겉뜨기 1코
/ 겉뜨기 1코 + 왼코 늘리기 + 겉뜨기(S 34코, M 34코, L 36코) + 오른코 늘리기 + 겉뜨기 1코
/ 겉뜨기 1코 + 왼코 늘리기 + 겉뜨기(S 23코, M 23코, L 23코) + 오른코 늘리기 + 겉뜨기 2코

### 34단

안뜨기(S 28코, M 28코, L 28코) / 안뜨기(S 38코, M 38코, L 40코) / 안뜨기(S 66코, M 66코, L 70코) /

안뜨기(S 38코, M 38코, L 40코) / 안뜨기(S 28코, M 28코, L 28코)

### 35단

겉뜨기 2코 + 왼코 늘리기 + 겉뜨기(S 25코, M 25코, L 25코) + 오른코 늘리기 + 겉뜨기 1코
/ 겉뜨기 1코 + 왼코 늘리기 + 겉뜨기(S 36코, M 36코, L 38코) + 오른코 늘리기 + 겉뜨기 1코
/ 겉뜨기 1코 + 왼코 늘리기 + 겉뜨기(S 64코, M 64코, L 68코) + 오른코 늘리기 + 겉뜨기 1코
/ 겉뜨기 1코 + 왼코 늘리기 + 겉뜨기(S 36코, M 36코, L 38코) + 오른코 늘리기 + 겉뜨기 1코
/ 겉뜨기 1코 + 왼코 늘리기 + 겉뜨기(S 25코, M 25코, L 25코) + 오른코 늘리기 + 겉뜨기 2코

### 36단

안뜨기(S 30코, M 30코, L 30코) / 안뜨기(S 40코, M 40코, L 42코) / 안뜨기(S 68코, M 68코, L 72코) /

안뜨기(S 40코, M 40코, L 42코) / 안뜨기(S 30코, M 30코, L 30코)

### 37단

겉뜨기 2코 + 왼코 늘리기 + 겉뜨기(S 27코, M 27코, L 27코) + 오른코 늘리기 + 겉뜨기 1코
/ 겉뜨기 1코 + 왼코 늘리기 + 겉뜨기(S 38코, M 38코, L 40코) + 오른코 늘리기 + 겉뜨기 1코
/ 겉뜨기 1코 + 왼코 늘리기 + 겉뜨기(S 66코, M 66코, L 70코) + 오른코 늘리기 + 겉뜨기 1코
/ 겉뜨기 1코 + 왼코 늘리기 + 겉뜨기(S 38코, M 38코, L 40코) + 오른코 늘리기 + 겉뜨기 1코
/ 겉뜨기 1코 + 왼코 늘리기 + 겉뜨기(S 27코, M 27코, L 27코) + 오른코 늘리기 + 겉뜨기 2코

**38단**

안뜨기(S 32코, M 32코, L 32코) / 안뜨기(S 42코, M 42코, L 44코) / 안뜨기(S 70코, M 70코, L 74코) /
안뜨기(S 42코, M 42코, L 44코) / 안뜨기(S 32코, M 32코, L 32코)

**39단**

겉뜨기 2코 + 왼코 늘리기 + 겉뜨기(S 29코, M 29코, L 29코) + 오른코 늘리기 + 겉뜨기 1코
/ 겉뜨기 1코 + 왼코 늘리기 + 겉뜨기(S 40코, M 40코, L 42코) + 오른코 늘리기 + 겉뜨기 1코
/ 겉뜨기 1코 + 왼코 늘리기 + 겉뜨기(S 68코, M 68코, L 72코) + 오른코 늘리기 + 겉뜨기 1코
/ 겉뜨기 1코 + 왼코 늘리기 + 겉뜨기(S 40코, M 40코, L 42코) + 오른코 늘리기 + 겉뜨기 1코
/ 겉뜨기 1코 + 왼코 늘리기 + 겉뜨기(S 29코, M 29코, L 29코) + 오른코 늘리기 + 겉뜨기 2코

**40단**

안뜨기(S 34코, M 34코, L 34코) / 안뜨기(S 44코, M 44코, L 46코) / 안뜨기(S 72코, M 72코, L 76코) /
안뜨기(S 44코, M 44코, L 46코) / 안뜨기(S 34코, M 34코, L 34코)

**41단**

겉뜨기 2코 + 왼코 늘리기 + 겉뜨기(S 31코, M 31코, L 31코) + 오른코 늘리기 + 겉뜨기 1코
/ 겉뜨기 1코 + 왼코 늘리기 + 겉뜨기(S 42코, M 42코, L 44코) + 오른코 늘리기 + 겉뜨기 1코
/ 겉뜨기 1코 + 왼코 늘리기 + 겉뜨기(S 70코, M 70코, L 74코) + 오른코 늘리기 + 겉뜨기 1코
/ 겉뜨기 1코 + 왼코 늘리기 + 겉뜨기(S 42코, M 42코, L 44코) + 오른코 늘리기 + 겉뜨기 1코
/ 겉뜨기 1코 + 왼코 늘리기 + 겉뜨기(S 31코, M 31코, L 31코) + 오른코 늘리기 + 겉뜨기 2코

**42단**

안뜨기(S 36코, M 36코, L 36코) / 안뜨기(S 46코, M 46코, L 48코) / 안뜨기(S 74코, M 74코, L 78코) /
안뜨기(S 46코, M 46코, L 48코) / 안뜨기(S 36코, M 36코, L 36코)

**43단**

겉뜨기 2코 + 왼코 늘리기 + 겉뜨기(S 33코, M 33코, L 33코) + 오른코 늘리기 + 겉뜨기 1코
/ 겉뜨기 1코 + 왼코 늘리기 + 겉뜨기(S 44코, M 44코, L 46코) + 오른코 늘리기 + 겉뜨기 1코
/ 겉뜨기 1코 + 왼코 늘리기 + 겉뜨기(S 72코, M 72코, L 76코) + 오른코 늘리기 + 겉뜨기 1코
/ 겉뜨기 1코 + 왼코 늘리기 + 겉뜨기(S 44코, M 44코, L 46코) + 오른코 늘리기 + 겉뜨기 1코
/ 겉뜨기 1코 + 왼코 늘리기 + 겉뜨기(S 33코, M 33코, L 33코) + 오른코 늘리기 + 겉뜨기 2코

**44단**

안뜨기(S 38코, M 38코, L 38코) / 안뜨기(S 48코, M 48코, L 50코) / 안뜨기(S 76코, M 76코, L 80코) /
안뜨기(S 48코, M 48코, L 50코) / 안뜨기(S 38코, M 38코, L 38코)

**45단**

겉뜨기 2코 + 왼코 늘리기 + 겉뜨기(S 35코, M 35코, L 35코) + 오른코 늘리기 + 겉뜨기 1코
/ 겉뜨기 1코 + 왼코 늘리기 + 겉뜨기(S 46코, M 46코, L 48코) + 오른코 늘리기 + 겉뜨기 1코
/ 겉뜨기 1코 + 왼코 늘리기 + 겉뜨기(S 74코, M 74코, L 78코) + 오른코 늘리기 + 겉뜨기 1코
/ 겉뜨기 1코 + 왼코 늘리기 + 겉뜨기(S 46코, M 46코, L 48코) + 오른코 늘리기 + 겉뜨기 1코
/ 겉뜨기 1코 + 왼코 늘리기 + 겉뜨기(S 35코, M 35코, L 35코) + 오른코 늘리기 + 겉뜨기 2코

**46단**

안뜨기(S 40코, M 40코, L 40코) / 안뜨기(S 50코, M 50코, L 52코) / 안뜨기(S 78코, M 78코, L 82코) /
안뜨기(S 50코, M 50코, L 52코) / 안뜨기(S 40코, M 40코, L 40코)

**47단**
겉뜨기 2코 + 왼코 늘리기 + 겉뜨기(S 37코, M 37코, L 37코) + 오른코 늘리기 + 겉뜨기 1코
/ 겉뜨기 1코 + 왼코 늘리기 + 겉뜨기(S 48코, M 48코, L 50코) + 오른코 늘리기 + 겉뜨기 1코
/ 겉뜨기 1코 + 왼코 늘리기 + 겉뜨기(S 76코, M 76코, L 80코) + 오른코 늘리기 + 겉뜨기 1코
/ 겉뜨기 1코 + 왼코 늘리기 + 겉뜨기(S 48코, M 48코, L 50코) + 오른코 늘리기 + 겉뜨기 1코
/ 겉뜨기 1코 + 왼코 늘리기 + 겉뜨기(S 37코, M 37코, L 37코) + 오른코 늘리기 + 겉뜨기 2코

**48단**
안뜨기(S 42코, M 42코, L 42코) / 안뜨기(S 52코, M 52코, L 54코) / 안뜨기(S 80코, M 80코, L 84코) /
안뜨기(S 52코, M 52코, L 54코) / 안뜨기(S 42코, M 42코, L 42코)
S 사이즈는 48단까지 뜬 후 '6. 단수와 콧수 확인' 단계로 넘어가 이어서 떠 주세요.

**49단**
겉뜨기 2코 + 왼코 늘리기 + 겉뜨기(M 39코, L 39코) + 오른코 늘리기 + 겉뜨기 1코
/ 겉뜨기 1코 + 왼코 늘리기 + 겉뜨기(M 50코, L 52코) + 오른코 늘리기 + 겉뜨기 1코
/ 겉뜨기 1코 + 왼코 늘리기 + 겉뜨기(M 78코, L 82코) + 오른코 늘리기 + 겉뜨기 1코
/ 겉뜨기 1코 + 왼코 늘리기 + 겉뜨기(M 50코, L 52코) + 오른코 늘리기 + 겉뜨기 1코
/ 겉뜨기 1코 + 왼코 늘리기 + 겉뜨기(M 39코, L 39코) + 오른코 늘리기 + 겉뜨기 2코

**50단**
안뜨기(M 44코, L 44코) / 안뜨기(M 54코, L 56코) / 안뜨기(M 82코, L 86코) / 안뜨기(M 54코, L 56코)
/ 안뜨기(M 44코, L 44코)

**51단**
겉뜨기 2코 + 왼코 늘리기 + 겉뜨기(M 41코, L 41코) + 오른코 늘리기 + 겉뜨기 1코
/ 겉뜨기 1코 + 왼코 늘리기 + 겉뜨기(M 52코, L 54코) + 오른코 늘리기 + 겉뜨기 1코
/ 겉뜨기 1코 + 왼코 늘리기 + 겉뜨기(M 80코, L 84코) + 오른코 늘리기 + 겉뜨기 1코
/ 겉뜨기 1코 + 왼코 늘리기 + 겉뜨기(M 52코, L 54코) + 오른코 늘리기 + 겉뜨기 1코
/ 겉뜨기 1코 + 왼코 늘리기 + 겉뜨기(M 41코, L 41코) + 오른코 늘리기 + 겉뜨기 2코

**52단** M 사이즈는 52단까지 뜬 후 '6. 단수와 콧수 확인' 단계로 넘어가 이어서 떠 주세요.
안뜨기(M 46코, L 46코) / 안뜨기(M 56코, L 58코) / 안뜨기(M 84코, L 88코) / 안뜨기(M 56코, L 58코)
/ 안뜨기(M 46코, L 46코)

**53단**
겉뜨기 2코 + 왼코 늘리기 + 겉뜨기(L 43코) + 오른코 늘리기 + 겉뜨기 1코
/ 겉뜨기 1코 + 왼코 늘리기 + 겉뜨기(L 56코) + 오른코 늘리기 + 겉뜨기 1코
/ 겉뜨기 1코 + 왼코 늘리기 + 겉뜨기(L 86코) + 오른코 늘리기 + 겉뜨기 1코
/ 겉뜨기 1코 + 왼코 늘리기 + 겉뜨기(L 56코) + 오른코 늘리기 + 겉뜨기 1코
/ 겉뜨기 1코 + 왼코 늘리기 + 겉뜨기(L 43코) + 오른코 늘리기 + 겉뜨기 2코

**54단**

안뜨기(L 48코) / 안뜨기(L 60코) / 안뜨기(L 90코) / 안뜨기(L 60코) / 안뜨기(L 48코)

**55단**

겉뜨기 2코 + 왼코 늘리기 + 겉뜨기(L 45코) + 오른코 늘리기 + 겉뜨기 1코
/ 겉뜨기 1코 + 왼코 늘리기 + 겉뜨기(L 58코) + 오른코 늘리기 + 겉뜨기 1코
/ 겉뜨기 1코 + 왼코 늘리기 + 겉뜨기(L 88코) + 오른코 늘리기 + 겉뜨기 1코
/ 겉뜨기 1코 + 왼코 늘리기 + 겉뜨기(L 58코) + 오른코 늘리기 + 겉뜨기 1코
/ 겉뜨기 1코 + 왼코 늘리기 + 겉뜨기(L 45코) + 오른코 늘리기 + 겉뜨기 2코

**56단**

안뜨기(L 50코) / 안뜨기(L 62코) / 안뜨기(L 92코) / 안뜨기(L 62코) / 안뜨기(L 50코)

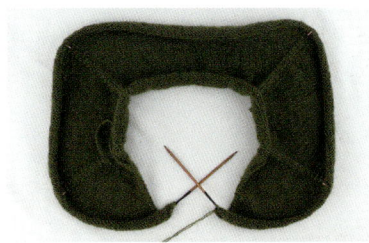

### 6. 단수와 콧수 확인

각 사이즈별로 단수와 콧수를 확인해 주세요. (마커는 /로 표시)

- S 사이즈 : 48단의 전체 콧수 (앞판)42 / (소매)52 / (뒤판)80 / (소매)52 / (앞판)42
- M 사이즈 : 52단의 전체 콧수 (앞판)46 / (소매)56 / (뒤판)84 / (소매)56 / (앞판)46
- L 사이즈 : 56단의 전체 콧수 (앞판)50 / (소매)62 / (뒤판)92 / (소매)62 / (앞판)50

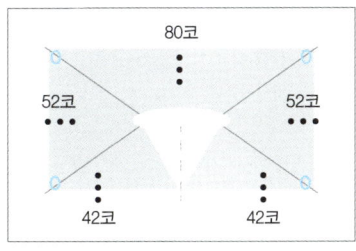

S 사이즈(48단)

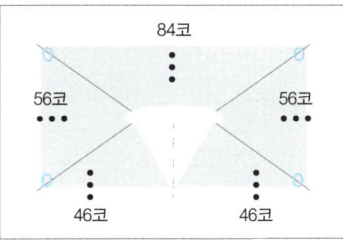

M 사이즈(52단)

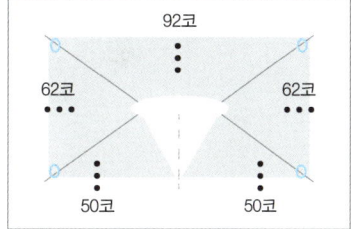

L 사이즈(56단)

### 7. 양쪽 소매 코 케이블에 걸어 두기

양쪽 소매를 케이블에 걸고 케이블 마개로 막아 주세요.

**TIP**
• 여분의 케이블이 없다면 자투리 실과 돗바늘을 준비해 주세요.
• 자투리 실을 돗바늘에 끼워 케이블을 대신해 코를 걸어 주세요. 풀리지 않도록 살살 묶은 후 몸통을 먼저 뜨고 소매를 떠 주세요.

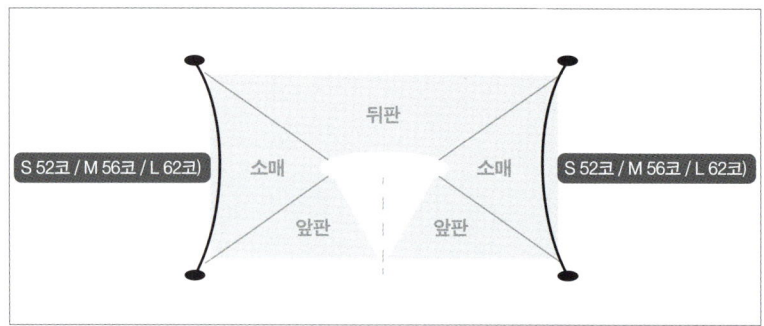

1. 앞판을 떠 주세요.

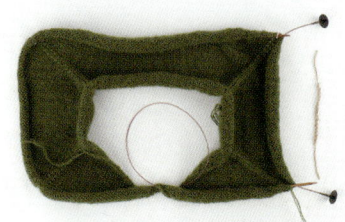

2. 소매코를 케이블에 옮겨 주세요.

3. 별도 사슬코 콧등에서 코를 주워 주세요.

4. 이어서 뒤판을 떠 주세요.

5. 소매코를 케이블에 옮겨 주세요.

6. 별도 사슬코 콧등에서 코를 주워 주세요.

7. 이어서 앞판을 떠 주세요.

소매는 분리되고 앞판-겨드랑이-뒤판이 한 바늘에 연결되었습니다.

### 8. 별도 사슬 2개 만들어 주기

비슷한 굵기의 실을 준비해 주세요. 코바늘 8/0호로 사슬뜨기 코를 잡아 2개 완성해 주세요.
콧등에서 코를 주워야 하기 때문에 코를 느슨하게 잡아 주는 게 좋습니다.

- S 사이즈 : 사슬뜨기 13코로 2개 완성
- M 사이즈 : 사슬뜨기 15코로 2개 완성
- L 사이즈 : 사슬뜨기 17코로 2개 완성

**TIP** • 별도 사슬코는 뜨고 있는 실과 다른 색상으로 떠 주는 게 좋습니다.

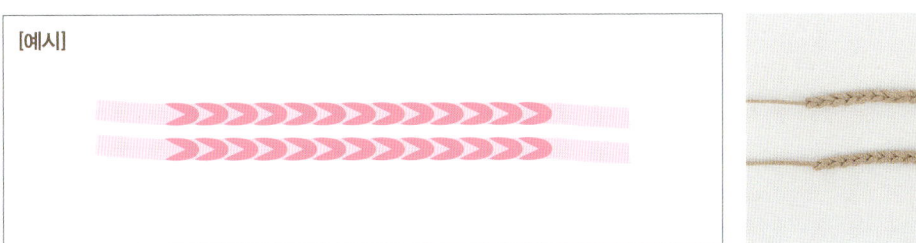

[예시]

### 9. '앞판-겨드랑이-뒤판' 연결하기

앞판과 뒤판, 겨드랑이를 합쳐 줄 차례입니다. 이때 80cm의 긴 케이블로 바꿔 주면 좋습니다.
홀수단을 뜨면서 하나의 바늘에 앞판, 뒤판, 겨드랑이 코가 모두 걸려 있도록 코를 합쳐 주세요. 이때 늘림단에 주의하여 주세요.

**뜨개 순서**
앞판(코 늘리기) → 별도 사슬 콧등에서 코줍기 → 뒤판 → 별도 사슬 콧등에서 코줍기 → 앞판(코 늘리기)

- S 사이즈
  [49단] : (앞판)겉뜨기 2코 + 왼코 늘리기 + 겉뜨기 + 40코 + (소매)별도 사슬 콧등에서 13코 줍기 + (뒤판)80코 +
  (소매)별도 사슬 콧등에서 13코 줍기 + (앞판)겉뜨기 40코 + 오른코 늘리기 + 겉뜨기 2코
  = 총 192코
- M 사이즈
  [53단] : (앞판)겉뜨기 2코 + 왼코 늘리기 + 44코 + (소매)별도 사슬 콧등에서 15코 줍기 + (뒤판)84코 +
  (소매)별도 사슬 콧등에서 15코 줍기 + (앞판)겉뜨기 44코 + 오른코 늘리기 + 겉뜨기 2코
  = 총 208코
- L 사이즈
  [57단] : (앞판)겉뜨기 2코 + 왼코 늘리기 + 48코 + (소매)별도 사슬 콧등에서 17코 줍기 + (뒤판)92코 +
  (소매)별도 사슬 콧등에서 17코 줍기 + (앞판)겉뜨기 48코 + 오른코 늘리기 + 겉뜨기 2코

= 총 228코

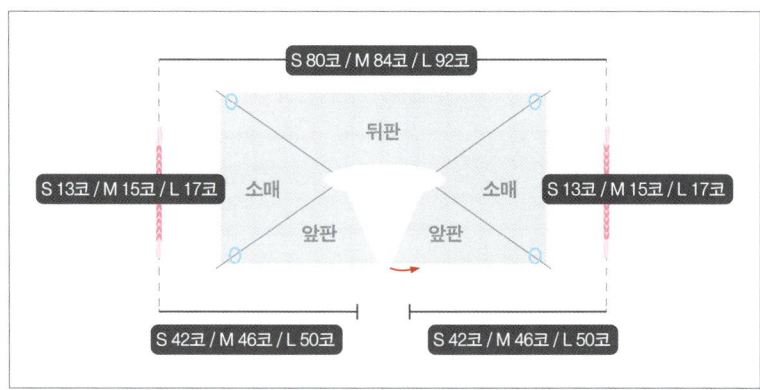

## 10. 몸통 뜨기 A

케이블에 앞판+겨드랑이+뒤판+겨드랑이+앞판이 합쳐졌습니다.
이어서 몸통을 평면 뜨기로 떠 주세요.
늘림단에 주의하여 떠 주세요.

**50단** ※ S 사이즈는 50단부터 떠 주세요.
안뜨기(S 192코)

**51단]**
겉뜨기 2코 + 왼코 늘리기 + 겉뜨기(S 188코) + 오른코 늘리기 + 겉뜨기 2코

**52단**
안뜨기(S 194코)

**53단**
겉뜨기 2코 + 왼코 늘리기 + 겉뜨기(S 190코) + 오른코 늘리기 + 겉뜨기 2코

**54단** ※ M 사이즈는 54단부터 떠 주세요.
안뜨기(S 196코, M 208코)

**55단**
겉뜨기 2코 + 왼코 늘리기 + 겉뜨기(S 192코, M 204코) + 오른코 늘리기 + 겉뜨기 2코

**56단**
안뜨기(S 198코, M 210코)

**57단**
겉뜨기 2코 + 왼코 늘리기 + 겉뜨기(S 194코, M 206코) + 오른코 늘리기 + 겉뜨기 2코

**58단** ※ L 사이즈는 58단부터 떠 주세요.
안뜨기(S 200코, M 212코, L 228코)

**59단**
겉뜨기 2코 + 왼코 늘리기 + 겉뜨기(S 196코, M 208코, L 224코) + 오른코 늘리기 + 겉뜨

기 2코

**60단**
안뜨기(S 202코, M 214코, L 230코)

**61단**
겉뜨기 2코 + 왼코 늘리기 + 겉뜨기(S 198코, M 210코, L 226코) + 오른코 늘리기 + 겉뜨기 2코

**62단**
안뜨기(S 204코, M 216코, L 232코)

**63단**
겉뜨기 2코 + 왼코 늘리기 + 겉뜨기(S 200코, M 212코, L 228코) + 오른코 늘리기 + 겉뜨기 2코

**64단**
안뜨기(S 206코, M 218코, L 234코)

**65단**
겉뜨기 2코 + 왼코 늘리기 + 겉뜨기(S 202코, M 214코, L 230코) + 오른코 늘리기 + 겉뜨기 2코

**66단**
안뜨기(S 208코, M 220코, L 236코)

**67단**
겉뜨기 2코 + 왼코 늘리기 + 겉뜨기(S 204코, M 216코, L 232코) + 오른코 늘리기 + 겉뜨기 2코

**68단**
안뜨기(S 210코, M 222코, L 238코)

**69단**
겉뜨기 2코 + 왼코 늘리기 + 겉뜨기(S 206코, M 218코, L 234코) + 오른코 늘리기 + 겉뜨기 2코

**70단**
안뜨기(S 212코, M 224코, L 240코)

**71단**
겉뜨기 2코 + 왼코 늘리기 + 겉뜨기(S 208코, M 220코, L 236코) + 오른코 늘리기 + 겉뜨기 2코

**72단**
안뜨기(S 214코, M 226코, L 242코)

**73단**
겉뜨기 2코 + 왼코 늘리기 + 겉뜨기(S 210코, M 222코, L 238코) + 오른코 늘리기 + 겉뜨기 2코

**74단**
안뜨기(S 216코, M 228코, L 244코)

**75단**
겉뜨기 2코 + 왼코 늘리기 + 겉뜨기(S 212코, M 224코, L 240코) + 오른코 늘리기 + 겉뜨기 2코

**76단**
안뜨기(S 218코, M 230코, L 246코)

**77단**
겉뜨기 2코 + 왼코 늘리기 + 겉뜨기(S 214코, M 226코, L 242코) + 오른코 늘리기 + 겉뜨기 2코

**78단**
안뜨기(S 220코, M 232코, L 248코)

**79단**
겉뜨기 2코 + 왼코 늘리기 + 겉뜨기(S 216코, M 228코, L 244코) + 오른코 늘리기 + 겉뜨기 2코

**80단**
안뜨기(S 222코, M 234코, L 250코)

**81단**
겉뜨기 2코 + 왼코 늘리기 + 겉뜨기(S 218코, M 230코, L 246코) + 오른코 늘리기 + 겉뜨기 2코

**82단**
안뜨기(S 224코, M 236코, L 252코)

**83단**
겉뜨기 2코 + 왼코 늘리기 + 겉뜨기(S 220코, M 232코, L 248코) + 오른코 늘리기 + 겉뜨기 2코

**84단**
안뜨기(S 226코, M 238코, L 254코)

**85단**
겉뜨기 2코 + 왼코 늘리기 + 겉뜨기(S 222코, M 234코, L 250코) + 오른코 늘리기 + 겉뜨기 2코

**86단**
안뜨기(S 228코, M 240코, L 256코)

**87단**
겉뜨기 2코 + 왼코 늘리기 + 겉뜨기(S 224코, M 236코, L 252코) + 오른코 늘리기 + 겉뜨기 2코

**88단**
안뜨기(S 230코, M 242코, L 258코)

**89단**
겉뜨기 2코 + 왼코 늘리기 + 겉뜨기(S 226코, M 238코, L 254코) + 오른코 늘리기 + 겉뜨기 2코

**90단**
안뜨기(S 232코, M 244코, L 260코)

**91단**
겉뜨기 2코 + 왼코 늘리기 + 겉뜨기(S 228코, M 240코, L 256코) + 오른코 늘리기 + 겉뜨기 2코

**92단**
안뜨기(S 234코, M 246코, L 262코)

**93단**
겉뜨기 2코 + 왼코 늘리기 + 겉뜨기(S 230코, M 242코, L 258코) + 오른코 늘리기 + 겉뜨기 2코

**94단**
안뜨기(S 236코, M 248코, L 264코)

**95단**
겉뜨기 2코 + 왼코 늘리기 + 겉뜨기(S 232코, M 244코, L 260코) + 오른코 늘리기 + 겉뜨기 2코

**96단**
안뜨기(S 238코, M 250코, L 266코)

**97단**
겉뜨기 2코 + 왼코 늘리기 + 겉뜨기(S 234코, M 246코, L 262코) + 오른코 늘리기 + 겉뜨기 2코

**98단**
안뜨기(S 240코, M 252코, L 268코)

**99단**
겉뜨기 2코 + 왼코 늘리기 + 겉뜨기(S 236코, M 248코, L 264코) + 오른코 늘리기 + 겉뜨기 2코

**100단**
안뜨기(S 242코, M 254코, L 270코)

**101단**
겉뜨기 2코 + 왼코 늘리기 + 겉뜨기(S 238코, M 250코, L 266코) + 오른코 늘리기 + 겉뜨기 2코

**102단**
안뜨기(S 244코, M 256코, L 272코)

**103단**
겉뜨기 2코 + 왼코 늘리기 + 겉뜨기(S 240코, M 252코, L 268코) + 오른코 늘리기 + 겉뜨기 2코

**104단**
안뜨기(S 246코, M 258코, L 274코)
※ S 사이즈는 104단까지 떠 주세요.

### 105단
겉뜨기 2코 + 왼코 늘리기 + 겉뜨기(M 254코, L 270코) + 오른코 늘리기 + 겉뜨기 2코

### 106단
안뜨기(M 260코, L 276코)

### 107단
겉뜨기 2코 + 왼코 늘리기 + 겉뜨기(M 256코, L 272코) + 오른코 늘리기 + 겉뜨기 2코

### 108단
안뜨기(M 262코, L 278코)

※ M 사이즈는 108단까지 떠 주세요.

### 109단
겉뜨기 2코 + 왼코 늘리기 + 겉뜨기(L 274코) + 오른코 늘리기 + 겉뜨기 2코

### 110단
안뜨기(L 280코)

### 111단
겉뜨기 2코 + 왼코 늘리기 + 겉뜨기(L 276코) + 오른코 늘리기 + 겉뜨기 2코

### 112단
안뜨기(L 282코)

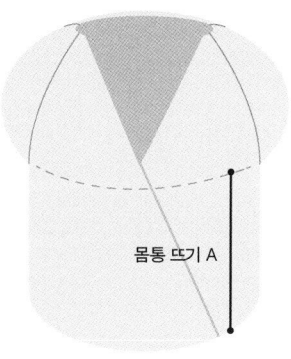

몸통 뜨기 A

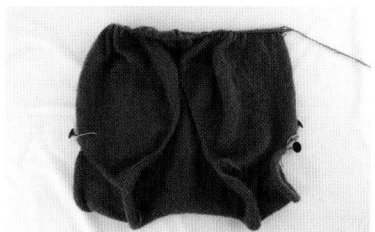

## 11. 몸통 뜨기 B

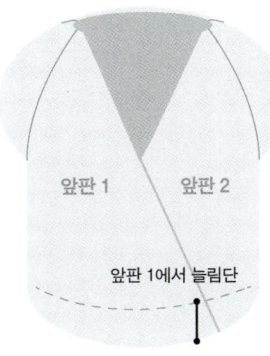

앞판 1 부분에서만 코를 늘려 줍니다.
늘림코에 주의하여 떠 주세요.

**105단**
겉뜨기(S 244코) + 오른코 늘리기 + 겉뜨기 2코
※ S 사이즈는 105단부터 떠 주세요.

**106단**
안뜨기(S 247코)

**107단**
겉뜨기(S 245코) + 오른코 늘리기 + 겉뜨기 2코

**108단**
안뜨기(S 248코)

**109단**
겉뜨기(S 246코, M 260코) + 오른코 늘리기 + 겉뜨기 2코
※ M 사이즈는 109단부터 떠 주세요.

**110단**
안뜨기(S 249코, M 263코)

**111단**
겉뜨기(S 247코, M 261코) + 오른코 늘리기 + 겉뜨기 2코

**112단**
안뜨기(S 250코, M 264코)

**113단**
겉뜨기(S 248코, M 262코) + 오른코 늘리기 + 겉뜨기 2코

**114단**
안뜨기(S 251코, M 265코)

**115단**
겉뜨기(S 249코, M 263코, L 280코) + 오른코 늘리기 + 겉뜨기 2코
※ L 사이즈는 115단부터 떠 주세요.

**116단**
안뜨기(S 252코, M 266코, L 283코)

**117단**
겉뜨기(S 250코, M 264코, L 281코) + 오른코 늘리기 + 겉뜨기 2코

**118단**
안뜨기(S 253코, M 267코, L 284코)

**119단**
겉뜨기(S 251코, M 265코, L 282코) + 오른코 늘리기 + 겉뜨기 2코

**120단**

안뜨기(S 254코, M 268코, L 285코)
※ S 사이즈는 120단까지 떠 주세요.

**121단**
겉뜨기(M 266코, L 283코) + 오른코 늘리기 + 겉뜨기 2코

**122단**
안뜨기(M 269코, L 286코)

**123단**
겉뜨기(M 267코, L 284코) + 오른코 늘리기 + 겉뜨기 2코

**124단**
안뜨기(M 270코, L 287코)
※ M 사이즈는 124단까지 떠 주세요.

**125단**
겉뜨기(L 285코) + 오른코 늘리기 + 겉뜨기 2코

**126단**
안뜨기(L 288코)

**127단**
겉뜨기(L 286코) + 오른코 늘리기 + 겉뜨기 2코

**128단**
안뜨기(L 289코)

**129단**
겉뜨기(L 287코) + 오른코 늘리기 + 겉뜨기 2코

**130단**
안뜨기(L 290코)

**131단**
겉뜨기(L 288코) + 오른코 늘리기 + 겉뜨기 2코

**132단**
안뜨기(L 291코)

**133단**
겉뜨기(L 289코) + 오른코 늘리기 + 겉뜨기 2코

**134단**
안뜨기(L 292코)

**135단**
겉뜨기(L 290코) + 오른코 늘리기 + 겉뜨기 2코

**136단**
안뜨기(L 293코)

**137단**
겉뜨기(L 291코) + 오른코 늘리기 + 겉뜨기 2코

[138단]
안뜨기(L 294코)

## 12. 몸통 뜨기 C
## 구멍 만들기

스트랩 끈이 통과될 구멍을 만들어 줄 차례입니다.
바늘비우기와 2코 모아뜨기로 구멍을 만들어 주세요.
앞판 1에서 늘림 규칙은 유지해 주세요.

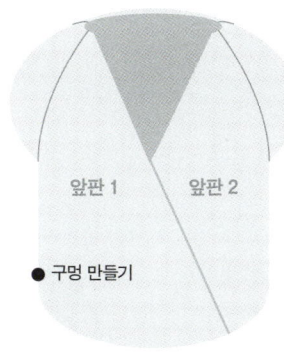

- S 사이즈
  121단 : 겉뜨기 174코 + 바늘비우기 + 2코 모아뜨기 + 겉뜨기 76코 + 오른코 늘리기 + 겉뜨기 2코
  122단 : 안뜨기 255코
- M 사이즈
  125단 : 겉뜨기 186코 + 바늘비우기 + 2코 모아뜨기 + 겉뜨기 80코 + 오른코 늘리기 + 겉뜨기 2코
  126단 : 안뜨기 271코
- L 사이즈
  139단 : 겉뜨기 198코 + 바늘비우기 + 2코 모아뜨기 + 겉뜨기 92코 + 오른코 늘리기 + 겉뜨기 2코
  140단 : 안뜨기 295코

**단춧구멍**

1. 안뜨기 하듯이 실을 놓아 주세요.
2. 2코를 한 번에 찔러 왼코 중심 2코 모아뜨기를 떠 주세요.

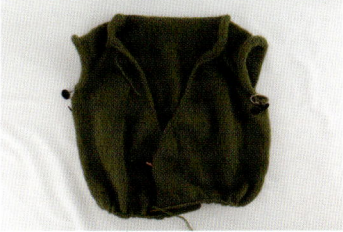

## 13. 몸통 밑단 뜨기

3.5mm 바늘로 몸통 밑단을 떠 주세요. 1코 고무뜨기로 16단 뜬 후 돗바늘 마무리, 혹은 엎어 코막음으로 마무리해 주세요.
이때 밑단 고무단 시작과 끝은 +1코씩 여분을 줍니다.

- S 사이즈
 홀수단 [123단]부터~
 겉뜨기 1코 + [(겉뜨기 1코+ 안뜨기 1코) × 126] + 겉뜨기 2코
 짝수단 [138단]까지
 안뜨기 1코 + [(안뜨기 1코+ 겉뜨기 1코) × 126] + 안뜨기 2코
- M 사이즈
 홀수단 [127단]부터~
 겉뜨기 1코 + [(겉뜨기 1코+ 안뜨기 1코) × 134] + 겉뜨기 2코
 짝수단 [142단]까지
 안뜨기 1코 + [(안뜨기 1코+ 겉뜨기 1코) × 134] + 안뜨기 2코
- L 사이즈
 홀수단 [141단]부터~
 겉뜨기 1코 + [(겉뜨기 1코+ 안뜨기 1코) × 146] + 겉뜨기 2코
 짝수단 [156단]까지
 안뜨기 1코 + [(안뜨기 1코+ 겉뜨기 1코) × 146] + 안뜨기 2코

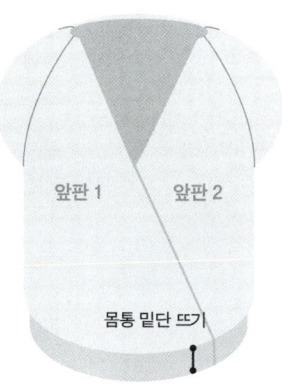
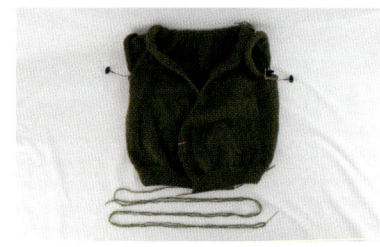

### 14. 소매 코줍기

케이블에 걸려 있는 소매 코를 4mm 바늘에 옮겨 주세요.

소매 코와 별도 사슬코 콧등에서 코를 잡아 주세요.

이때 별도 사슬코 콧등에서는 늘어짐 코까지 잡혀 1코가 더 많아집니다.

**TIP**
- 소매를 뜰 때는 쇼트 팁에 짧은 케이블을 연결해 떠 주면 좋습니다. (조립식 대바늘이 아닌 짧은 나무 줄 대바늘도 좋습니다.)
- 케이블 대신 자투리 실에 걸어 놓았을 경우 코의 방향을 잘 확인해 바늘에 옮겨 주세요.

- S 사이즈 : 소매 52코 + 콧등에서 14코 = 총 66코
- M 사이즈 : 소매 56코 + 콧등에서 16코 = 총 72코
- L 사이즈 : 소매 62코 + 콧등에서 18코 = 총 80코

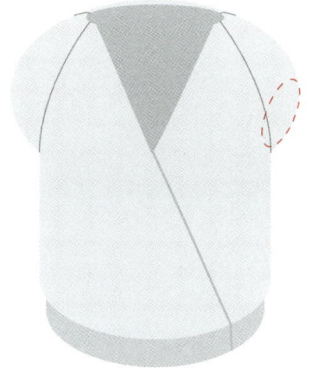

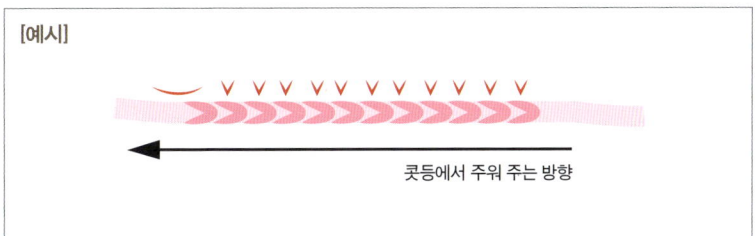

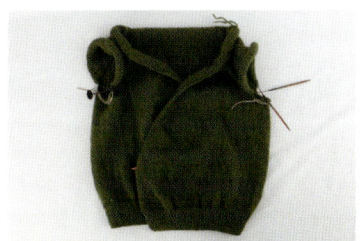

바늘을 위에서 아래로 찔러 코를 주워 주세요.

### 15. 소매 중심에서 뜨기 시작하기

별도 사슬에서 코를 주운 다음 시작 위치를 중간 지점으로 옮겨 주세요.

**TIP** • 뜨개 방향은 겉뜨기로 뜰 수 있도록 정해 줍니다.

- S 사이즈 : 14코를 7코 (시작 위치) 7코로 나누어 시작
- M 사이즈 : 16코를 8코 (시작 위치) 8코로 나누어 시작
- L 사이즈 : 18코를 9코 (시작 위치) 9코로 나누어 시작

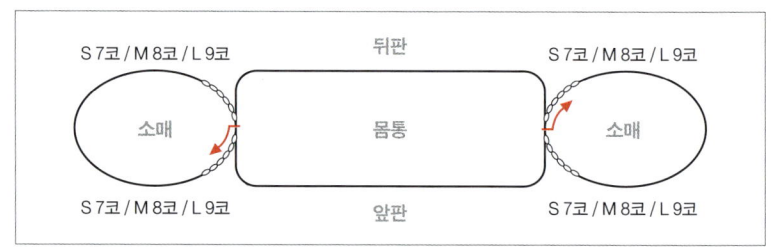

겨드랑이 중심에서 새로운 실을 이어 주세요.

## 16. 소매 뜨기 전

소매 코와 별도 사슬코가 만나는 지점이 떨어져 있기 때문에 첫 번째 단을 뜨면서 2코가 만나는 지점을 모아뜨기로 줄여 줍니다.

소매 코와 별도 사슬코가 만나는 지점에서 2코를 한 번에 찔러 겉뜨기로 떠 주세요. 앞판에서 1코, 뒤판에서 1코가 줄어 총 2코가 줄어듭니다.

> **TIP** • 벌어져 있는 코를 붙이기 위해 모아뜨기로 떠 주는 것이기 때문에 왼코 줄이기로 모두 떠 주어도 완성 모양에는 전혀 지장을 주지 않습니다. 위치에 맞게 왼코 줄이기, 오른코 줄이기로 줄여 주어도 괜찮습니다. (다만 오른코 줄이기로 떠 주면 벌어진 구멍이 왼코 줄이기보다 큽니다.)

- S 사이즈 : (49단) 전체 콧수 66코 → 64코
- M 사이즈 : (53단) 전체 콧수 72코 → 70코
- L 사이즈 : (57단) 전체 콧수 80코 → 78코

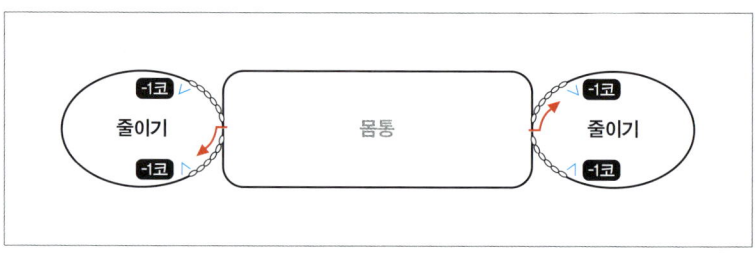

[별도 사슬코 기준 왼쪽 코]

[별도 사슬코 기준 오른쪽 코]

## 17. 소매 뜨기

소매 밑단 전까지 겉뜨기 원통 뜨기로 쭉 떠 주세요.
체형에 맞게 단수를 조절해도 됩니다.

- S 사이즈 : 총 64코. 겉뜨기로 112단 뜨기(49~160단)
- M 사이즈 : 총 70코. 겉뜨기로 112단 뜨기(53~164단)
- L 사이즈 : 총 78코. 겉뜨기로 112단 뜨기(57~168단)

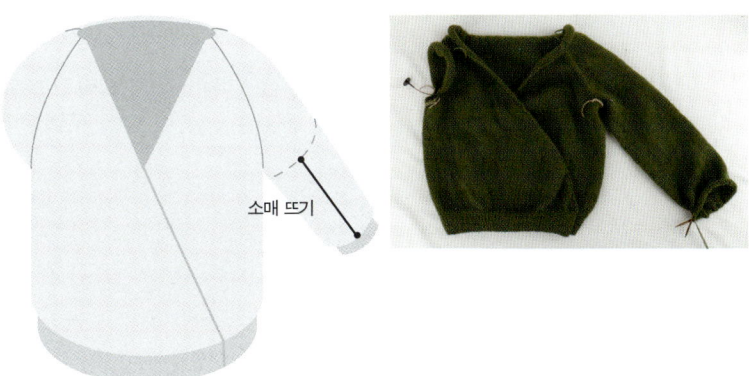

## 18. 소매 밑단 뜨기

3.5mm 바늘로 바꿔 주세요. 밑단은 1코 고무뜨기로 14단 뜬 후 돗바늘 마무리, 혹은 엎어 코막음으로 마무리해 주세요.

- S 사이즈

  (겉뜨기 1코 + 안뜨기 1코) × 32 반복하여 14단 뜨기(161~174단)
- M 사이즈

  (겉뜨기 1코 + 안뜨기 1코) × 35 반복하여 14단 뜨기(165~178단)
- L 사이즈

  (겉뜨기 1코 + 안뜨기 1코) × 39 반복하여 14단 뜨기(169~182단)

소매 밑단 뜨기

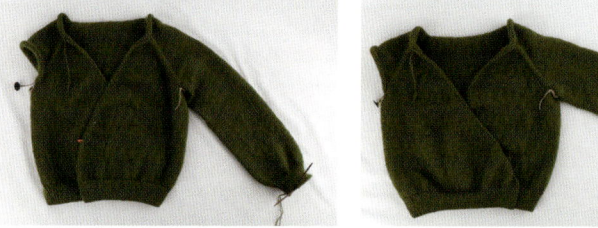

### 19. '14~18'을 참고하여 반대편 소매 뜨기

14~18을 참고하여 반대편 소매도 완성해 주세요.

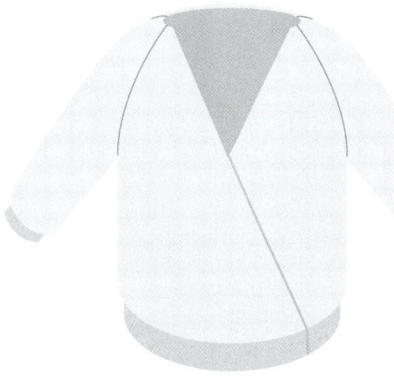

## 20. 앞섶 테두리단 뜨기

앞섶 테두리단은 따로 떠서 이어 주세요. 3.5mm 바늘로 13코 잡아 1코 고무뜨기로 떠 주세요.

랩 카디건 테두리에 10단마다, 앞섶 테두리 편물에서 10단마다 단수 마커로 표시해 주세요.

단수 마커가 서로 만나도록 꿰매 주세요.

**앞섶 테두리 시작 콧수(S, M, L 동일)**
기초코 13코 잡아서 시작. 2단부터 뜨기 시작.
짝수단 : 안뜨기 2코 + 겉뜨기 + 안뜨기 + 겉뜨기 + 안뜨기 + 겉뜨기 + 안뜨기+겉뜨기 + 안뜨기 + 겉뜨기 + 안뜨기 2코
홀수단 : 겉뜨기 2코 + 안뜨기 + 겉뜨기 + 안뜨기 + 겉뜨기 + 안뜨기 + 겉뜨기 + 안뜨기+안뜨기+겉뜨기 + 겉뜨기 2코

**앞섶 테두리 단수**
S 사이즈 : 350단 / M 사이즈 : 358단 / L 사이즈 : 394단

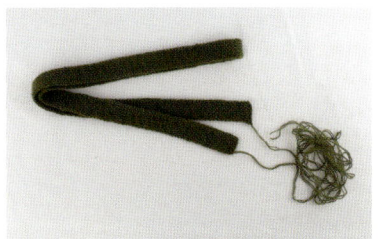

## 21. 앞섶 테두리단 연결하기

돗바늘을 사용해 카디건 테두리에 앞섶 고무단을 연결해 주세요.
꺾이는 부분은 1코씩 건너뛰고 연결해 주세요. 총 8코가 건너뛰어집니다.

**TIP** • 탑다운 니팅 기초 테크닉 '코와 단 잇기'를 참고해 주세요.

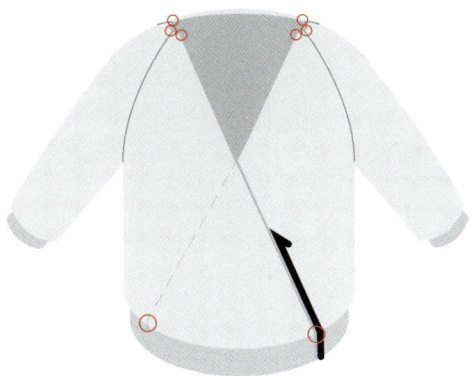

### 22. 끈 떠서 카디건 안쪽에 연결하기

스레드 끈 뜨기로 2개 떠 주세요.

짧은 끈 : 40cm / 긴 끈 : 90cm

끈 길이는 체형과 취향에 맞게 조절해 주세요.

앞판 1에 짧은 끈, 앞판 2에 긴 끈을 연결해 줍니다.

연결은 편물 안쪽으로 감침질하여 튼튼하게 연결해 주세요.

> **TIP** • 탑다운 니팅 기초 테크닉 '스레드 끈 뜨기', '감침질하기'를 참고해 주세요.

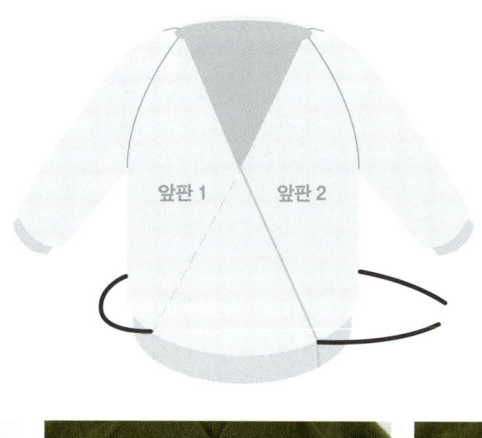

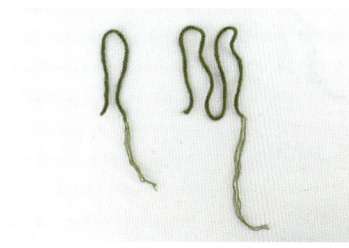

### 23. 마무리

옷이 완성되었습니다. 옷 안쪽에 있는 실들을 돗바늘을 사용해 숨겨 주세요. 겨드랑이 부분이 늘어나서 구멍이 보인다면 돗바늘을 사용해 구멍을 조여 주세요.

## 청키 볼레로

래글런 탑다운 니팅에서 앞판을 제외하고 뒤판과 소매로 시작해 마무리한 디자인이에요.
앞선은 말리지 않도록 고무뜨기로 완성했습니다. 초보자도 쉽고 빠르게 완성할 수 있어요.

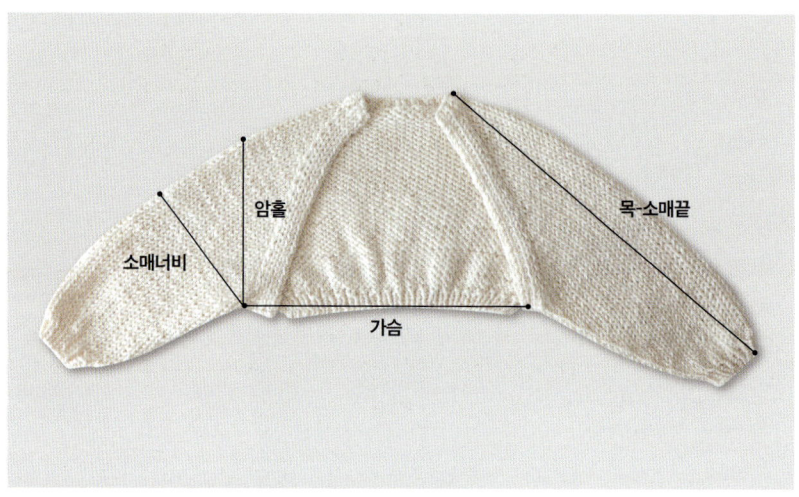

| | |
|---|---|
| **전체 사이즈** | **사이즈** Free<br>**가슴** 55cm<br>**목-소매끝** 72cm<br>**암홀** 30cm<br>**소매너비** 27cm<br>**총 길이** 40cm |
| **게이지** | 10cm×10cm 7코, 9단 / 1cm=0.7코 1cm=0.9단 |
| **사용한 바늘** | 조립식 대바늘 11mm, 10mm(시작, 소매 40cm 케이블, 몸통 60~120cm 케이블) |
| **실 소요량** | 청키얀 200g×4볼 |
| **난이도** | ●●○○○○ |

**디자인 코멘트**

굵은 청키얀으로 하루 만에 완성한 볼레로예요. 슬립 원피스에 걸치면 데이트룩, 연말룩으로 좋아요. 슬랙스, 청바지 등 다양한 하의에도 잘 어울려요. 짧은 길이감 덕분에 다리가 길어 보이는 장점도 있어요.

## 1. 기초코 잡기

**1단**

40cm 케이블을 연결한 10mm 대바늘에 기초코 31코를 잡아 주세요.
원통 뜨기가 아닌 평면 뜨기로 떠 주세요.

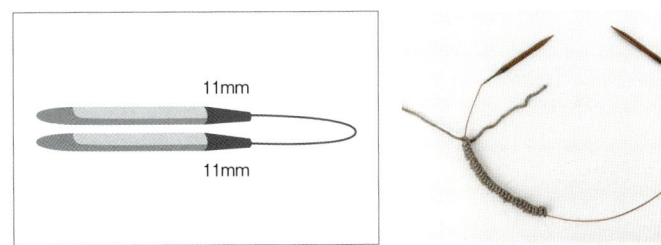

## 2. 목 1코 고무단 뜨기

2단부터 뜨기 시작입니다. 2단부터 4단까지는 1코 고무뜨기로 떠 주세요.
고무단을 뜰 때 시작과 끝 지점만 2코로 떠 주세요.

**[2단, 4단]**
안뜨기 2코 → (겉뜨기 1코 + 안뜨기 1코) × 13 → 겉뜨기 → 안뜨기 2코
**[3단]**
겉뜨기 2코 → (안뜨기 1코 + 겉뜨기 1코) × 13 → 안뜨기 → 겉뜨기 2코

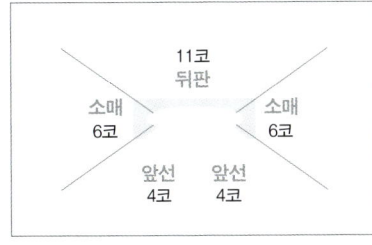
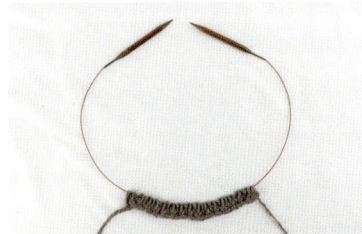

## 3. 앞선, 소매, 뒤판, 소매를 마커로 나누기

11mm 바늘로 바꿔 앞선에 주의하여 5단부터 메리야스 뜨기로 떠 주세요.
5단에서 겉뜨기로 뜨면서 마커로 섹션을 나누어 주고 6단에서는 모두 안뜨기로 떠 주세요.

**5단**
(앞선)겉뜨기 2코 + 안뜨기 + 겉뜨기 ◯(소매)겉뜨기 6코 ◯(뒤판)겉뜨기 11코 ◯(소매)겉뜨기 6코 ◯(앞선)겉뜨기 + 안뜨기 + 겉뜨기 2코
**[6단]**
(앞선)안뜨기 2코 + 겉뜨기 + 안뜨기 ◯(소매)안뜨기 6코 ◯(뒤판)안뜨기 11코 ◯(소매)안뜨기 6코 ◯(앞선)안뜨기 + 겉뜨기 + 안뜨기 2코

- 메리야스 뜨기란?

홀수단에서는 겉뜨기, 짝수단에서는 안뜨기로 뜨는 것

- 바늘에 맞는 마커가 없기 때문에 뜨고 있는 실과 다른 색상의 실을 묶어 고리를 만들어 마커처럼 사용해 주세요.

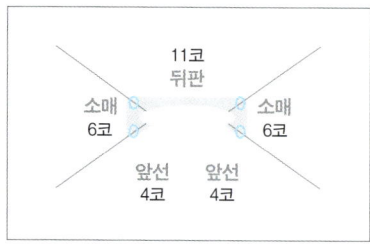

## 4. 홀수단 : 코 늘리기

홀수단에서는 코늘림이 들어갑니다. 매 홀수단에서 6코씩 코가 늘어납니다. 앞선 섹션에서는 코늘림이 없습니다.

**7단**

**앞선**  겉뜨기 2코 + 안뜨기 1코 + 겉뜨기 1코
**소매**  ○겉뜨기 1코 + 왼코 늘리기 + 겉뜨기 4코 + 오른코 늘리기 + 겉뜨기 1코
**뒤판**  ○겉뜨기 1코 + 왼코 늘리기 + 겉뜨기 9코 + 오른코 늘리기 + 겉뜨기 1코
**소매**  ○겉뜨기 1코 + 왼코 늘리기 + 겉뜨기 4코 + 오른코 늘리기 + 겉뜨기 1코
**앞선**  ○겉뜨기 1코 + 안뜨기 1코 + 겉뜨기 2코

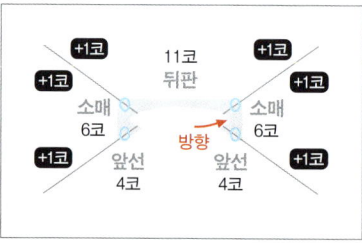

## 5. 짝수단 : 코늘림 확인하면서 뜨기

홀수단에서 6코가 늘어났는지 짝수단을 뜨면서 확인해 주세요. 앞선의 패턴은 유지합니다.

**8단**

**앞선**  안뜨기 2코 + 겉뜨기 1코 + 안뜨기 1코
**소매**  ○안뜨기 8코
**뒤판**  ○안뜨기 13코
**소매**  ○안뜨기 8코
**앞선**  ○안뜨기 1코 + 겉뜨기 1코 + 안뜨기 2코

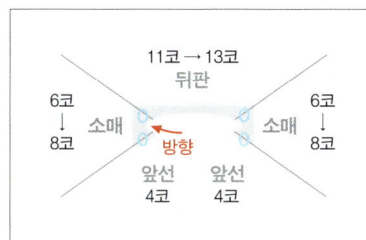 

## 6. '4~5'를 반복해서 겨드랑이 지점까지 뜨기

4~5를 참고하여 겨드랑이 지점까지 반복해서 떠 주세요. 홀수단 : 6코 늘리기 / 짝수단 : 늘림 없이 안뜨기

**TIP**
- 코가 점점 늘어나기 때문에 짧은 케이블로 뜨기 시작했다면 긴 케이블로 바꾸어 떠 주세요.
- 마커는 /로 표시

### 9단
겉뜨기 2코 + 안뜨기 1코 + 겉뜨기 1코
/ 겉뜨기 1코 + 왼코 늘리기 + 겉뜨기 6코 + 오른코 늘리기 + 겉뜨기 1코
/ 겉뜨기 1코 + 왼코 늘리기 + 겉뜨기 11코 + 오른코 늘리기 + 겉뜨기 1코
/ 겉뜨기 1코 + 왼코 늘리기 + 겉뜨기 6코 + 오른코 늘리기 + 겉뜨기 1코
/ 겉뜨기 1코 + 안뜨기 1코 + 겉뜨기 2코

### 10단
안뜨기 4코 / 안뜨기 10코 / 안뜨기 15코 / 안뜨기 10코 / 안뜨기 4코

### 11단
겉뜨기 2코 + 안뜨기 1코 + 겉뜨기 1코
/ 겉뜨기 1코 + 왼코 늘리기 + 겉뜨기 8코 + 오른코 늘리기 + 겉뜨기 1코
/ 겉뜨기 1코 + 왼코 늘리기 + 겉뜨기 13코 + 오른코 늘리기 + 겉뜨기 1코
/ 겉뜨기 1코 + 왼코 늘리기 + 겉뜨기 8코 + 오른코 늘리기 + 겉뜨기 1코
/ 겉뜨기 1코 + 안뜨기 1코 + 겉뜨기 2코

### 12단
안뜨기 4코 / 안뜨기 12코 / 안뜨기 17코 / 안뜨기 12코 / 안뜨기 4코

### 13단
겉뜨기 2코 + 안뜨기 1코 + 겉뜨기 1코
/ 겉뜨기 1코 + 왼코 늘리기 + 겉뜨기 10코 + 오른코 늘리기 + 겉뜨기 1코
/ 겉뜨기 1코 + 왼코 늘리기 + 겉뜨기 15코 + 오른코 늘리기 + 겉뜨기 1코
/ 겉뜨기 1코 + 왼코 늘리기 + 겉뜨기 10코 + 오른코 늘리기 + 겉뜨기 1코
/ 겉뜨기 1코 + 안뜨기 1코 + 겉뜨기 2코

### 14단
안뜨기 4코 / 안뜨기 14코 / 안뜨기 19코 / 안뜨기 14코 / 안뜨기 4코

### 15단

겉뜨기 2코 + 안뜨기 1코 + 겉뜨기 1코
/ 겉뜨기 1코 + 왼코 늘리기 + 겉뜨기 12코 + 오른코 늘리기 + 겉뜨기 1코
/ 겉뜨기 1코 + 왼코 늘리기 + 겉뜨기 17코 + 오른코 늘리기 + 겉뜨기 1코
/ 겉뜨기 1코 + 왼코 늘리기 + 겉뜨기 12코 + 오른코 늘리기 + 겉뜨기 1코
/ 겉뜨기 1코 + 안뜨기 1코 + 겉뜨기 2코

16단

안뜨기 4코 / 안뜨기 16코 / 안뜨기 21코 / 안뜨기 16코 / 안뜨기 4코

17단

겉뜨기 2코 + 안뜨기 1코 + 겉뜨기 1코
/ 겉뜨기 1코 + 왼코 늘리기 + 겉뜨기 14코 + 오른코 늘리기 + 겉뜨기 1코
/ 겉뜨기 1코 + 왼코 늘리기 + 겉뜨기 19코 + 오른코 늘리기 + 겉뜨기 1코
/ 겉뜨기 1코 + 왼코 늘리기 + 겉뜨기 14코 + 오른코 늘리기 + 겉뜨기 1코
/ 겉뜨기 1코 + 안뜨기 1코 + 겉뜨기 2코

18단

안뜨기 4코 / 안뜨기 18코 / 안뜨기 23코 / 안뜨기 18코 / 안뜨기 4코

19단

겉뜨기 2코 + 안뜨기 1코 + 겉뜨기 1코
/ 겉뜨기 1코 + 왼코 늘리기 + 겉뜨기 16코 + 오른코 늘리기 + 겉뜨기 1코
/ 겉뜨기 1코 + 왼코 늘리기 + 겉뜨기 21코 + 오른코 늘리기 + 겉뜨기 1코
/ 겉뜨기 1코 + 왼코 늘리기 + 겉뜨기 16코 + 오른코 늘리기 + 겉뜨기 1코
/ 겉뜨기 1코 + 안뜨기 1코 + 겉뜨기 2코

20단

안뜨기 4코 / 안뜨기 20코 / 안뜨기 25코 / 안뜨기 20코 / 안뜨기 4코

21단

겉뜨기 2코 + 안뜨기 1코 + 겉뜨기 1코
/ 겉뜨기 1코 + 왼코 늘리기 + 겉뜨기 18코 + 오른코 늘리기 + 겉뜨기 1코
/ 겉뜨기 1코 + 왼코 늘리기 + 겉뜨기 23코 + 오른코 늘리기 + 겉뜨기 1코
/ 겉뜨기 1코 + 왼코 늘리기 + 겉뜨기 18코 + 오른코 늘리기 + 겉뜨기 1코
/ 겉뜨기 1코 + 안뜨기 1코 + 겉뜨기 2코

22단

안뜨기 4코 / 안뜨기 22코 / 안뜨기 27코 / 안뜨기 22코 / 안뜨기 4코

23단

겉뜨기 2코 + 안뜨기 1코 + 겉뜨기 1코
/ 겉뜨기 1코 + 왼코 늘리기 + 겉뜨기 20코 + 오른코 늘리기 + 겉뜨기 1코
/ 겉뜨기 1코 + 왼코 늘리기 + 겉뜨기 25코 + 오른코 늘리기 + 겉뜨기 1코
/ 겉뜨기 1코 + 왼코 늘리기 + 겉뜨기 20코 + 오른코 늘리기 + 겉뜨기 1코
/ 겉뜨기 1코 + 안뜨기 1코 + 겉뜨기 2코

24단

안뜨기 4코 / 안뜨기 24코 / 안뜨기 29코 / 안뜨기 24코 / 안뜨기 4코

25단

겉뜨기 2코 + 안뜨기 1코 + 겉뜨기 1코
/ 겉뜨기 1코 + 왼코 늘리기 + 겉뜨기 22코 + 오른코 늘리기 + 겉뜨기 1코
/ 겉뜨기 1코 + 왼코 늘리기 + 겉뜨기 27코 + 오른코 늘리기 + 겉뜨기 1코
/ 겉뜨기 1코 + 왼코 늘리기 + 겉뜨기 22코 + 오른코 늘리기 + 겉뜨기 1코
/ 겉뜨기 1코 + 안뜨기 1코 + 겉뜨기 2코

### 26단

안뜨기 4코 / 안뜨기 26코 / 안뜨기 31코 / 안뜨기 26코 / 안뜨기 4코

### 27단

겉뜨기 2코 + 안뜨기 1코 + 겉뜨기 1코
/ 겉뜨기 1코 + 왼코 늘리기 + 겉뜨기 24코 + 오른코 늘리기 + 겉뜨기 1코
/ 겉뜨기 1코 + 왼코 늘리기 + 겉뜨기 29코 + 오른코 늘리기 + 겉뜨기 1코
/ 겉뜨기 1코 + 왼코 늘리기 + 겉뜨기 24코 + 오른코 늘리기 + 겉뜨기 1코
/ 겉뜨기 1코 + 안뜨기 1코 + 겉뜨기 2코

### 28단

안뜨기 4코 / 안뜨기 28코 / 안뜨기 33코 / 안뜨기 28코 / 안뜨기 4코

### 29단

겉뜨기 2코 + 안뜨기 1코 + 겉뜨기 1코
/ 겉뜨기 1코 + 왼코 늘리기 + 겉뜨기 26코 + 오른코 늘리기 + 겉뜨기 1코
/ 겉뜨기 1코 + 왼코 늘리기 + 겉뜨기 31코 + 오른코 늘리기 + 겉뜨기 1코
/ 겉뜨기 1코 + 왼코 늘리기 + 겉뜨기 26코 + 오른코 늘리기 + 겉뜨기 1코
/ 겉뜨기 1코 + 안뜨기 1코 + 겉뜨기 2코

### 30단

안뜨기 4코 / 안뜨기 30코 / 안뜨기 35코 / 안뜨기 30코 / 안뜨기 4코

### 31단

겉뜨기 2코 + 안뜨기 1코 + 겉뜨기 1코
/ 겉뜨기 1코 + 왼코 늘리기 + 겉뜨기 28코 + 오른코 늘리기 + 겉뜨기 1코
/ 겉뜨기 1코 + 왼코 늘리기 + 겉뜨기 33코 + 오른코 늘리기 + 겉뜨기 1코
/ 겉뜨기 1코 + 왼코 늘리기 + 겉뜨기 28코 + 오른코 늘리기 + 겉뜨기 1코
/ 겉뜨기 1코 + 안뜨기 1코 + 겉뜨기 2코

### 32단

안뜨기 4코 / 안뜨기 32코 / 안뜨기 37코 / 안뜨기 32코 / 안뜨기 4코

### 33단

겉뜨기 2코 + 안뜨기 1코 + 겉뜨기 1코
/ 겉뜨기 1코 + 왼코 늘리기 + 겉뜨기 30코 + 오른코 늘리기 + 겉뜨기 1코
/ 겉뜨기 1코 + 왼코 늘리기 + 겉뜨기 35코 + 오른코 늘리기 + 겉뜨기 1코
/ 겉뜨기 1코 + 왼코 늘리기 + 겉뜨기 30코 + 오른코 늘리기 + 겉뜨기 1코
/ 겉뜨기 1코 + 안뜨기 1코 + 겉뜨기 2코

### 34단

안뜨기 4코 / 안뜨기 34코 / 안뜨기 39코 / 안뜨기 34코 / 안뜨기 4코

### 35단

겉뜨기 2코 + 안뜨기 1코 + 겉뜨기 1코
/ 겉뜨기 1코 + 왼코 늘리기 + 겉뜨기 32코 + 오른코 늘리기 + 겉뜨기 1코
/ 겉뜨기 1코 + 왼코 늘리기 + 겉뜨기 37코 + 오른코 늘리기 + 겉뜨기 1코
/ 겉뜨기 1코 + 왼코 늘리기 + 겉뜨기 32코 + 오른코 늘리기 + 겉뜨기 1코
/ 겉뜨기 1코 + 안뜨기 1코 + 겉뜨기 2코

### 36단

안뜨기 4코 / 안뜨기 36코 / 안뜨기 41코 / 안뜨기 36코 / 안뜨기 4코

### 37단

겉뜨기 2코 + 안뜨기 1코 + 겉뜨기 1코
/ 겉뜨기 1코 + 왼코 늘리기 + 겉뜨기 34코 + 오른코 늘리기 + 겉뜨기 1코
/ 겉뜨기 1코 + 왼코 늘리기 + 겉뜨기 39코 + 오른코 늘리기 + 겉뜨기 1코
/ 겉뜨기 1코 + 왼코 늘리기 + 겉뜨기 34코 + 오른코 늘리기 + 겉뜨기 1코
/ 겉뜨기 1코 + 안뜨기 1코 + 겉뜨기 2코

### 38단

안뜨기 4코 / 안뜨기 38코 / 안뜨기 43코 / 안뜨기 38코 / 안뜨기 4코

### 39단

겉뜨기 2코 + 안뜨기 1코 + 겉뜨기 1코
/ 겉뜨기 1코 + 왼코 늘리기 + 겉뜨기 36코 + 오른코 늘리기 + 겉뜨기 1코
/ 겉뜨기 1코 + 왼코 늘리기 + 겉뜨기 41코 + 오른코 늘리기 + 겉뜨기 1코
/ 겉뜨기 1코 + 왼코 늘리기 + 겉뜨기 36코 + 오른코 늘리기 + 겉뜨기 1코
/ 겉뜨기 1코 + 안뜨기 1코 + 겉뜨기 2코

### 40단

안뜨기 4코 / 안뜨기 40코 / 안뜨기 45코 / 안뜨기 40코 / 안뜨기 4코

### 7. 양쪽 소매 코 케이블에 걸어 두기

양쪽 소매를 케이블에 걸고 케이블 마개로 막아 주세요.
실은 자르지 않고 새로운 실로 뒤판을 이어서 떠 주세요.

> **TIP**
> - 여분의 케이블이 없다면 자투리 실과 돗바늘을 준비해 주세요.
> - 자투리 실을 돗바늘에 끼워 케이블을 대신해 코를 걸어 주세요. 풀리지 않도록 살살 묶은 후 몸통을 먼저 뜨고 소매를 떠 주세요.

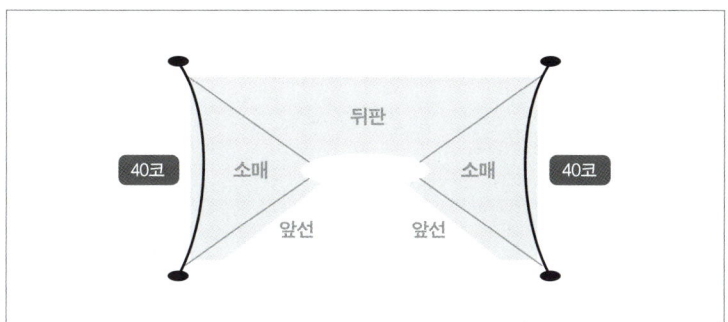

### 8. 뒤판 밑단 뜨기

10mm 바늘로 바꿔 주세요. 밑단은 평면 뜨기입니다.
새로운 실을 이어 1코 고무뜨기로 6단 뜬 후 돗바늘 마무리, 혹은 엎어 코막음으로 마무리해 주세요.

**[41단], [43단], [45단]**
겉뜨기 2코 + (안뜨기 + 겉뜨기) × 20 + 안뜨기 1코 + 겉뜨기 2코
**[42단], [44단], [46단]**
안뜨기 2코 + (겉뜨기 + 안뜨기) × 20 + 겉뜨기 1코 + 안뜨기 2코

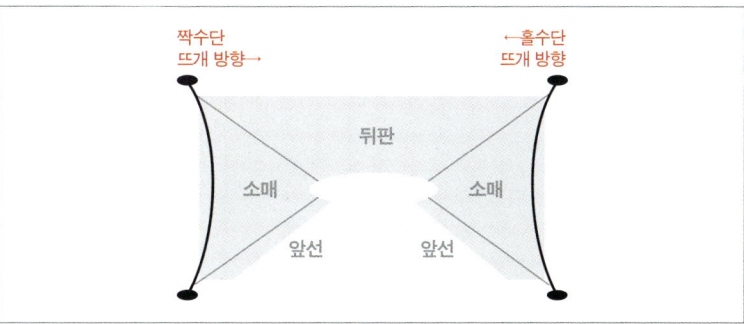

## 9. 소매 1 뜨기

11mm 바늘로 소매 1을 떠 줄 차례입니다. 그림과 같이 실이 놓여 있는 상태로 시작해 주세요. 엎어 코막음으로 앞선 4코를 없애 준 후 소매를 메리야스 뜨기로 떠 주세요.

**소매 1**
**[41단]**
엎어 코막음 4코
→ 소매를 원통으로 만들어 ★지점과 ☆지점이 만나도록 원통 뜨기로 떠 주세요.
→ 겉뜨기 40코(엎어 코막음 마지막 코 포함)

4단에 2코씩 코줄임이 들어갑니다.

**[41단]~[43단]** 겉뜨기 40코 / **[44단]** 오른코 중심 2코 모아뜨기 + 겉뜨기 36코 + 왼코 중심 2코 모아뜨기(총 38코)
**[45단]~[47단]** 겉뜨기 38코 / **[48단]** 오른코 중심 2코 모아뜨기 + 겉뜨기 34코 + 왼코 중심 2코 모아뜨기(총 36코)
**[49단]~[51단]** 겉뜨기 36코 / **[52단]** 오른코 중심 2코 모아뜨기 + 겉뜨기 32코 + 왼코 중심 2코 모아뜨기(총 34코)
**[53단]~[55단]** 겉뜨기 34코 / **[56단]** 오른코 중심 2코 모아뜨기 + 겉뜨기 30코 + 왼코 중심 2코 모아뜨기(총 32코)
**[57단]~[59단]** 겉뜨기 32코 / **[60단]** 오른코 중심 2코 모아뜨기 + 겉뜨기 28코 + 왼코 중심 2코 모아뜨기(총 30코)
**[61단]~[63단]** 겉뜨기 30코 / **[64단]** 오른코 중심 2코 모아뜨기 + 겉뜨기 26코 + 왼코 중심 2코 모아뜨기(총 28코)
**[65단]~[67단]** 겉뜨기 28코 / **[68단]** 오른코 중심 2코 모아뜨기 + 겉뜨기 24코 + 왼코 중심 2코 모아뜨기(총 26코)

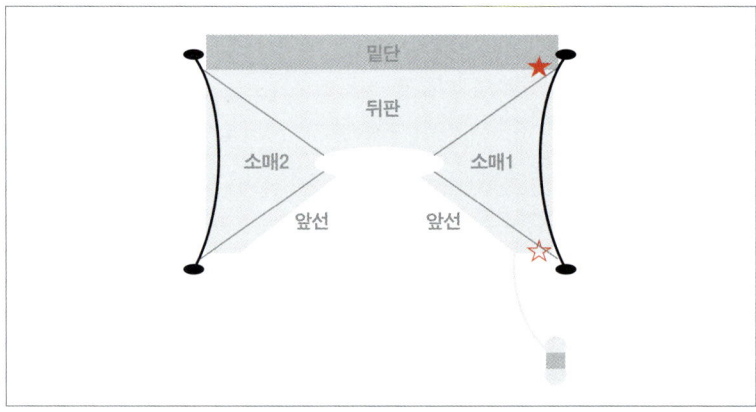

1. 겉뜨기로 엎어 코막음 3코 떠 준 상태입니다.
2. 마커를 빼 주세요.

3. 엎어 코막음 1코 더 떠 주세요.
4. 처음과 끝 코 사이에 마커를 끼워 원통뜨기로 연결해 주세요.
5. 이어서 소매를 떠 주세요.

## 10. 소매 1 밑단 뜨기

소매 밑단을 뜨기 전 코줄임 단이 들어갑니다.
69단에서 코줄임 단을 뜬 후 10mm 바늘로 바꿔 주세요.
밑단은 1코 고무뜨기로 6단 뜬 후 돗바늘 마무리, 혹은 엎어 코막음으로 마무리해 주세요.

**69단**
겉뜨기 4코 + 왼코 모아뜨기 + 겉뜨기 5코 + 왼코 모아뜨기 +
겉뜨기 4코 + 왼코 모아뜨기 + 겉뜨기 5코 + 왼코 모아뜨기

**70단~76단**
(겉뜨기 1코 + 안뜨기 1코) × 11

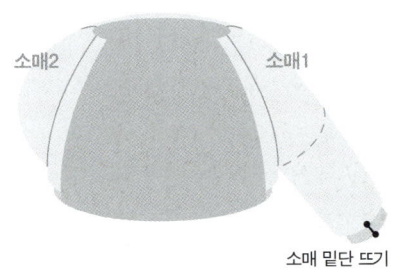

소매 밑단 뜨기

## 11. '9~10'을 참고하여 소매 2 뜨기

소매 2를 떠 줄 차례입니다. 편물 안쪽 면을 바라본 상태에서 안뜨기로 엎어 코막음 4코를 떠 주세요. 엎어 코막음을 떠 주면 ☆위치가 됩니다.

☆과 ★이 만나도록 원통 뜨기를 떠 주세요.

9~10을 참고하여 소매 2를 완성해 주세요.

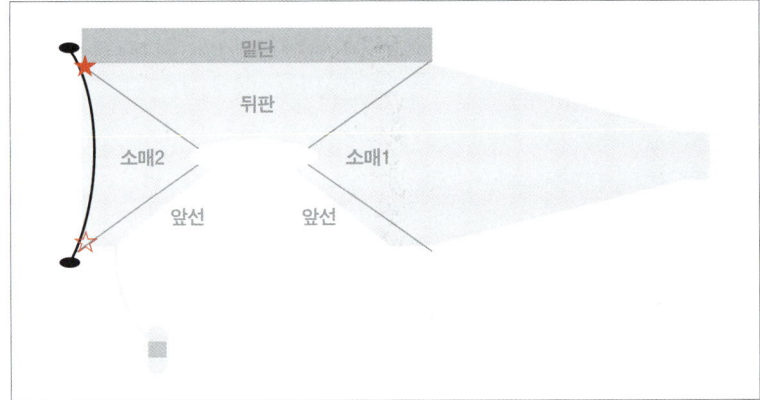

1. 안뜨기로 엎어 코막음 3코 떠 준 상태입니다.

2. 마커를 빼 주세요.

3. 안뜨기로 엎어 코막음 1코 더 떠서 왼쪽 바늘에 옮겨 주세요.

4. 첫코와 끝코 사이에 마커를 끼워 원통 뜨기로 연결해 주세요.

5. 이어서 소매를 떠 주세요.

## 12. 마무리

옷이 완성되었습니다. 옷 안쪽에 있는 실들을 돗바늘을 사용해 숨겨 주세요. 겨드랑이 부분이 늘어나서 구멍이 보인다면 돗바늘을 사용해 구멍을 조여 주세요.

# 부록

함께 착용하면 더 좋을 만한 아이템을 준비했어요.
대바늘 니트 핸드워머와 비니, 코바늘을 이용한 탬버린백을 추가로 완성해 보세요.

+Plus 01

# 멜로우 비니

## 패키지 안내

패키지 참고 동영상

**실** 멜로우얀(2겹으로 뜨기)
**바늘** 대바늘 6mm(본인의 게이지에 맞는 바늘을 사용해 주세요.)
**사이즈** 머리둘레 55~57cm(신축성이 있습니다.), 머리 깊이 22cm(성인 여성 사이즈 기준)

※사이즈 측정은 측정 방법에 따라 조금씩 차이가 있을 수 있습니다.

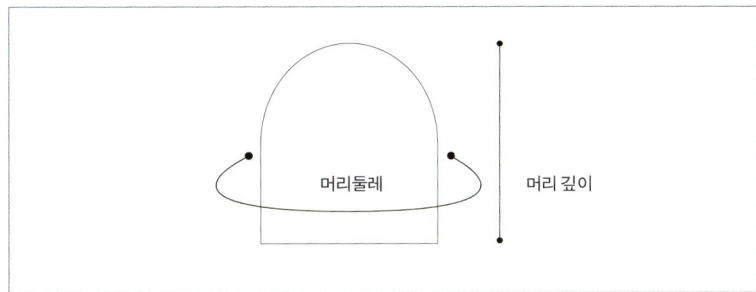

## 도안 설명

1. 멜로우얀 2겹으로 떠 주세요. 6mm 바늘에 90코를 잡아 주세요. 콧수 조절은 2의 배수로 잡아 주면 됩니다.
   [어린이 머리둘레 50~53cm 기준 → 78코], [성인 여성 머리둘레 55~57cm 기준 → 90코], [성인 남성 머리둘레 58~60cm 기준 → 98코]

2. 첫코와 끝코를 이어 원통 뜨기로 떠 주세요.

3. 1코 고무뜨기로 떠 주세요. 겉뜨기 1코 + 안뜨기 1코 반복해 주세요.
   ※주의 : 겉뜨기 코를 찔때 앞에 있는 코가 아닌 뒤에 있는 코에 바늘을 찔러 겉뜨기 해 주세요. 안뜨기 코를 찔때도 마찬가지로 앞에 있는 코가 아닌 뒤에 있는 코에 바늘을 찔러 안뜨기 해주세요.(=꼬아뜨기)

4. 세로 높이가 21cm가 될 때까지 반복해서 떠 주세요. (원하는 깊이가 될 때까지 더 떠도 됩니다.)

5. (겉뜨기 1코 + 왼코 중심 2코 모아뜨기)를 반복해 주세요.

6. (오른코 중심 2코 모아뜨기)를 반복해 주세요.

7. 실을 넉넉하게 잘라 돗바늘에 끼워 코를 옮겨 마무리해 주세요.

**TIP**
- 꼬아뜨기는 일반 고무뜨기에 비해 늘어짐이 적습니다. 다만 코를 꼬아서 뜨기 때문에 힘 조절이 어려운 분들은 일반 고무뜨기로 떠도 괜찮습니다.
- 실이 넉넉하게 남기 때문에 모자 깊이를 더 깊게 떠도 좋습니다.

+Plus 02

# 글로리아 핸드워머

## 패키지 안내

**실**  글로리아
**바늘**  대바늘 4mm
**사이즈**  가로 9cm / 높이 41cm(고무뜨기로 신축성이 좋습니다. 체형에 맞게 조절해 주세요.)

※사이즈 측정은 측정 방법에 따라 조금씩 차이가 있을 수 있습니다.

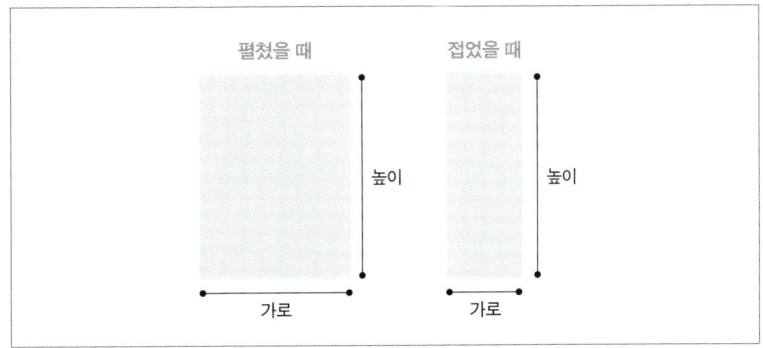

## 도안 설명

1. 4mm 바늘로 기초코를 50코 잡아 시작해 주세요. 원통으로 꿰맬 만큼 여유실을 넉넉히 두고 시작해 주세요. 팔 부분부터 시작합니다. 체형에 맞게 기초코를 조절해 주세요. (기초코는 2의 배수로 잡아 주세요.)

2. 2단부터 평면 뜨기로 뜨기 시작입니다. 1코 고무뜨기로 떠 주세요. 원하는 기장까지 반복해서 떠 주세요.
   - 짝수단 : 안뜨기 1코 → (안뜨기 1코 + 겉뜨기 1코) × 24 → 안뜨기 1코
   - 홀수단 : 겉뜨기 1코 → (겉뜨기 1코 + 안뜨기 1코) × 24 → 겉뜨기 1코

3. 1코 고무뜨기 돗바늘 마무리, 혹은 엎어 코막음으로 마무리해 주세요. 실을 넉넉하게 남기고 잘라 주세요.

4. 반으로 접어 꿰매 주세요. 이때 양쪽 시작과 끝 지점에 연결되어 있는 실로 손가락 구멍을 남기고 꿰매 주세요. 꿰매는 방법은 44쪽 '단과 단 잇기'를 참고해 주세요.

+Plus 03

# 레더 탬버린백

## 패키지 안내

**실** 레더얀
**바늘** 코바늘 9mm(본인의 게이지에 맞는 바늘을 사용해 주세요.)
**게이지** ~1단 지름 7.5cm
**사이즈** 가로 20cm, 폭 5cm, 높이 20cm, 끈 길이 38cm

※사이즈 측정은 측정 방법에 따라 조금씩 차이가 있을 수 있습니다.

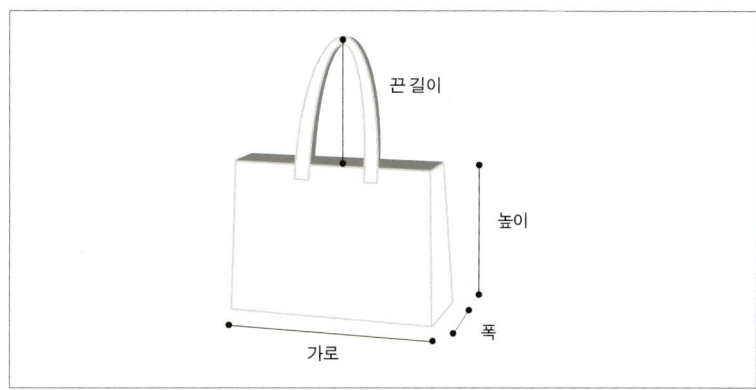

## 게이지 측정

게이지에 맞게 바늘을 선택해 주세요. 게이지가 다르면 전체적인 사이즈도 달라지기 때문에 시작하기 전에 게이지 측정이 중요합니다.

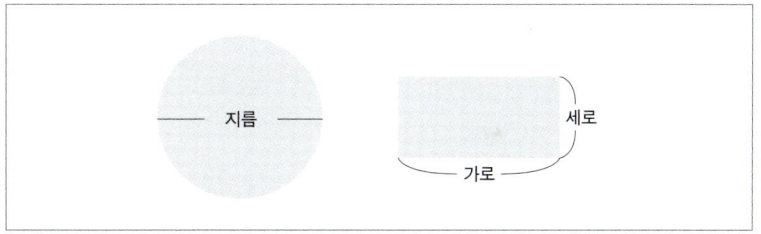

1. 권장 바늘로 상단의 게이지 표 단까지 떠 주세요.

2. 원형은 지름, 사각형은 가로와 세로 길이를 측정해 주세요.

3. 원형 : 게이지 단까지 떠 준 후 지름을 측정해 주세요.
   예) 게이지 ~4단 : 9cm → 4단까지 떴을 때 지름이 9cm가 나오는지 확인
   사각형 : 게이지 단까지 뜬 후 가로와 세로 길이를 측정해 주세요.
   예) 게이지 ~2단 : 가로 8cm, 세로 3cm → ~2단까지 떴을 때 가로 8cm, 세로 3cm가 나오는지 확인

4. 상단의 게이지와 본인의 게이지를 비교해 주세요. 게이지가 크다면 더 작은 바늘을 선택하고. 게이지가 작다면 큰 바늘을 선택해 게이지 표와 사이즈가 동일하게 나오도록 바늘을 선택해 주세요.

## 코바늘 도안 읽는 방법

코바늘 도안은 떠야 하는 기법을 기호로 나타냅니다.

1. 도안은 1, 2, 3, 4 … 단의 순서대로 떠 주세요.
2. 보이는 기호를 순서대로 떠 주세요.

## 유튜브 영상

전체 과정을 담은 영상입니다.

동영상 보기

## 기호 도안

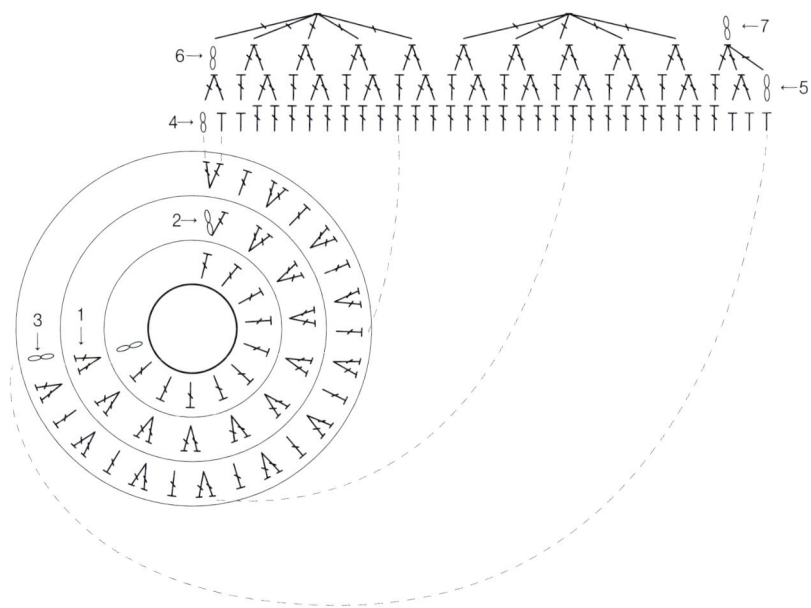

**TIP**
- 보편적으로 홀수단 뜨는 면이 앞면이지만 탬버린백에서는 짝수단 뜨는 면을 앞면으로 해 주세요.
  → 그래야 동글동글하고 입체적으로 완성됩니다.
  → 취향에 따라 홀수단을 앞면으로 해도 괜찮습니다.

## 기호 도안 설명

- ◯ 매직링 잡아 시작
- ◯ 사슬뜨기
- ● 빼뜨기
- ⋮ 반복
- ✕ 짧은뜨기
- ✕✕ 짧은뜨기 2코 늘려뜨기
- ✕✕ 짧은뜨기 2코 모아뜨기
- T 긴뜨기
- V 긴뜨기 2코 늘려뜨기
- ∧ 긴뜨기 2코 모아뜨기
- ╈ 한길 긴뜨기
- ╈╈ 한길 긴뜨기 2코 늘려뜨기
- ⋏ 한길 긴뜨기 2코 모아뜨기

## 도안 설명

코바늘 9mm로 매직링 잡아 시작

※ 한길 긴뜨기의 기둥 사슬은 3코가 아닌 2코로 떠 주세요.

1단 : 한길 긴뜨기 × 11 [총 11코]
2단 : 한길 긴뜨기 2코 늘려뜨기 × 11 [총 22코]
3단 : (한길 긴뜨기 + 2코 늘려뜨기) × 11 [총 33코]
4단 : 긴뜨기 3코 + 한길 긴뜨기 27코 + 긴뜨기 3코 [총 33코]
5단 : (한길 긴뜨기 + 2코 모아뜨기) × 11 [총 22코]
6단 : (한길 긴뜨기 1코) + (2코 모아뜨기 × 9) + (3코 모아뜨기) [총 11코]
7단 : (한길 긴뜨기 1코) + (5코 모아뜨기 × 2) [총 3코]
7단까지 뜬 후 가방 안쪽으로 돗바늘을 통과해 숨겨 주세요.

## 끈

원터치 키링을 옆면에 달고, 원하는 가방 길이의 2배를 잘라 그림과 같이 실을 통과시켜 주세요. → 매듭을 묶어 주세요.

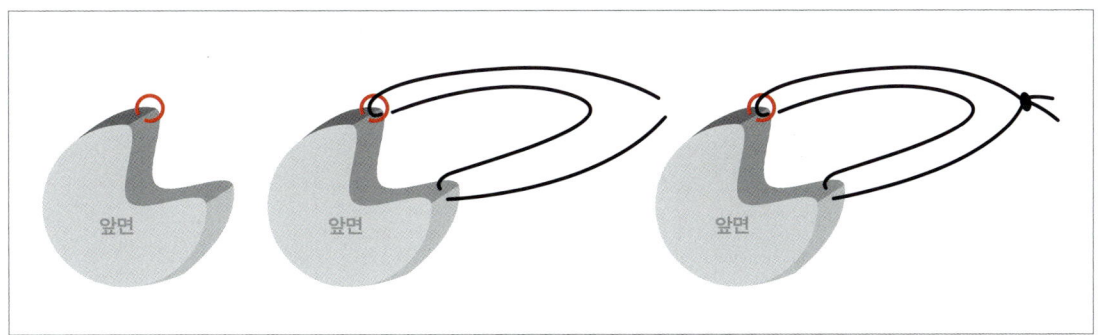

# *epilogue*

나만의 물결에 몸을 맡긴 지 어느덧 5년. 첫 책이 나왔습니다.
마지막으로 원고를 정리하면서 문득 책을 만드는 과정이 뜨개질을 하는 과정과 많이 닮았다는 생각이 들었습니다. 두근거림과 기쁨으로 시작한 일에 완벽해야 한다는 강박이 더해지면 어느덧 즐거움이 압박감으로 변해 이전처럼 즐길 수 없게 됩니다. 그래서 힘을 빼고 하고 싶은 것, 보여 드리고자 하는 것들에 집중하니 다시 이 과정을 기꺼이 즐기고 무사히 마칠 수 있게 되었습니다.

이 책을 완성하기까지 가까운 곳에서 도움을 주신 황지영 선생님, 장영희 선생님, 이진주 선생님, 박영순 선생님, 윤현자 선생님, 황원찬 팀장님.
항상 든든한 지원군이 되어 주신 실바람 섬유 대표님이자 아버님.
그리고 항상 내 편인 정관.
마지막으로 이 모든 과정을 함께해 준 언니와 나의 영원한 스승인 어머니.
감사하고 사랑합니다!